Kurtisanen der Renaissance

GEORGINA MASSON

Kurtisanen
der Renaissance

AUS DEM ENGLISCHEN

ÜBERTRAGEN VON MARGARET CARROUX

———

MCMLXXV

IM FÜNFZIGSTEN JAHR DES

RAINER WUNDERLICH VERLAGS

HERMANN LEINS

TÜBINGEN

ISBN 3 8052 0243 1

© 1974 by Georgina Masson. Die Originalausgabe erschien beim Verlag Martin Secker & Warburg Ltd., London, unter dem Titel »Courtesans of the Italian Renaissance«. Alle Rechte für die deutsche Sprache beim Rainer Wunderlich Verlag Hermann Leins, Tübingen. Printed in Germany. Gesetzt bei Bauer & Bökeler, Denkendorf. Gedruckt bei Gutmann & Co., Heilbronn.

Inhalt

Bildtafeln

Bartolemeo Veneto (?): Junge Italienerin
(Bildarchiv Preußischer Kulturbesitz)
Porträt einer Kurtisane (Roscoe: Life and Pontifacate
of Leo X., Mailand 1816)
Alfonso Ruspigiari: Kurtisane und Verehrer
(Victoria and Albert Museum, London)
Raffael: Triumpf der Galatea (Fratelli Alinari)
Carlo Saraceni: Der Lautenspieler (Anderson)
Vittore Carpaccio: Zwei venezianische Kurtisanen
(Bildarchiv Preußischer Kulturbesitz)
Moretto da Brescia: Salome (Fratelli Alinari)
Jan Massys: Venus Cytherea (Nationalmuseum, Stockholm)
Vincenzo Campi: Ein Abendessen in einem römischen
Garten (Fratelli Alinari)
Gentile Bellini: Das Wunder des heiligen Kreuzes
(Bildarchiv Preußischer Kulturbesitz)
Paris Bordone: Angela del Moro (National Gallery, London)
Raffael (?): La Fornarina (Bildarchiv Preuß. Kulturbesitz)
Frontispiz für Veronica Francos Gedichtband *Terze Rime*
(Neuausgabe von Benedette Croce, Neapel 1949)
Venezianische Kurtisane (Bibliothek des Vatikans)
Römische Kurtisane, 1589 (Bibliothek des Vatikans)
Palma il Vecchio: Kurtisane (Anderson)
Tizian: Venus mit dem Orgelspieler (Anderson)

Einführung

D AS JAHR 1492, in dem Kolumbus Amerika entdeckte,
galt lange als das Ende des Mittelalters und Beginn der
Renaissance, doch heute sind viele Gelehrte der Meinung,
deren Ursprung reiche viel weiter zurück. Tatsächlich wird
man sich von dem Italien, in dem die Renaissance entstand,
kaum ein Bild machen können, ohne etwas von der Geschichte des Landes seit 1268 zu wissen. In jenem Jahr hatte
der päpstliche Kämpe Karl von Anjou in der Schlacht von
Tagliacozzo Konradin von Hohenstaufen geschlagen, den
Enkel Kaiser Friedrichs II. und einzigen überlebenden legiti-
men Erben seines sizilischen und süditalienischen Reiches.
Papst Klemens IV. hatte Karl von Anjou, der dann später
dieses Reich beherrschte, nach Italien gerufen und ihm das
Königreich zu Lehen gegeben, um zu gewährleisten, daß die
päpstliche Macht in Italien niemals wieder von den Kaisern
angefochten werde, und um diese »Vipernbrut«, die Hohenstaufen, auszurotten. Indes sollte das 14. Jahrhundert erleben, daß der päpstliche Einfluß in Italien so gut wie ganz er-
losch. Denn daß der anachronistische Versuch Bonifatius'
VIII., die theokratische Macht wiederherzustellen, scheiterte,
führte zur »babylonischen Gefangenschaft der Kirche« in
Avignon (1305–1377), der das große Schisma (1378–1417)
folgte. So kam es, daß die Päpste mehr als ein Jahrhundert
lang fast ununterbrochen von Rom abwesend waren.

Als Kaiser und Papst auf Zeit von der politischen Bühne Italiens abtraten, hinterließen sie ein Vakuum, das bald eine Vielzahl kleinerer Akteure ausfüllte. Schon in der zweiten Hälfte des 13. Jahrhunderts hatten sich in der Lombardei und im Norden die *signori* in einigen Stadtgemeinden als Tyrannen etabliert, und viele von ihnen vermochten Dynastien zu gründen, die in den Stadtstaaten bis zum Ende des 16. oder sogar bis zum 17. Jahrhundert regierten. Nachdem sie die Macht an sich gerissen hatten – gewöhnlich durch einen mächtigen *Capitano del populo* –, sicherten die *signori* rechtzeitig ihre Stellung und die ihrer Nachkommen rechtlich ab, indem sie sich kaiserliche oder päpstliche Anerkennung verschafften. So kaufte Ottone Visconti die erste *signore* von Mailand im Jahre 1277, und 1395–96 kaufte Gian Galeazzo Visconti vom deutschen König Wenzel die Belehnung mit Mailand und anderen lombardischen Städten und seine Herzogswürde. In Mantua wurde Luigi Gonzaga 1328 *Capitano del populo,* mehr als ein Jahrhundert später wurde Federigo I. durch Kaiser Sigismund zum Markgrafen und 1530 Federigo II. durch Karl V. zum Herzog erhoben. Die Este, die sich 1259 in Ferrara festgesetzt hatten, wurden 1332 zu päpstlichen Vikaren ernannt – ein Amt, das in der Familie erblich wurde. Später erhielten sie auch den Herzogtitel, ebenso wie die Montefeltri von Urbino, die ihr Lehen ursprünglich 1213 von Friedrich II. von Hohenstaufen erhalten hatten.

Wie zu erwarten war, sah die Republik Venedig nicht untätig mit an, daß eine Familie nach der anderen auf diese Weise aus den mißlichen Zuständen in Italien Nutzen zog. 1339 annektierte die Republik die Mark Treviso, und in dem Durcheinander nach dem Tod von Gian Galeazzo Visconti konnte Venedig 1402 auch Feltre, Belluno, Vicenza und Passano seinem Herrschaftsgebiet einverleiben, zu dem

Ende des 15. Jahrhunderts außerdem Verona, Legnano, Ravenna, Crema, Rovigo und Cremona gehörten. Aber Venedigs Macht war zur See begründet worden, und nicht einmal diese fruchtbaren Landstriche waren ein Ausgleich für den Rückgang des Handels mit dem Osten, seit die Türken die Levante beherrschten und die atlantischen Mächte die neu entdeckten Seewege nach Indien nutzten. Infolgedessen fürchteten die anderen italienischen Staaten, Venedig wolle auf ihre Kosten noch größer werden – oder die Republik strebe sogar die Beherrschung von ganz Italien an.

Diese Furcht wurde von Florenz geschürt – Venedig war der Haupthandelskonkurrent –, und bis 1406 hatte Florenz fast die ganze Toskana seiner Herrschaft unterworfen; nur Siena und Lucca blieben selbständig. 1430 verlor auch Florenz seine Freiheit, obwohl sie nach außen hin von Cosimo de' Medici und seinen unmittelbaren Nachfolgern gewahrt wurde. Diese letzte der *signorie* erwies sich als eine der mächtigsten dank der politischen Klugheit ihrer Herrscher, vor allem des Lorenzo Magnifico, der ein Bündnis mit Mailand und der aragonesischen Dynastie abschloß, die nach 1542 in Neapel und Süditalien herrschte.

Ein in so viele kleine Staaten, die ständig gegeneinander intrigierten und Krieg führten, zerstückeltes Land schien kaum ein geeigneter Nährboden für wirtschaftlichen Wohlstand, geschweige denn für ein Aufblühen der Künste zu sein. Doch selbst im Mittelalter hatten die politischen Wirren die italienische Begabung für den Handel weniger beeinträchtigt, als man hätte annehmen können, weil ihr die zentrale Lage des Landes im mittelmeerischen Raum zugute kam. Die Bank von Venedig war im 12. Jahrhundert gegründet worden, und die Lombardei und Florenz blieben nicht lange im Hintertreffen. Im Jahrhundert darauf wandte sich Edward I. von England an die lombardischen Banken, als er Geldgeber statt der Juden suchte, die er 1290 des Landes verwiesen hatte, und er erhielt von den Frescobaldi in Florenz ein Darlehen für seinen geplanten Kreuzzug. Der Reichtum der Lombardei beruhte auf ihren Handwerksbetrieben, die sich schon früh in den Städten entwickelt hatten; bereits im 11. Jahrhundert war Mailand berühmt wegen seiner Waffenschmiede, Goldschmiede und Wollweber. Auch Florenz verdankte ein gut Teil seines Wohlstandes der Herstellung von Webwaren.

Im 15. Jahrhundert wurde die Lombardei indes verwüstet durch den heftigen Kampf, der, nachdem Filippo Maria Visconti 1447 ohne männlichen Erben gestorben war, dazu führte, daß Francesco Sforza sich Mailands bemächtigte, und der erst 1454 durch den Frieden von Lodi ein Ende fand. In der Hoffnung, solche Katastrophen in Zukunft zu verhüten, einigten sich Mailand, Venedig und Florenz darauf, sich einem Schiedsgericht zu unterwerfen, statt Krieg zu führen, und im folgenden Jahr wurde die Italienische Liga in Rom bekräftigt durch den Beitritt von Papst Kalixt III. und König Alfons von Neapel. Es liegt auf der Hand, daß ein solcher Pakt nicht von Dauer sein konnte, aber jedenfalls hielt er vierzig Jahre und brachte Italien eine verhältnismäßig friedliche Zeit.

Das Ende dieser glücklichen Periode – den Frieden und den Wohlstand, die um 1490 auf der Halbinsel herrschten – beschrieb Guicciardini im Vorwort zu seiner *Storia d' Italia*. Er verglich diese halkyonischen Tage mit der *pax romana* der römischen Kaiserzeit und schrieb dann: »Italien war nicht nur reich an Bevölkerung, Handelsgütern und Vermögen, sondern erhielt im höchsten Grade Glanz durch die Pracht vieler Fürsten, die Großartigkeit zahlloser edler und schöner Städte, den Thron und die Majestät der Religion; und es besaß viele höchst befähigte Männer für die Verwaltung öffentlicher Angelegenheiten, und edle Denker, bewandert in allen Zweigen des Wissens und beschlagen in allen Künsten und Fertigkeiten.«

Die Betonung, die hier auf Reichtum, Pracht und Glanz gelegt wurde, läßt ein ganz anderes Italien erkennen als das des Mittelalters mit seinem Ideal, Schätze im Himmel anzuhäufen; in diesem Italien war kein Raum für die Dame Armut des heiligen Franz von Assisi. Die Weltanschauung dieses neuen Renaissance-Italiens brachte Leon Battista Alberti vortrefflich in seinem *Traktat über das Hauswesen* zum Ausdruck: »Reichtum ist die Quelle der Freundschaft und des Lobes, des Ruhms und des Ansehens beim einzelnen ebenso wie beim Wohlstand des Staates: eine Familie muß Häuser bauen und ausschmücken, schöne Bücher und Pferde besitzen.«

Alberti selbst war die Verkörperung dieser Renaissancewelt; ein Mann von vielseitiger Begabung und Kultur, der als Architekt des Florentiner Palazzo Recullai als erster die klassischen Pilaster für ein Wohnhaus anwandte und in seinen Traktaten über Malerei und Bildhauerei die vollkommene Schönheit als deren Ziel rühmte.

Von 1443 bis zu seinem Tod im Jahre 1472 lebte Alberti in Rom — er war Mitglied der päpstlichen Kanzlei —, und sein Traktat über die Baukunst, *De re aedificatoria,* den er dem Papst widmete, beeinflußte die Pläne von Nikolaus V. für die Verschönerung Roms, die er 1455 den Kardinälen auf seinem Totenbett darlegte. Nikolaus sagte damals: »Wenn das Ansehen des Heiligen Stuhls in majestätigen Gebäuden sichtbar gemacht würde... würde ihn die ganze Welt anerkennen und verehren. Edle Gebäude, die Geschmack und Schönheit mit eindrucksvollen Proportionen vereinigen, würden beträchtlich zur Erhöhung des Stuhls von St. Peter beitragen.«

Nikolaus war nicht der einzige, der glaubte, daß Reichtum als Handlangerin von Macht, Prunk und vor allem Schönheit in jeder Form auch geistlichen Zielen dienen könne. All das gehörte einfach zu den Lebensgrundsätzen im Italien der Renaissance, und diese Einstellung kam vortrefflich in einem Brief zum Ausdruck, in dem Lorenzo il Magnifico im Jahre 1492 seinem Sohn Giovanni väterliche Ratschläge erteilte. Er schrieb dem jungen Medici, der im März in Rom eingetroffen war, um – drei Jahre nach seiner Ernennung zum Kardinal im Alter von dreizehn Jahren – sein Amt zu übernehmen: »Gib Dein Geld eher für einen gut ausgestatteten Stall und gebildetere Bedienstete aus als für Pomp und Protzerei. Seidenstoffe und Juwelen sind meistenteils unangemessen für Dich, aber Du solltest einige Antiquitäten und hübsche Bücher besitzen.«

Im August 1492 nahm der junge Kardinal, der später, 1513, als Leo X. selbst Papst wurde, an dem Konklave teil, bei dem Rodrigo Borgia zum Papst gewählt wurde und den Namen Alexander VI. annahm. So jung Giovanni war, er hatte die Klugheit der Familie geerbt und machte sich keine Illusionen über den Mann, der jetzt sein Pontifikat antrat. Seine erste Reaktion soll gewesen sein, daß er einem Kollegen zurief: »Fliehe, jetzt sind wir in den Händen der Welt!« Der Glanz der anschließenden Krönungszeremonien bestätigte gewiß Giovanni de' Medicis Einschätzung der Lage. Alexanders feierlicher Zug zum Lateran-Palast, um die weltliche Macht in Besitz zu nehmen, kam dem eines siegreichen Kaisers gleich. Ihm voran ritten dreizehn Schwadronen Kavallerie, dann kamen der gesamte päpstliche Haushalt, die Gesandten und Kardinäle, begleitet von prächtigem Gefolge. Das ausgeklügelte, für die Gelegenheit als angemessen erachtete Zeremoniell war so langwierig, daß sogar Alexander, ein kraftstrotzender Katalane von einundsechzig

Jahren, während seiner Krönung zweimal ohnmächtig wurde.

Alexanders Männlichkeit konnte indes nicht bezweifelt werden. Als er zum Papst gewählt wurde, hatte er bereits sechs Kinder, und während seines Pontifikats zeugte er bestimmt noch ein weiteres, wenn nicht gar zwei oder drei. Schon als Kardinal hatte Alexander, weder in Italien noch anderswo, zu verheimlichen versucht, daß ihm Vanozza de' Cataneis und andere Mätressen Kinder geboren hatten, was zu jener Zeit nicht ungewöhnlich war. Er war nicht der erste Papst, der es so hielt, und einige seiner unmittelbaren Vorgänger waren alles andere als Heilige gewesen. Die Sittenlosigkeit des stattlichen Paul II. war in aller Munde, und Innozenz VIII. erkannte seine sieben Kinder öffentlich an. Die Heirat seines Lieblingssohns Franceschetto Cibo mit Lorenzo des Prächtigen Tochter Maddalena war der Grund, warum ihr Bruder Giovanni mit dreizehn Jahren seinen Kardinalshut erhielt. Auch Alexanders Nachfolger, Julius II., hatte, als er Papst wurde, schon Kinder – drei Töchter. Eine von ihnen, Felice, war blendend schön, und ein Jahr nach der Thronbesteigung ihres Vaters heiratete sie ein Mitglied der berühmten römischen Familie Orsini.

Felices Mutter hieß Lucrezia, und vermutlich war sie auch schön gewesen und gewiß eine Frau von Stand, denn sonst hätte sie nach Felices Geburt nicht in eine bekannte umbrische Familie – die de Cuppis – einheiraten können, von der ein Angehöriger bereits Kardinal war, ehe Julius II. Papst wurde. Überdies unterhielt Julius auch noch als Papst freundschaftliche Beziehungen zu der Familie und war Gast in ihrem Palast in Montefalcone. Lucrezia war nicht Julius' einzige Mätresse; eine andere mit Namen Masina war, wie Cesare Borgias Fiammetta, eine berühmte Kurtisane.

Derlei Dinge waren gang und gäbe im Italien der Renaissance, als sich gegen Ende des 15. Jahrhunderts der Ausdruck »Kurtisane« einbürgerte. Die Griechen bezeichneten als Hetäre – die weibliche Form von *hetairos*, Gefährte – Frauen wie Aspasia, Diotima, Thais und Phryne, die Perikles, Sokrates, Praxiteles und Alexander ebenso durch ihre Klugheit wie durch ihre Schönheit gefesselt hatten. Und als die italienische Renaissance einen ähnlichen Typus von Frauen hervorbrachte, die Gefährtinnen und Mätressen der Höflinge, *cortigiani*, die sich an den italienischen Fürstenhöfen drängten, da wurden sie *cortigiane* oder Kurtisanen genannt, das weibliche Gegenstück zum Höfling. Zweifellos wurde das Wort teilweise wegen dieses Zusammenhangs geprägt, aber daß es so rasch in den allgemeinen Sprachgebrauch aufgenommen wurde, lag sicher auch daran, daß es peinlich gewesen wäre, diese schönen, viel umworbenen und oft begabten Frauen als Huren zu bezeichnen.

Den Renaissancemenschen wäre das Wort »Hure« mit seinem häßlichen Beiklang als völlig unpassende Bezeichnung für eine charmante Frau erschienen, die einen Beruf daraus machte, Freude zu bereiten. Die Kunst zu gefallen war durchaus nicht auf den sexuellen Akt beschränkt – obwohl die Renaissance nichts Unrechtes darin sah, die Sinnenlust bis ins letzte zu genießen. In dieser neuheidnischen Welt wurde körperliche Schönheit als göttlich angesehen, und Sinnlichkeit stand dem nicht viel nach. Außerdem waren viele Kurtisanen sehr vielseitig gebildet, besonders musikalisch, und zumindest zwei waren beachtliche Dichterinnen. Auch waren sie großzügige Gastgeberinnen, und wegen ihres Charmes, ihrer geschmackvollen Art, sich zu kleiden, ihrer geistvollen und witzigen Unterhaltung waren sie sehr begehrte Gäste auf Gesellschaften, besonders in Rom, wo die päpstliche Kurie unzählige junge Männer mit literarischen Ambitionen anzog.

16

Bartolomeo Veneto (?): Junge Italienerin. Das um 1494 entstandene Bild galt lange Zeit fälschlich als Porträt der Lukrezia Borgia. Welche der berühmten Kurtisanen dem Maler Modell stand oder als Vorbild diente, ist nicht geklärt.

Porträt einer Kurtisane, vermutlich der Imperia

Eine Kurtisane und ihr Verehrer. In Blei gegossenes Medaillon nach
einem Entwurf von Alfonso Ruspagiari

Raffael: Triumph der Galatea. Fresko aus der Villa des Agostino
Chigi (heute die Farnesina). Die Galatea gilt als Darstellung der
Imperia.

Carlo Saraceni: Der Lautenspieler. Ein *mezzano* mit den populärsten Instrumenten der Zeit: außer der Laute ein Klavichord, eine Geige und eine Flöte. Besonders der Flötenklang galt als erotisches Stimulans.

Vittore Carpaccio: Zwei venezianische Kurtisanen (vermutlich Mutter und Tochter)

Moretto da Brescia: Salome (vermutlich ein Porträt der Tullia
d'Aragona)

Jan Massys: Venus Cytherea. Eine Kurtisane der Renaissance als
Liebesgöttin. Im Hintergrund der Garten des Palazzo Doria Principe
in Genua.

Ein Abendessen in einem römischen Garten. An solchen zwanglosen
Einladungen unter freiem Himmel, wie sie unter anderen Angelo
Colocci gab, nahmen Künstler, geistliche Würdenträger und natür-
lich Kurtisanen teil (Ausschnitt aus einem Gemälde von Vincenzo
Campi).

Gentile Bellini: Das Wunder des heiligen Kreuzes am Canale San Lorenzo in Venedig. Kirchenfeste und Prozessionen waren für die Kurtisanen eine ideale Gelegenheit, sich zur Schau zu stellen.

Paris Bordone: Angela del Moro (La Zaffetta)

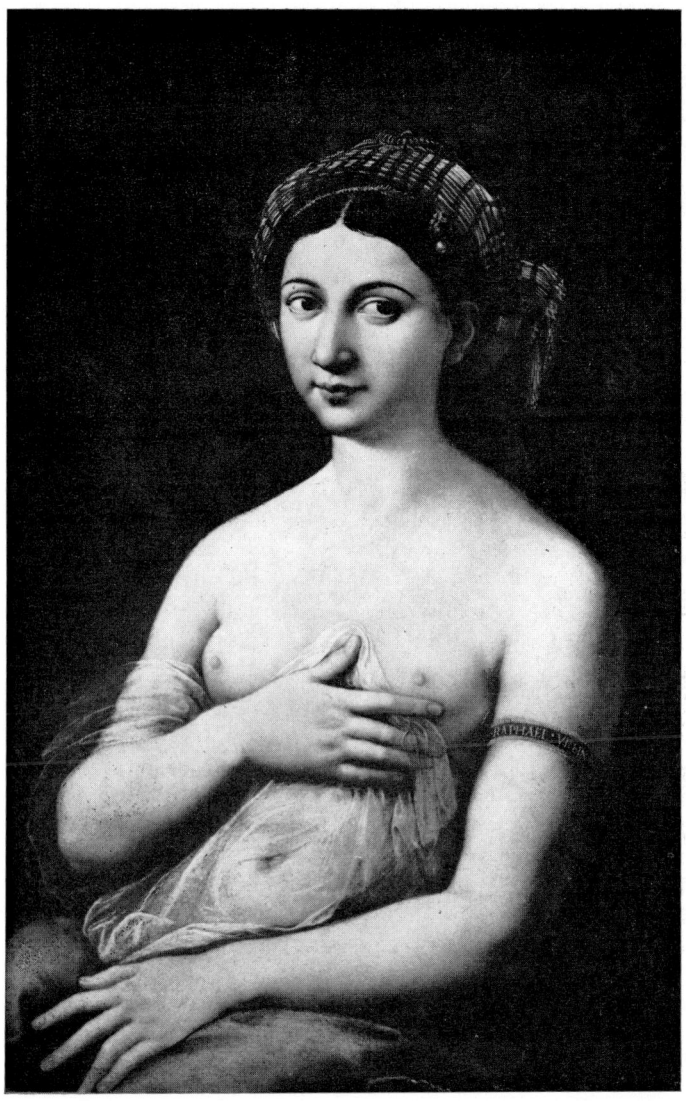

Raffael (?): La Fornarina (Die Bäckerstochter). Das Bild wird Raffael zugeschrieben, weil seine Geliebte, die ihm oft Modell stand, Tochter eines Bäckers war. Nach zeitgenössischen Schilderungen könnte der Halbakt auch die Kurtisane Beatrice Ferrarese darstellen.

Frontispiz für Veronica Francos Gedichtband *Terze Rime,* das in der
Erstausgabe von 1576 fehlt. Vermutlich kamen Veronica Bedenken
wegen der falschen Altersangabe – sie war damals nicht dreiundzwanzig, sondern schon dreißig.

Eine venezianische Kurtisane mit einem ausländischen Kaufmann

Eine römische Kurtisane, 1589. Mit der von Papst Pius V. durchgesetzten Kleiderordnung begann der gesellschaftliche Abstieg der Kurtisanen.

Palma il Vecchio: Eine typische Kurtisane des Goldenen Zeitalters

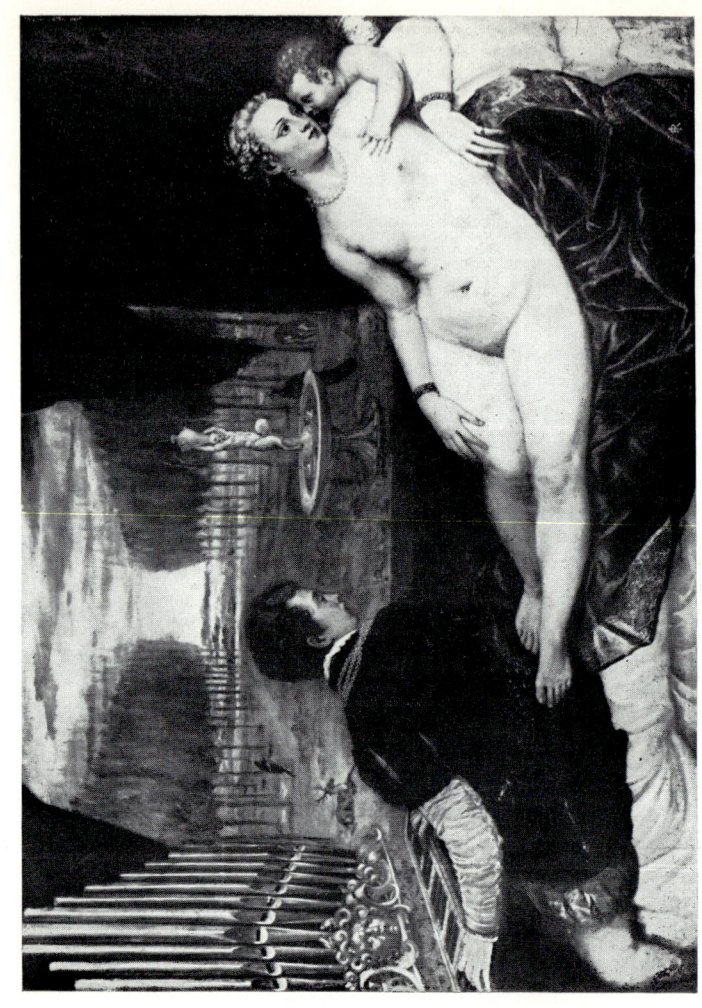

Tizian: Venus mit dem Orgelspieler. Es gibt mehrere Fassungen dieses Bildes. Venusdarstellungen waren überaus beliebt – sozusagen die „Pin-up-girls" der Renaissance.

Etwa fünfzig Jahre waren nach der Rückkehr der Päpste in die Ewige Stadt im Jahre 1418 vergangen, ehe Rom seinen Wohlstand wiedererlangte. Doch zur Regierungszeit von Sixtus IV. (1471–1484) waren päpstliche Neffen in der Lage, bei einer abendlichen Unterhaltung ganze Vermögen zu vergeuden. Der Palazzo Riario (heute die Cancelleria) wurde von einem dieser Neffen, dem Kardinal Pietro Riario, mit dem Spielgewinn einer einzigen Nacht erbaut. Es ist unwahrscheinlich, daß an derartigen Geselligkeiten ausschließlich Männer teilnahmen, und tatsächlich weiß man, daß der Kardinal eine Mätresse hatte, und eine kostspielige dazu – sogar ihre Pantoffeln waren mit Perlen bestickt. Allerdings, und das ist vielleicht nicht allzu verwunderlich, wurden erst unter der Herrschaft von Alexander VI. die Lebensumstände dieser Damen mit der Bezeichnung Kurtisane verbrämt, die dann gang und gäbe wurde.

Die Welt der neuen Hetären

Im Herbst 1501 saß in Rom ein ältlicher Deutscher am Schreibtisch und machte Eintragungen in sein Tagebuch. Es sollte kein literarisches Werk werden – tatsächlich schrieb er so schlecht, daß es sich kaum entziffern ließ –, es war einfach eine tägliche Zusammenstellung von Notizen für den eigenen Gebrauch, eine Gedächtnisstütze für die Reihenfolge von Geschehnissen und vor allem für die Einzelheiten des komplizierten Zeremoniells und der Etikette, deren Einhaltung seine tägliche Aufgabe war. Zumindest hatte Johannes Burchard deshalb siebzehn Jahre zuvor, als er Zeremonienmeister am päpstlichen Hof geworden war, mit seinem Diarium begonnen. Und der erste Teil seiner Eintragung für den 31. Oktober 1501 war typisch für alle an ereignislosen Tagen während seiner Amtszeit; er lautete: »Der letzte Sonntag im Oktober, der Vorabend von Allerheiligen. Es ist erlaubt, die Mäntel zu wechseln. Obwohl die hochwürdigsten Kardinäle wußten, daß Seine Heiligkeit, unser Herr, nicht zur Vesper kommen würde, versammelten sie sich dennoch in der Sala dei Pappagalli und warteten dort. Kardinal Caputaquensis (Ludovico Podocatharus, der Sekretär des Papstes) kam von den Gemächern des Papstes mit einer Botschaft von ihm, daß die Kardinäle zur Vesper in die Kapelle gehen sollten, was sie taten. Dort zelebrierte der hochwürdige Kardinal von Santa Prassede verspätet auf die übliche Weise den Gottesdienst.«

Die Hinweise auf die verspätete Abhaltung der Vesper und den Mantelwechsel veranschaulichen Burchards deutsche Gründlichkeit bei der Beachtung noch der kleinsten verwaltungsmäßigen Einzelheiten, für die er verantwortlich war. Seit den Tagen von Avignon trugen die Kardinäle und die höheren Geistlichen im päpstlichen Gefolge im Winter pelzgefütterte Mäntel und Kapuzen. Die Pelze wurden gewöhnlich vom St. Katharinentag (25. November) bis Christi Himmelfahrt getragen. Wenn sich der Papst indes für einen anderen Zeitpunkt entschied, war es Burchards, des Zeremonienmeisters, Pflicht, alle, die es anging, schriftlich zu verständigen. In diesem Fall war der frühe Wechsel vermutlich auf die Tatsache zurückzuführen, daß der Papst – Alexander VI. – den riesigen Vatikanpalast kühl fand, weil er sich nicht wohl fühlte. Er hatte Zahnschmerzen – ein Abszeß hatte sich gebildet, nachdem ein Zahn gezogen worden war –, und sein Gesicht war verbunden. Jedenfalls war das angeblich der Grund, warum er der Vesper ferngeblieben war, aber wie Francesco Pepi, der Florentiner Gesandte, später in einer chiffrierten Note an die Signoria von Florenz bissig bemerkte, hatte diese Unpäßlichkeit Alexanders sonstige Unternehmungen nicht beeinträchtigt. Mit einem Augenzeugenbericht darüber schließt Burchards Tagebucheintragung für Sonntag, den 31. Oktober 1501: »Am Abend veranstaltete der Herzog Valentino (Cesare Borgia) in seinem Gemach im Vatikan ein Gelage mit fünfzig ehrbaren Dirnen, Kurtisanen genannt, die nach dem Mahl mit den Dienern und den anderen Anwesenden tanzten, zuerst in ihren Kleidern, dann nackt. Nach dem Mahl wurden die Tischleuchter mit den brennenden Kerzen auf den Boden gestellt und Kastanien rings herum gestreut, die die nackten Dirnen auf Händen und Füßen zwischen den Leuchtern durchkriechend aufsammelten, wobei der Papst, Cesare und seine

Schwester Lucrezia zuschauten. Schließlich wurden Preise ausgesetzt, seidene Unterröcke, Schuhe, Barette u. a. für die, welche mit den Dirnen am öftesten den Akt vollziehen könnten. Das Schauspiel fand hier im Saal öffentlich statt, und nach dem Urteil der Anwesenden wurden an die Sieger die Preise verteilt.«

Offenbar hatte auch der Florentiner Gesandte Francesco Pepi seine Informanten im Vatikan, denn in seiner Note vom 4. November an die Signoria berichtete er: »An den Tagen Allerheiligen und Allerseelen erschien der Papst wegen seines Abszesses nicht im Petersdom oder in seiner Privatkapelle. Obwohl die Krankheit ihn daran hinderte, hinderte sie ihn nicht, am Sonntag mit dem Herzog, der früh am Abend fünfzig Kurtisanen in den Palast gebracht hatte, bis in die zwölfte Nachtstunde aufzubleiben. Und lachend und tanzend blieben sie die ganze Nacht auf.«

Das alte römische System der Zeiteinteilung galt in Italien bis zum 18. Jahrhundert. Die Stunden wurden von Sonnenaufgang bis Sonnenuntergang gezählt und waren je nach der Jahreszeit ungleich lang. So begann zur Sommersonnenwende die erste Stunde des Tages um 4 Uhr 27 und endete um 5 Uhr 42. Zur Wintersonnenwende dauerte die erste Stunde des Tages nur von 7 Uhr 33 bis 8 Uhr 17. Die zwölf Nachtstunden waren also im Sommer kurz und im Winter lang, denn im Sommer mußten sie in die Zeit zwischen 19 Uhr 33 und 4 Uhr 27 eingefügt werden, im Winter in die Zeit zwischen 16 Uhr 27 und 7 Uhr 33. Die »zwölfte Nachtstunde« Ende Oktober entspricht nach der modernen Zeitrechnung ungefähr 5 Uhr morgens – eine recht ausgedehnte Abendunterhaltung für Alexander, einen Mann von siebzig Jahren, der an einem Kieferabszeß litt.

Im Jahre 1501 bedurfte das Wort »Kurtisane« offenbar keiner Erklärung in den Kreisen, in denen sich Gesandte und Mitglieder der Florentiner Signoria bewegten, obwohl es für Burchard noch etwas ungewöhnlich war. Allerdings hatte er es nicht zum erstenmal in seinem Tagebuch erwähnt. Am 2. April 1498 hatte Burchard vermerkt, daß Corsetta, eine Kurtisane oder *meretrix honesta* (so lautete der widersinnige Ausdruck im Küchenlatein, in dem er schrieb), für mehrere Tage ins Gefängnis geworfen worden war, weil ihre maurische Dienerin, genannt Barbara von Spanien, Ärgernis erregt hatte. In Wirklichkeit war »Barbara« nämlich ein Mann, der die Angewohnheit hatte, in Frauenkleidern, vermutlich abgelegten Gewändern seiner Herrin, herumzulaufen. Corsetta und Barbara wurden beide verhaftet und mit Schimpf und Schande durch ganz Rom geführt – Barbara in einem knöchellangen und vorn aufgeschlitzten schwarzen Samtkleid, so daß seine Genitalien zu sehen waren. Corsetta kam mit einer kurzen Gefängnisstrafe in der Torre di Nona davon, aber Barbara wurde mit der Garrotte erdrosselt und seine Leiche auf dem Campo dei Fiori, der damaligen Hinrichtungsstätte in Rom, am Marterpfahl verbrannt.

Corsetta war eine der berühmtesten Kurtisanen jener Zeit, und gewiß hatte sie es einflußreichen und vornehmen Kunden zu verdanken, daß sie nicht schwerer bestraft wurde. Aber der Verlust Barbaras schadete nicht nur ihrem Ansehen, sondern auch ihrem Geldbeutel, denn Barbara war eines ihrer Statussymbole gewesen – wie der Zwerg, die Hunde, die Papageien und die Pfauen, die Carpaccio auf seinem Bild der zwei venezianischen Kurtisanen porträtierte. Eine exotische Begleitung und Haustiere gehörten zum Betriebskapital einer Kurtisane, denn als teure Luxusgegenstände verliehen sie ihr eine Aura von Glanz und Reichtum. Und das Geld war es, das eine Frau aus dem Stand der bloßen Dirne in den Rang der *meretrix honesta* erhob.

Venedig und Rom waren in der Tat diejenigen italienischen Städte, in denen das Gewerbe der Kurtisanen am besten florierte, und auch das war eine Sache des Geldes. Kurtisanen schafften sozusagen den großen Sprung in Orten, in denen es viel Geld gab, oder sie begaben sich dorthin, wo sie es bekommen konnten. Und gegen Ende des 15. Jahrhunderts, als man zuerst von ihnen hörte, gab es in Venedig und Rom mehr Geld als anderswo in Italien oder wurde dort zumindest mit leichterer Hand ausgegeben. Die praktisch denkenden Kaufleute und Bankiers in Genua, Mailand und Florenz waren nicht gerade arm, aber sie waren mehr oder weniger sparsam. Später konnte ein Lebemann wie Filippo Strozzi der Jüngere in einer abgelegenen Junggesellenwohnung vielleicht eine Zeitlang für einige der hübschesten Damen von Florenz ein anscheinend offenes Haus führen, aber es ist beachtenswert, daß sich die Damen bald darauf in Rom niederließen. Sogar einige der berühmtesten Kurtisanen aus Venedig wanderten dorthin oder statteten der *terra da donne*, wie Rom genannt wurde, Besuche ab, die gewiß lukrativ waren.

Die Blütezeit der Kurtisanen in Rom reichte vom Ende des 15. Jahrhunderts bis zur Plünderung der Stadt im Jahre 1527. Aber noch um die Mitte des 16. Jahrhunderts, als Brantôme nach Rom kam, waren die großen Kurtisanen eine der Attraktionen der Stadt. Sein erster Besuch fand 1555 statt, und im selben Jahr wurde Paul IV. zum Papst gewählt, der erste einer Reihe von Reformpäpsten, und das war der Beginn eines moralischen Klimawechsels in der Stadt. Strenge gesetzliche und finanzielle Maßnahmen gegen die Sünderinnen wurden verhängt, ob sie nun *honesta* waren oder nicht, und der Glanz verging. Kunst, Bildung und feine Lebensart, mit denen hatte verbrämt werden können, worauf das Leben einer Kurtisane in Wirklichkeit beruhte, verschwanden; zurück blieb nur das Laster, und das florierte natürlich genauso zwangsläufig und abscheulich wie im Mittelalter. Nur in der freien Stadt Venedig war es bis zum Ende des 16. Jahrhunderts einer talentierten Frau noch möglich, den einzigen selbständigen Beruf, der ihr damals offenstand, auszuüben und, wie im alten Griechenland, von den Großen – Herrschern, Künstlern und Schriftstellern gleichermaßen – als etwas anderes angesehen zu werden als eine gewöhnliche Hure.

Aber Venedig war ein Sonderfall. Wenn es auch im 16. Jahrhundert nicht mehr den »prächtigen Osten zu eigen« hatte, war doch der Glanz jener exotischen Vergangenheit noch nicht verblaßt, und in der Kunst war dieses Jahrhundert Venedigs goldenes Zeitalter. Überdies war es immer noch eine der großen Hafenstädte, über welche die Luxusgüter des Orients nach Europa gelangten. So kam zu dem in Jahrhunderten angehäuften Reichtum eine kosmopolitische Einstellung, und beides zusammen erzeugte bei den venezianischen Patriziern einen fast orientalischen Sinn für Luxus und gewissermaßen eine orientalische Moralauffassung. Als Ippolito de' Medici etwa 1530 Venedig besuchte, gehörte zu der Gastfreundschaft, die ihm gewährt wurde, die Gesellschaft der berühmten Kurtisane Zaffetta. Und noch vierzig Jahre später, als Heinrich von Valois durch die Stadt kam, auf dem Weg von Polen zur Krönung als Heinrich III. von Frankreich, wurde auch er von einer Kurtisane bewirtet, Veronica Franco. Heinrich soll sie aus einem Buch mit Miniaturen der berühmtesten venezianischen Kurtisanen ausgewählt haben, das ihm die Signoria vorlegte. Die Behörden versuchten von Zeit zu Zeit, das Tun und Lassen der Kurtisanen zu überwachen, aber im großen und ganzen erkannten die geschäftstüchtigen Venezianer, daß diese Damen ein Aktivposten waren, und zumindest in einem Fall gaben sie es auch zu und bezeichneten sie mit ungewohnter amtlicher Offenheit als »unsere lobenswerten Dirnen«.

Daß eine solche Stadt, wenigstens eine Zeitlang, in Sachen Galanterie Rom den ersten Platz überlassen hat, ist im historischen Zusammenhang überraschend. Noch überraschender ist die Schnelligkeit, mit der sich Rom nach der Rückkehr der Päpste wieder erholte. Infolge der »babylonischen Gefangenschaft der Kirche« in Avignon und der verhängnisvollen Periode des großen Schisma hatte die Abwesenheit der Päpste von Rom fast ohne Unterbrechung hundertzweiundzwanzig Jahre gedauert. Als Martin V. im Jahre 1420 in die Heilige Stadt zurückkehrte, fand er Rom, wie sein Biograph berichtet, »so heruntergekommen und verlassen, daß es kaum noch Ähnlichkeit mit einer Stadt hatte«.

Rom erholte sich nicht von heute auf morgen, aber dennoch bemerkenswert rasch. Die Wiederherstellung begann ernstlich während des Pontifikats von Nikolaus V. (1447 bis 1453), der ein Gelehrter von untadeliger Moral und vorzüglichem Charakter war. Nikolaus war auch ein guter Diplomat, und innerhalb von drei Jahren nach seiner Thronbesteigung hatte er die noch verbliebenen Risse in der christlichen Welt geheilt. Und während des Jubeljahres, das er 1450 proklamiert hatte, strömten Pilger nach Rom, um auch der Kanonisationszeremonie für den heiligen Bernadino von Siena beizuwohnen. Zwei Jahre später kam Kaiser Friedrich III. persönlich zu seiner Krönung nach Rom. Er war der letzte Kaiser, der das tat, aber ein solches feierliches Ereignis brachte die tröstliche Gewißheit mit sich, daß Rom seine Stellung als Mittelpunkt der christlichen Welt wiedererlangt hatte.

Als Humanist und Gelehrter war Nikolaus der erste Papst, der sich der Bedeutung der neuen Denkströmungen und ihres Ausdrucks in der Kunst, der Wissenschaft und der Literatur bewußt wurde. Und es war ein' wohlerwogenes Ziel seiner Politik, daß die Kirche die Führung übernehmen sollte in dieser Bewegung, deren er sich bedienen wollte, um Rom zu verwandeln, damit es seiner Rolle als Mittelpunkt der Christenheit würdig sei. Nikolaus war in der Tat der erste Renaissancepapst. Er ließ Roms alte Wälle und Kirchen wiederherstellen, die Wasserversorgung instand setzen, einen Teil des Kapitols und den Vatikanpalast wiederaufbauen und begann sogar eine Erweiterung der Peterskirche. Auch war er der Gründer der vatikanischen Bibliothek und der erste Papst, der einen Architekten vom Format eines Leon Battista Alberti nach Rom einlud, und er erteilte Fra Angelico den Auftrag, die Fresken in seiner Privatkapelle zu malen. Aber die Bewegung, die er mit den besten und lautersten Motiven einleitete, entfesselte in der Stadt eine Leidenschaft für weltliche Größe und Luxus, die eine solche Korruption zur Folge hatte, daß allein der Name Rom zu ihrem Inbegriff wurde.

Obwohl ein Großteil des Geldes, das es Nikolaus V. ermöglichte, Roms Wiederherstellung einzuleiten, ein Nebenprodukt des Jubeljahres 1450 war, so führte das große Ereignis auf lange Sicht doch dazu, daß nicht nur der Wiederaufbau der Stadt, sondern auch ihr Wirtschaftsleben weitgehend auf kirchliche Quellen von einer Art angewiesen war, die schließlich im folgenden Jahrhundert eine heftige Reaktion im übrigen Europa hervorrufen sollte. Wie nicht anders zu erwarten, strömten nach der Rückkehr des päpstlichen Hofes Pfründen- und Stellensuchende nach Rom. Gewöhnlich kamen sie nicht mit leeren Händen, und ein Posten in der *Curia* konnte lukrativ sein, aber eine so vorteilhafte Position mußte entweder bezahlt oder durch Beziehungen erlangt werden. Dieser Brauch war damals in Italien und auch im übrigen Europa nicht ungewöhnlich, aber da die Kirche überstaatlich war, war es auch das Ausmaß der Gelegenheiten – und der Belohnungen.

Als Francesco della Rovere, der Sohn einer Familie kleiner Kaufleute in Savona, 1471 Papst Sixtus IV. wurde, machte er innerhalb von sechs Monaten drei seiner Neffen zu Kardinälen. Pietro Riario, sein Lieblingsneffe, der bis dahin Franziskanermönch gewesen war, erhielt außerdem fünf Bistümer, das Patriarchat von Konstantinopel und die Abtei San Ambrogio in Mailand, und seine Einnahmen überstiegen sechzigtausend Golddukaten im Jahr. Ein Beispiel für Pietros Verschwendungssucht war seine Bewirtung von Leonora d' Aragona – der unehelichen Tochter des Königs Ferrante von Neapel –, als sie auf der Durchreise nach Rom kam. Ein ganzes Haus, aus Holz erbaut und mit kostbaren gewirkten Tapeten und Teppichen geschmückt, wurde neben Riarios Palast errichtet, um sie zu empfangen. Und dort wurden Leonora Theateraufführungen und ein Bankett geboten, bei dem ganze Wildschweine, Schwäne, Pfauen und sogar ein Bär – alle mit dem echten Fell oder den Federn bedeckt – aufgetischt wurden. Es gab Burgen aus Konfekt und einen künstlichen Berg, aus dem ein Mann heraustrat, um Verse zu zitieren. Kein Wunder, daß Pietro Riario in den zwei Jahren, in denen er sich seines Reichtums erfreute, ehe er seinen Ausschweifungen erlag, zweihunderttausend Dukaten ausgegeben hatte. Als er mit achtundzwanzig Jahren starb, hinterließ er gewaltige Schulden, was nicht erstaunlich ist, wenn man bedenkt, daß sogar die Pantoffeln seiner Mätresse mit Perlen bestickt waren. Ihr Name war Teresa; aller Wahrscheinlichkeit nach war sie eine Kurtisane gewesen, ehe sie zur Mätresse eines Kardinals aufstieg, und vermutlich sind einige dieser Tausende von Dukaten in ihre Tasche geflossen. Denn von Teresa hat man nichts mehr gehört – ein ziemlich sicherer Beweis, daß sie sich wohlversorgt zur Ruhe setzen konnte oder vielleicht einen Mann geheiratet hat, der sich mehr für ihre Mitgift als für ihre Vergangenheit interessierte.

Päpstliche Neffen rangierten natürlich an erster Stelle, was Pfründen betraf. Aber nicht weit hinter ihnen kamen die Sprößlinge der großen Familien wie die Este, Gonzaga und Medici, die, um ein politisches Bündnis zu festigen oder Familieninteressen zu fördern, zu Kardinälen ernannt wurden, manchmal schon als Knaben – wie Giovanni de' Medici mit dreizehn Jahren. Doch wie das Leben von Sixtus IV. zeigt, waren es nicht nur die Reichen und Adligen, die es in der Kirche oder auch in der *Curia* zu etwas bringen konnten. Und das führte dazu, daß Hunderte – und im Laufe der Jahre Tausende – von jungen Männern nach Rom strömten, um dort ihr Glück zu machen.

Einer von ihnen war Burchard. Er stammte aus dem Elsaß, wurde von seiner Familie zum Geistlichen bestimmt, studierte aber Jurisprudenz, promovierte zum Doktor der Rechte und wurde Kanonikus an der St. Thomaskirche in Straßburg. Irgendwie gelang es ihm, das Geld aufzutreiben, damit ein Freund ihm einen Posten in der *Curia* kaufe, wo schon viele unternehmungslustige Deutsche ihren Weg gemacht hatten. Burchard war noch recht jung, als er 1481 nach Rom kam, und wurde prompt zum *pronotorio apostolico* ernannt, ein Posten, der ihn indes nicht daran hinderte, auch als Advokat an den päpstlichen Gerichten zu praktizieren. Burchard konnte Ersparnisse machen und gewann einen einflußreichen Freund, Agostino Patrucci, den Zeremonienmeister; auf dessen Empfehlung wurde er als Schreiber im päpstlichen Zeremonienamt angestellt. Zwei Jahre später wurde Burchard auf Patruccis Empfehlung sein Nachfolger als Zermonienmeister – die Bulle der Bestallung für sein neues Amt kostete vierhundertfünfzig Golddukaten.

Obwohl Burchard diesen verantwortungsvollen Posten am päpstlichen Hof innehatte und mehrere kleinere Pfründen erhielt, trug er bis drei Jahre vor seinem Tod, kurz bevor er zum Bischof von Orte geweiht wurde, keine Tonsur und war auch kein ordinierter Priester. Ein unbedeutendes Bistum nach zwanzig Jahren Dienst war keine aufsehenerregende Belohnung, und wahrscheinlich lag es daran, daß Burchard es unterlassen hatte, in den geistlichen Stand zu treten. Denn armen jungen Männern, denen es an wirklich einflußreichen Verbindungen mangelte, erschloß im allgemeinen die Priesterweihe den Weg, der zum Erfolg führte – obwohl ihn in seltenen Ausnahmen auch große geistige Gaben erschlossen.

Das könnte kaum besser veranschaulicht werden als durch die Lebensläufe zweier bekannter Humanisten – Giacomo Ammannati und Giovanni Antonio Campano. Ammannati begann sein Leben als Kind armer Leute in der Toskana, doch dank seiner Intelligenz erhielt er in Florenz eine gute Ausbildung, ehe er 1450 zum Jubeljahr nach Rom kam. Dort lebte er recht und schlecht als armer Geistlicher, bis Kardinal Capranica irgendwie auf ihn aufmerksam wurde und ihn, als er seine Begabung erkannte, zu seinem Schreiber machte. Der Kardinal war der mächtige Sekretär der Breve unter Papst Kalixt III., und Ammannatis Karriere war nun gesichert. Er selbst wurde später Kardinal und Privatsekretär, Vertrauter und Freund von Pius II. – Enea Silvio de' Piccolomini –, dessen berühmte *Commentarii* Ammannati nach dem Tode des Papstes abschloß. Campano stieg nicht so hoch auf, aber seine Erfolge waren in mancher Hinsicht noch bemerkenswerter. Seine Eltern waren Bauern in der Campagna gewesen, er blieb als Waise zurück und wurde ein bekannter Latinist – der Herausgeber der ersten gedruckten Texte von Cicero und Livius. Glei-

chermaßen berühmt wegen seiner Gedichte und seiner Gelehrsamkeit, erhielt Campano, als er kaum dreißig war, sein
erstes Bischofsamt – das jämmerliche kalabrische Bistum
Cotrone, aber später wurde er Bischof von Teramo und
Gouverneur von Todi.

Ammannati und Campano standen beide dem erlesenen,
intellektuellen Kreis in Rom nahe, zu dem Kardinal Bessa-
rion, Polizian, Francesco Filelfo und Marsiglio Ficino gehörten; Ficino war häufig Gast in Ammannatis Haus in der
Nähe des Tibers oder in seiner *vigna* (Weinberg oder
Garten) in der Nähe des Vatikans. Aber arm und unbekannt, wie sie gewesen waren, hätten Ammannati und Campano niemals diese Positionen erreicht, wären sie nicht in
den geistlichen Stand getreten, was jungen Männern ermöglichte, Angehörige der Hofhaltung mächtiger Kardinäle zu
werden. Solche Gönnerschaft hatte ihnen den Weg zu einer
erfolgreichen Laufbahn geebnet, aber beide hatten keine
innere Berufung und mußten dafür büßen. Mit seiner ange-
borenen Bauernschlauheit erkannte Campano die Verlogen-
heit ihres Lebens, und er scheint der stärkere Charakter gewesen zu sein. Ammannati galt als ein sehr aufrechter
Mann, doch offenbar hatte auch er seine Schwächen, denn
1473 schrieb ihm Campano: »Du siehst Deinen Campano,
der einst Dichter zu sein hoffte, als Prälaten. Aber ich er-
mahne Dich dringend, Deinen Lebenswandel zu ändern. Du
und ich kennen einander und das, wogegen wir kämpfen
müssen. Wir sind nur leere Luft und Träume und brodeln-
der Schaum – inhaltslos, nichts wert und geil.« Campano
war vierundvierzig, als er diesen Brief schrieb, und er wußte,
wovon er sprach.

Als er vier Jahre später starb, verfaßte Polizian seine
Grabschrift und erwähnte darin, daß auch Campano Venus und Amor gehuldigt hatte.

Ammannati und Campano waren in der Tat typisch für die Zeit und den Ort. Auch andere junge Männer zwang die Armut, sich zu entscheiden, ob sie Geistliche werden oder alle Hoffnung auf eine literarische Laufbahn, für die sie so begabt waren, aufgeben sollten. Gewiß taten sie, was sie nicht hätten tun sollen, aber nachdem sie es zuerst so schwer gehabt hatten, ist ihre Entscheidung menschlich verständlich. Im vierzehnten Jahrhundert und sogar noch zu ihrer Zeit lebten viele Priester mit einer Konkubine, wie es auch im Mittelalter häufig vorgekommen war. Doch war es die Renaissance mit ihrem berauschenden klassischen Schönheitsideal – der körperlichen Schönheit als einer Offenbarung göttlicher Vollkommenheit –, die den Geist solcher Männer mit »leerer Luft und Träumen« füllte, so daß sie sich nicht länger mit den Einschränkungen ihres Standes oder auch nur der farblosen Haushälterin-Konkubine der Vergangenheit abfinden wollten. Selbst wenn es möglich gewesen wäre, hätten sie sich wahrscheinlich mit einer bürgerlichen Ehe nicht befreunden können. Durchdrungen von klassischer Gelehrsamkeit, lebten sie in einer Welt, in der selbst das Christentum in die Sprache der heidnischen Dichter gekleidet wurde. Die Jungfrau Maria wurde als »Juno, Mutter der Götter« angesprochen, oder sogar als Venus – und Venus war unzweifelhaft die Göttin, die sich im Rom ihrer Tage der größten Beliebtheit erfreute.

Die Anbetung körperlicher Schönheit, denn darauf lief es hinaus, und insbesondere weiblicher Schönheit, erschloß den Glücklichen, die darüber verfügten, ungeahnte Möglichkeiten. Früher war es nur in der verfeinerten Atmosphäre aristokratischer Höfe vorgekommen, daß ein Liebender »eine klagende Ballade auf die Augenbraue seiner Herrin« gedichtet hatte. Der Kult, der jetzt in der Kunst, Philosophie und Literatur mit Schönheit und Liebe getrieben wurde, idealisierte nun auch die Sinnlichkeit. Und die Folge war, daß Frauen aus einer bisher verfemten Schicht mit einemmal angesprochen wurden, als wären sie Göttinnen, oder daß man sie gar auf eine Stufe mit Heiligen stellte. Es ist noch ein Manuskript aus jener Zeit erhalten, in dem Grabinschriften von heilig gesprochenen Frauen und Kurtisanen nebeneinander aufgeführt werden. Und auf dem Grabstein der spanischen Kurtisane Beatrice Pareggi in der Kirche S. Agostino in Rom hieß es, sie sei »eine gute Mutter, dahingerafft in der Blüte ihrer heiligsten Jugend« gewesen.

Auch Ammannati, der 1479 starb, ist in S. Agostino bestattet und hat ein mächtiges Grabmal, obwohl er in seinem Testament gebeten hatte, sein Leib möge im Petersdom in der Nähe seines Wohltäters Pius II. liegen, doch solle sein Grab nur durch einen schlichten Stein gekennzeichnet sein. Der erste Teil von Ammannatis Testament mit diesen Anweisungen für seine Bestattung ist erhalten, doch der Rest, der die Verteilung seines Vermögens betraf, wurde unterschlagen, und das Vermögen ging auf Sixtus IV. über, der nach Belieben darüber verfügen konnte. Um Ammannatis Hinterlassenschaft zu verwalten, setzte Sixtus eine vierköpfige Kommission ein, zu der auch einer seiner Verwandten gehörte, und berechtigte sie, Schenkungen zu machen. Infolgedessen wurde der größte Teil des Tafelsilbers und Grundbesitzes des verstorbenen Kardinals verkauft und der Erlös dem Spital de Santo Spirito vermacht, das der Papst zu jener Zeit wiederaufbaute.

Ammannatis Meßgewänder und -gerätschaften sowie andere persönliche Besitztümer wurden der apostolischen Schatzkammer einverleibt.

Indes vermachte dieselbe Kommission durch eine Schenkungsurkunde einer gewissen »Fiammetta, Tochter des verstorbenen Michele di Bartolomeo von Florenz«, ein Haus und eine *vigna*...»um der Liebe Gottes willen und um ihr eine Mitgift zu verschaffen«. Obwohl in der Schenkungsurkunde nicht erwähnt wird, daß das Haus und die *vigna*, die Fiammetta von der Kommission erhielt, Kardinal Ammannati gehört hatten, so steht doch fest, daß er eine *vigna* in der Nähe der Porta Viridaria des Vatikans besessen hatte, eben dort, wo sich die *vigna* für Fiammetta befand. Auch das Haus, das sie von der Kommission erhielt, lag in demselben römischen Viertel, in dem Ammannati gewohnt hatte. Deshalb ist angenommen worden, daß eine Verbindung zwischen Fiammetta und Ammannati bestanden und er ihr den Grundbesitz hinterlassen habe, daß sie also tatsächlich seine Mätresse gewesen sei. Aber da die einzige bekannte testamentarische Verfügung des Kardinals über sein Begräbnis mißachtet, der Rest seines Testaments unterschlagen und über sein Eigentum von Sixtus IV. willkürlich verfügt wurde – eine Tatsache, über die es damals viel Gerede gab –, ist es außerordentlich unwahrscheinlich, daß irgendeine letztwillige Verfügung von Ammannati zugunsten einer Mätresse respektiert worden wäre, nachdem nicht einmal der fromme Wunsch bezüglich seiner Bestattung Gehör fand. Die Frage, ob Priester überhaupt das Recht hatten, über ihr Eigentum testamentarisch zu verfügen, war verwickelt. Und obwohl zu jener Zeit in Italien die Einziehung des Vermögens eines Priesters durch die Camera Apostolica durch Gewohnheitsrecht sanktioniert war, so läßt die Reaktion der Öffentlichkeit doch erkennen, daß Sixtus IV. im Fall Ammannati mehr als die übliche Willkür an den Tag gelegt hatte. Zwischen Ammannatis persönlichem Eigentum und dem, was der Kirche gehörte, wurde kein Unterschied gemacht – was vermutlich geschehen wäre, hätte er einer mächtigen Familie angehört. Und da Sixtus'

Nepotismus notorisch war, werden wohl das Spital de Spirito Santo (und Fiammetta) nicht die einzigen Nutznießer von Ammannatis Vermögen gewesen sein, auch wenn dessen Beschlagnahme nicht ein solcher Willkürakt war, wie es uns heute erscheint.

Fiammetta
und die ersten großen Kurtisanen

Die einzige Auskunft über Fiammetta, die aus der Schenkungsurkunde der päpstlichen Kommission – einem bemerkenswert lakonischen und diskreten Dokument – hervorgeht, ist, daß sie »ein Fräulein von einzigartiger Schönheit« und demzufolge Versuchungen ausgesetzt war, die ihren reizloseren Geschlechtsgenossinnen erspart blieben. Der normale Ausweg aus einer derart gefährlichen Situation wäre eine frühe Heirat gewesen, die dank der Schenkung leicht hätte bewerkstelligt werden können. Aber trotz ihrer Schönheit, ihrer beträchtlichen Mitgift und ihrer Schutzlosigkeit, da sie vaterlos aufwuchs, heiratete Fiammetta nicht – statt dessen erlag sie der Versuchung, bereitwillig, wie es scheint. Sie wurde eine der berühmtesten Kurtisanen in Rom und eine der wenigen, die reich starben. Die Mutmaßung, daß Fiammetta 1479 ihre Laufbahn schon begonnen hatte, mag boshaft sein, aber es würde die seltsame Tatsache erklären, daß sie und nicht ihre verwitwete Mutter, die offenbar auch noch für einen kleinen Sohn zur sorgen hatte, unter dem Deckmantel der Wohltätigkeit ein beträchtliches Vermögen erhielt. Das Wort »Mitgift« war natürlich der einzig mögliche Euphemismus, selbst im 15. Jahrhundert, der sich auf eine Schenkung durch eine päpstliche Kommission an ein schönes junges Mädchen anwenden ließ. Für einen einflußreichen Kleriker – vielleicht einen der unzähligen Verwandten von Sixtus IV. – war es ein gangbarer Weg, seine Mätresse zu entlohnen.

In der Tat ist Fiammetta die erste Kurtisane, deren Status als vermögende Frau – und nicht bloß als gewöhnliche Dirne – in Dokumenten bestätigt wird. Und einen eigenen Palazzo oder ein Haus und eine *vigna* mit einer Sommervilla und einer Quelle zu besitzen, war, wie Zoppino, einer der bekanntesten römischen Zuhälter, bekundete, der Ehrgeiz jeder Kurtisane. Fiammetta erreichte dieses Ziel offenbar, als sie noch sehr jung war, denn im Rom des 15. Jahrhunderts war ein »Fräulein« ein Mädchen im heiratsfähigen Alter, und das bedeutete damals unter zwanzig Jahren. Doch Fiammettas Glück stieg ihr nicht zu Kopf, ihr dreiunddreißig Jahre später aufgesetztes Testament ist ein Beweis dafür und auch für ihre erfolgreiche Karriere, denn Fiammetta gelang es, Cesare Borgias offizielle Mätresse zu werden. Eine Abschrift ihres Testaments wurde im 19. Jahrhundert entdeckt; diese Kopie hatte dem öffentlichen Notar gehört, der anwesend war, als sie es am 19. Februar 1512 aufsetzte, und er hatte die Überschrift hinzugefügt: »Testament von der Fiammetta des Herzogs von Valentino«.

Aus der Einleitung des Testaments geht hervor, daß Fiammetta es kurz vor ihrem Tod abfaßte. Aber ihr herannahendes Ende beeinträchtigte ihre toskanische Schlauheit in Gelddingen ebensowenig wie ihre Entschlossenheit, dafür zu sorgen, daß ihre Wünsche noch für die dritte Generation nach ihrem Tode bindend sein sollten – es war kein sanftes Täubchen, das Cesare Borgia umgarnt hatte. Auch läßt sich aus dem Testament ablesen, daß Fiammetta, da sie ja in einem nachsichtigen Zeitalter lebte, ihren Frieden mit der Kirche gemacht hatte, denn ihr Letzter Wille ist gewiß nicht der einer Sünderin, die sich vor der Verdammnis fürchtet, weil ihr nicht vergeben worden ist.

Fiammetta war in der Tat sehr wohlhabend. Als sie ihr Testament machte, besaß sie außer dem ihr 1479 geschenkten Haus und der *vigna* zwei weitere Häuser. Überdies hatte sie in der Kirche S. Agostino eine Kapelle gestiftet und Anweisungen für ihr Begräbnis dort gegeben. Ein Haus hinterließ sie ihrem Bruder Andrea auf Lebenszeit; nach seinem Tod sollte es den Augustinerklöstern zufallen, die den Kirchen S. Maria della Pace und S. Agostino angegliedert waren – zwei elegante Kirchen, die unter dem Pontifikat von Sixtus IV. gebaut worden waren und häufig von Kurtisanen besucht wurden. Ihr übriges Vermögen hinterließ Fiammetta ihrem leiblichen Bruder (im Testament wurde ausdrücklich – und vielleicht wahrheitswidrig – erklärt, daß er ihr leiblicher Bruder sei) und dessen Nachkommen, aber mit Vorbehalten, die ihre Verfügungsberechtigung einschränkten. Zum Beispiel durften die beiden anderen Häuser, die durch einen Turm miteinander verbunden waren, unter keinen Umständen verkauft oder mit einer Hypothek belastet werden, es sei denn (und das ist recht bezeichnend), um die Hochzeit einer Tochter der Familie auszurichten und für ihre Mitgift, doch durfte die Hypothek dreihundert Dukaten nicht übersteigen.

Für jeden nur denkbaren Fall wurden Vorkehrungen getroffen, sogar für die Möglichkeit, Andreas Familie sterbe aus. Jedenfalls hatten er und seine Nachkommen keinerlei Einspruchsmöglichkeiten gegen das Heimfallsrecht des Vermögens, das Fiammatta vorgesehen hatte, was für eine Frau in ihren Lebensumständen recht absonderlich erscheint. Ihr gesamtes Vermögen sollte nämlich »der Kapelle der Empfängnis der heiligen Jungfrau und des heiligen Antonius von Padua, gelegen in der Basilika des Apostelfürsten in Rom, welche die Kapelle von Papst Sixtus genannt wird« als Schenkung überlassen werden – mit anderen Worten, der Sixtinischen Kapelle –, und zwar unter der Bedingung, daß jährlich zwei Seelenmessen für Fiammetta und je eine für ihre Mutter und ihren Bruder gelesen würden.

Das Vermögen, das Fiammetta als Mitgift erhalten hatte, sollte also mit Zinsen an die Quelle zurückgehen, aus der es stammte. Die Sixtinische Kapelle mit ihrer einzigartigen Stellung (die sie noch heute hat) und ihren Einkünften war als Stiftung und juristische Person von Sixtus IV. gegründet worden, dem dankbar zu sein Fiammetta und Andrea allen Grund hatten.

Allerdings erscheint es selbst bei einer so energischen Person wie Fiammetta recht anmaßend, daß sie den späteren Nachkommen eines Bruders hinsichtlich der letzten Verfügung über ein dem Bruder hinterlassenes Vermögen derartig die Hände band. Aber die Archive der Stadt Rom geben Veranlassung, die Umstände anders zu interpretieren und die Sache in einem anderen Licht zu sehen. Denn die dortigen Unterlagen weisen darauf hin, daß Andrea aller Wahrscheinlichkeit nach nicht Fiammettas Bruder war, sondern ihr Sohn, und vermutlich das Kind eines einflußreichen Mannes, der dafür gesorgt hatte, daß sie ihre Mitgift bekam – ein della Rovere oder jemand, der Sixtus IV. sehr nahestand. Im römischen Steuerregister von 1524 und den Unterlagen über die Volkszählung in der Stadt von 1526 erscheint Andrea als »Messer Andrea della Fiammetta« und nicht als Andrea di Michele, was der Fall hätte sein müssen, wenn er wirklich Fiammettas Bruder und Sohn ihres Vaters Michele gewesen wäre, wie sie in ihrem Testament von 1512 behauptet hatte. Damals gab es für Fiammetta einen zwingenden Grund, über ihr Verhältnis zu Andrea zu lügen, der nach 1521 nicht mehr bestand. Denn in jenem Jahr hatte ein römischer Richter in einem Musterprozeß entschieden,

37

das uneheliche Kind einer berühmten Kurtisane sei deren rechtmäßiger Erbe, da sie keine ehelichen Kinder hatte; damit war die Klage der Mutter der Kurtisane und eines anderen Verwandten abgewiesen, die wegen der Unehelichkeit des Kindes das Vermögen für sich beanspruchten, obwohl die Kurtisane selbst ein Bankert war.

Auf Grund dieser richterlichen Entscheidung konnte kein Zweifel bestehen, daß Andrea berechtigt war, Fiammettas Erbe anzutreten, denn sie hatte keine ehelichen Kinder, und ebensowenig waren die Erbansprüche der Kinder anderer Kurtisanen unter gleichen Umständen strittig. Allerdings gaben viele Kurtisanen auch weiterhin ihre Kinder als Abkömmlinge ihrer Mutter aus oder auch eines Großvaters, wer immer legal verheiratet gewesen war, um ihnen den Makel der unehelichen Geburt zu ersparen. Daß Andrea sich später Fiammettas Namen bediente, ist wohl ein Hinweis darauf, daß er nicht unter einer solchen Hemmung litt, möglicherweise deshalb, weil Fiammetta reich und berühmt gewesen und ihre Liaison mit seinem einflußreichen Vater bekannt war. Der Ehrentitel »Messer« zeigt, daß er ein geachteter Bürger war, und seine Frau, die Giulia de Cavalleri hieß, kam aus einer guten Familie.

Tatsächlich offenbart Fiammettas und Andreas spätere Lebensgeschichte eine ganz andere Sachlage als das Bild, das die Zuerkennung einer Mitgift an ein schönes, aber tugendhaftes Mädchen, die Tochter einer armen Witwe, durch eine päpstliche Kommission bot. An der ganzen Geschichte scheint nichts wahr gewesen zu sein, als daß Fiammetta im Jahr 1479 gewiß schön und sehr jung war, wahrscheinlich nicht viel über vierzehn. Denn 1479 war Cesare Borgia, ihr späterer Geliebter, ein vierjähriges Kind, und vermutlich wurde Fiammetta erst vierzehn Jahre später seine Mätresse. Und zwar nicht vor 1493, als Cesare nach einer fast ununterbrochenen vierjährigen Abwesenheit und dem Abschluß seiner Studien mit achtzehn Jahren nach Rom zurückkehrte. Ein Jahr zuvor war sein Vater zum Papst gewählt worden, und als anerkannter Sohn des Pontifex maximus war Cesare einer der reichsten und begehrtesten jungen Männer in Rom und ein guter Fang für jede Kurtisane, die ihn bekommen konnte. Unter diesen Umständen ist es nicht wahrscheinlich, daß Cesare eine Frau von über dreißig als Mätresse gewählt hätte.

Die meisten italienischen Kurtisanen begannen ihre Laufbahn mit vierzehn, und es ist verständlich in einem Land, in dem Mädchen früh reif werden und Jugend und Jungfräulichkeit einen zusätzlichen Anreiz boten. Doch war es, gelinde gesagt, unwahrscheinlich, daß ein unerfahrenes Mädchen wie Fiammetta, und noch dazu als Tochter einer armen, aber ehrbaren Witwe, schon im ersten Jahre ihrer Laufbahn einen so einflußreichen Gönner gefunden haben sollte wie den Mann, der dafür sorgte, daß sie ihre Mitgift bekam. In Wahrheit wird Fiammetta gewiß durch jemanden lanciert worden sein, der sich auskannte, und im Rom der Renaissance war das fast immer die Mutter des Mädchens oder eine Frau, die sich das Mädchen zu eben diesem Zweck aus einem Findelhaus geholt und als ihr eigenes Kind ausgegeben hatte. Alles spricht also dafür, daß Fiammettas Mutter, wie es oft bei Kurtisanen der Fall war, demselben Gewerbe nachgegangen war, wahrscheinlich erfolgreich, und schon Beziehungen in Rom hatte, was sie veranlaßte, von Florenz aus dort hinzugehen, um ihrer Tochter zu einem guten Start in der einträglicheren *terra da donne* zu verhelfen.

Mit welcher Listigkeit ein solcher Start bewerkstelligt wurde, beschrieb Pietro Aretino in seinen *Ragionamenti* (Kurtisanengespräche). Und Aretino mußte es schließlich wissen, denn seine Mutter Tita war eine Kurtisane in Arezzo gewesen, obschon ihr Sohn Pietro wahrscheinlich das Kind ihres Ehemannes Luca Bacci war, eines Schuhmachers, und nicht der Bankert eines Angehörigen der aristokratischen Familie Accolti in Arezzo, wie Pietro manchmal zu behaupten beliebte. Immerhin gab es gewisse Parallelen, selbst wenn es keine Familienähnlichkeit war, zwischen der Überspanntheit von Bernardo Accolti, dem *improvisatore*, der sich als den »einzigartigen Aretino« bezeichnete, und Pietro Bacci, dem Dichter und Satiriker, der ihn noch übertraf und sich der »göttliche Aretino« nannte. Aretino war natürlich nur ein Hinweis, daß beider Vaterstadt Arezzo war.

Bernardo und Pietro Aretino hatten beide ausreichend Erfahrungen mit Kurtisanen gesammelt, und Pietro verwertete sein Wissen in den *Ragionamenti*, die ihn berühmt machten. Sie sind in der Tat eine Fundgrube für den, der Näheres über die Halbwelt der römischen Renaissance erfahren will, denn es kommen viele wahre Geschehnisse und Personen darin vor. Zum Beispiel Zoppino, der bekannte römische Zuhälter, der auch von anderen Autoren und sogar in den Tagebüchern von Marino Sanudo erwähnt wird – einer wertvollen Quelle für die italienische Geschichtsforschung. Zoppino ist auch die Hauptperson im *Dialogo di Zoppino fatto frate e Ludovico puttaniere* (Gespräch zwischen Zoppino, dem jetzigen Mönch, und dem Zuhälter Ludovico); diese Schrift wurde von einigen Pietro Aretino zugeschrieben und von anderen dem Spanier Francesco Delicado, dem Verfasser von *Retrato de la Lozana Andaluza* (Porträt der Andalusierin Lozana), das Aretino dazu angeregt haben soll, die *Ragionamenti* zu schreiben. Beide Bücher sind voller Zoten, und in beiden sind die handelnden Personen dem Leben entnommen, aber als Italiener und Dichter behandelte Aretino sein Thema mit leichterer Hand. Eine Reihe unvergeßlicher Wortgemälde glückte ihm – vor allem von Nanna, dem Prototyp der Kurtisane, die er zweifellos gut kannte.

Der beste von allen ist vielleicht Nannas Bericht über ihre ersten Erlebnisse in Rom, die sie Jahre später ihrer Freundin Antonia erzählte, als sie im Schatten eines Feigenbaums am Brunnen von Nannas *vigna* saßen. Zu jener Zeit lebte Nanna bereits im wohlverdienten Ruhestand.

Wie Fiammetta stammte auch Nanna aus der Toskana und war offenbar die Tochter einer Dirne. Sie und ihre Mutter trafen am Tag vor Sankt Peter (dem 28. Juni) in Rom ein. Es war Abend, und ganz Rom war auf den Beinen, drängte sich am Tiberufer, auf den Straßen des nahe gelegenen Stadtteils Banqui und auf der Brücke, die zur Engelsburg führte und auf der alljährlich das Feuerwerk abgebrannt wurde. Nanna und ihre Mutter waren in einem Gasthaus bei der Torre di Nona abgestiegen, auf dem der Engelsburg gegenüberliegenden Ufer, und Nanna, das Kind vom Lande, war ganz hingerissen von dem Schauspiel. Die Wirtin, die sich offenbar genau vorstellen konnte, warum Nanna nach Rom gebracht worden war, und ganz entzückt war von ihrem Charme, verbreitete die Nachricht von ihrer Ankunft im Stadtviertel. Bald wurde das Gasthaus von jungen Stutzern umschwärmt, aber Nannas Mutter und die Wirtin erlaubten ihr nicht, sich offen am Fenster zu zeigen. Sie mußte hinter einem Fensterladen stehen, und wenn sie ihn ein wenig anhob, um hinauszuschauen, wurde er eilig von ihrer Mutter wieder geschlossen. »Und obwohl ich ohnedies schön war«, sagte Nanna, »so machte dieses Aufblitzen meiner Reize ein Wunder an Schönheit aus mir, und man sprach in ganz Rom bloß noch von der neuangekommenen Fremden. Und da, wie du weißt, das Neue immer gefällt, so rückten die Neugierigen sozusagen in Reih

41

und Glied an, um mich zu sehen, und fortwährend wurde an die Tür geklopft. Meine kluge Frau Mutter aber, von der ich alles lernte, rief: »Das wolle Gott nicht, daß meine Tochter zu Fall käme! Ich bin von adeligem Stand, und wenn wir auch augenblicklich im Unglück sind, so haben wir, Gott sei Dank, doch genug, um uns durchs Leben zu schlagen.« Aber Nanna konnte sich gar nicht sattsehen an all den feinen Kavalieren und guckte sich hinter dem Fensterladen fast die Augen aus dem Kopf, wie sie da einherstolzierten in ihren Wämsern von Samt und Atlas, mit einer Agraffe am Barett, goldenen Ketten um den Hals und auf Pferden, die so blank waren wie Spiegel. Ganz sachte ritten sie vorbei, ihre Bedienten an den Steigbügeln, auf die sie nur die alleräußersten Fußspitzen aufstützten. Die jungen Männer hatten ihren Taschenpetrarca in der Hand und sangen gar zierlich: »Wenn das nicht Liebe ist, was fühl ich denn?« Bald dieser, bald jener hielt vor dem Fenster und rief: »Signora, seid Ihr so mörderisch grausam, daß Ihr so viele treue Diener umkommen lasset?« Dann hob Nanna den Fensterladen ein wenig, ließ ihn aber mit leisem Lächeln gleich wieder fallen und eilte hinweg; er aber ritt davon mit einem »Küß die Hand, Euer Gnaden!« und »Gott im Himmel, wie seid Ihr grausam!«

Nannas Mutter, die offenbar alle Schliche kannte, beschloß eines Tages, nachdem nun die Neugier und das Interesse der jungen Leute im Stadtviertel erregt waren, eine kleine Vorstellung mit Nanna zu geben, doch sollte alles so aussehen, als ob es der reine Zufall wäre. Sie zog Nanna ein schlichtes violettes Atlaskleid ohne Ärmel an und kämmte ihr das Haar zurück. Es war wohl zwanzig Jahre später, da erinnerte sich Nanna noch, daß es aussah »wie golddurchwirkte Seidensträhnen«. »Wie« war vermutlich das entscheidende Wort dabei, denn blondes Haar war in ihrer Heimat Toskana nicht üblich, und ihre goldenen Flechten verdankten gewiß mehr der Kunst als der Natur. Blondes Haar war die große Mode, und es gab unzählige Rezepte, um es zu erlangen. Vornehme Damen und Kurtisanen gleichermaßen verbrachten Stunden auf ihren Balkonen, um ihr Haar zu bleichen, das über einen Apparat, ähnlich einem Hut ohne Krone, ausgebreitet wurde.

Jedenfalls waren stundenlange Vorbereitungen für Nannas wichtigen ersten Auftritt erforderlich. »Warum mußtest du denn ein Kleid ohne Ärmel anziehen?« fragte die Freundin Antonia. »Um meine schneeweißen Arme zu zeigen«, antwortete Nanna. »Und meine Mutter ließ mich das Gesicht mit einem sehr kräftigen Wasser waschen« — wahrscheinlich nach demselben Rezept, das Nanna dann ihrerseits an ihre Tochter Pippa weitergab. Aber Schminke durfte Nanna nicht auflegen — offenbar wollte ihre Mutter, daß sie den Eindruck eines frischen jungen Mädchens mache. Die beiden Frauen warteten, bis ein recht voller Strom von Kavalieren am Haus vorbeizog, und dann mußte Nanna ans offene Fenster treten. »Mein Anblick wirkte auf sie wie der Stern von Bethlehem auf die Weisen aus dem Morgenland«, erzählte sie Antonia, die atemlos zuhörte. »Und was machtest du denn nun, während sie dich angafften?« fragte sie. »Ich stellte mich schamhaft wie eine Nonne«, antwortete Nanna, »sah sie fest und unbefangen an wie eine Ehefrau und benahm mich dabei wie eine Hure.« Offenbar war ihr die Rolle auf den Leib geschrieben.

Wie nicht anders zu erwarten, klopfte es abends an der Gasthaustür, und ein junger Mann fragte, wer Nanna sei. Soviel sie wisse, antwortete die Wirtin, sei Nanna die Tochter einer Edeldame, deren Mann im Bürgerkrieg gefallen sei, und Mutter und Tochter seien mit ein paar geringen Habseligkeiten hierher geflüchtet. Der junge Mann fragte, ob er Nanna sehen könne, was die Wirtin verneinte; Nanna wolle niemanden sehen und murmele immer nur Ave Marias. Dennoch versuchte der junge Mann, der das wohl nicht so recht glaubte, Einlaß zu erlangen. Die Wirtin lehnte das ab, erklärte sich aber schließlich bereit, Nanna etwas auszurichten. Die Botschaft, die sie Nanna überbrachte, war knapp und bündig: »Der Kavalier ist ein Mann, der eine Goldgrube für Euch werden kann.«

Am nächsten Tag ließ Nannas Verehrer ein köstliches Diner aus einer erstklassigen Taverne ins Gasthaus schicken. Jetzt war ihre Mutter bereit, den jungen Herrn zu empfangen, und beschwor in der anschließenden Unterhaltung, daß ihre Tochter noch Jungfrau sei, was natürlich ein zusätzlicher Anreiz und fast gewiß eine Unwahrheit war. Immerhin wurde ein Zusammensein verabredet, und am festgesetzten Tag wurde eine Mahlzeit ins Gasthaus geschickt, die schon mehr ein Bankett war. Das Paar speiste zusammen und zog sich dann in das Schlafzimmer der Wirtin zurück. Genüßlich berichtete Nanna der Antonia, mit welchen Ausflüchten sie es fertigbrachte, drei Nächte lang ihren allzu optimistischen Liebhaber an der Nase herumzuführen und auf die Erfüllung des Vertrages, den er mit ihr abgeschlossen zu haben glaubte, warten zu lassen. Es gab Tränen und Beteuerungen der Jungfräulichkeit, und als er, nachdem er weitere Dukaten und sogar einen Dolch gezückt hatte, schließlich ans Ziel gelangte, erwies es sich, daß er trotz all seiner Prahlerei offenbar doch ein recht unerfahrener junger Mann war.

Nannas Mutter gab jetzt ihre Absicht bekannt, aus Rom abzureisen. In Gegenwart des Liebhabers protestierte Nanna weinend, sie könne den Mann nicht verlassen, an den sie ihr Herz verloren habe. Ihre Mutter machte gleich einen Rückzieher und sagte, natürlich werde sie Rom nicht verlassen, wenn sie ein Haus kaufen könne. Sofort kam das Versprechen: »Ich werde eins für Euch finden und einrichten.« Noch am selben Tag trafen Möbel im Gasthaus ein. Nanna, ihr Liebhaber und zweifellos auch die Mama zogen bei Nacht und Nebel in das neue Haus jenseits des Tibers. Offenbar ging der Umzug deshalb des Nachts vonstatten, damit Nannas andere Verehrer nicht erfahren sollten, wo sie sei. Aber sie entdeckten das Liebesnest verdächtig rasch, und mit Behagen erzählte Nanna der Antonia, wie schnell sie ihre Liebhaber gewechselt hatte, nachdem sie aus dem ersten alles herausgeholt hatte, was er besaß. Voll Standesdünkel sagte sie: »Ich lernte in einem Monat alle Hurenkünste: wie man den Männern einen Vogel in den Kopf setzt, wie man sich Freunde macht, ihnen das Geld aus dem Beutel lockt, sie zum besten hält, unter Tränen lacht, lachend weint. Meine Jungfernschaft verkaufte ich öfter als jene Schelmenpfaffen ihre erste Messe.« Später erzählte Nanna ihrer Tochter Pippa, das sei ein in jedem Bordell bekannter Trick, der sich mit einem Absud aus Alaun und Terpentin leicht bewerkstelligen lasse.

Ihren eigenen Angaben zufolge wurde Nanna bald eine bekannte römische Kurtisane, eine von der Schickeria, die ausländische Reisende anzog. Von ihnen sagte sie: »Die Fremden, die nach Rom kommen, um sich die Stadt anzusehen, wollen, nachdem sie die Antiquitäten besichtigt haben, sich auch mit den Modernitäten bekannt machen, nämlich mit den Damen.« Stolz bekannte Nanna: »Ich war immer die erste, zu der sie kamen, und wer bei mir die Nacht verbrachte, war seine Kleider los.« – »Wie das, die Kleider?« fragte Antonia. »Gewiß, die Kleider«, antwortete Nanna. »Frühmorgens kam die Magd in mein Zimmer und holte des Fremden Kleider unter dem Vorwand, daß sie sie reinigen wolle, aber sie versteckte sie und erhob ein Geschrei, als ob sie gestohlen wären. Der gute Fremde springt im Hemd aus dem Bett, verlangt seine Sachen und droht mir, er werde die Truhen aufbrechen. Da fange ich dann fürchterlich an zu schreien. Das hören die Bravi, laufen mit blankem Degen herzu und packen den Fremden am Kragen. Der steht im bloßen Hemd da, bittet mich um Verzeihung und ist noch froh, daß ich ihm erlaube, zu einem Bekannten zu schicken, um sich Hosen, Wams, Mantel und Barett zu leihen.«

Wie alle Kurtisanen hatte Nanna ihre eigene Leibwache im Haus – die Bravi, ohne die sie mit ihrem Trick nicht durchgekommen wäre. Das Gerücht von diesem Trick machte offenbar die Runde, aber erstaunlicherweise scheint das die Zahl ihrer Kunden nicht gemindert zu haben – vermutlich deshalb, weil Nanna diesen Trick zwar erfunden haben mag, aber andere Kurtisanen nicht zögerten, ihrem Beispiel zu folgen. Und mit der Zeit lernten Nannas Besucher sich zu helfen: sie ließen sich von ihrem Diener ausziehen und die Kleider in ihr Logis bringen; am nächsten Morgen kam der Diener dann wieder, um seinen Herrn anzuziehen. »Was sagte denn dein Herz dazu?« fragte Antonia. »Nichts«, antwortete Nanna. »Denn es gibt keine Gemeinheit, keine Verräterei und keine Halunkerei, vor denen eine Hure zurückschräke.«

Aber gefahrlos war dieses Leben nicht. Abgewiesene Verehrer waren durchaus imstande, der Frau aus Rache das Gesicht aufzuschlitzen, und die Verunstaltung – *sfregia* wurde sie genannt – machte es ihr unter Umständen unmöglich, ihrem Gewerbe nachzugehen. In seinem Dialog mit Ludovico bezeichnete Zoppino eine Kurtisane verächtlich als Antea Sfregiata. Und die ganze Tragik ihres Schicksals und des Schicksals anderer Frauen wird einem klar, wenn man weiß, daß sie wahrscheinlich vorher eine der elegantesten Kurtisanen in Rom gewesen war, als solche von Benvenuto Cellini in seiner Autobiographie erwähnt wurde und Parmigianino Modell saß zu einem hervorragenden Porträt, das in der Nationalgalerie in Neapel hängt. Es gab eine noch schändlichere Form der Rache – das *trentuno,* das so hieß, weil die unglückliche Frau verschleppt und von einunddreißig Männern vergewaltigt wurde, beim *trentuno reale* sogar von neunundsiebzig Männern. Wenn die Sache nicht noch schlimmere Folgen für sie hatte, dann war sie zumindest der Lächerlichkeit preisgegeben, und die Zahl ihrer Kunden und ihre Einnahmen schmolzen zusammen.

Selbst eine wohlbekannte Kurtisane konnte in Lebensgefahr geraten. Der römische Tagebuchschreiber Stefano Infessura berichtete, wie am 15. August 1486 – dem Feiertag Mariä Himmelfahrt – Bernardo de' Sanguigni, der einer der mächtigsten und ältesten römischen Familien angehörte, im Haus von La Grechetta, einer eleganten römischen Kurtisane, von einem Rivalen ermordet wurde. Der Mord war das Ergebnis eines klassischen Beispiels von *arlasse,* wie ein Versetzen damals genannt wurde. La Grechetta war mit einem Franzosen verabredet, der die Nacht bei ihr verbringen sollte, als plötzlich Bernardo erschien und sich nicht abweisen ließ. Schließlich gab La Grechetta nach, und ihre Haustür wurde verriegelt. Dann kam der Franzose, brach die Tür auf und wurde hinausgeworfen. Wutschnaubend kam er mit einer Schar bewaffneter Landsleute zurück, packte La Grechetta und wollte sie in sein Haus tragen. Doch in dem Getümmel erhielt Bernardo einen tödlichen Dolchstoß, und seine Leiche wurde auf die Straße gezerrt. Die Nachricht verbreitete sich wie ein Lauffeuer, ein Freund von Bernardo stürzte zu dem nahe gelegenen Haus von Stefano de' Crescenzi und rief: »Bernardo ist tot!« Stefano rückte mit vierzig Bewaffneten an, um ihn zu rächen. Es entspann sich ein wütender Kampf, das Haus wurde in Brand gesteckt, und das Dach stürzte ein. La Grechetta konnte sich nur retten, indem sie sich rittlings auf das Fensterbrett eines Zimmers im obersten Stockwerk setzte, von wo sie schließlich heruntergeholt wurde. Vier Männer fanden den Tod – Bernardo, zwei Franzosen und einer, der im Haus verbrannte – und etwa vierzig wurden verwundet.

La Grechetta wurde von Stefano de' Crescenzi festgenommen und den städtischen Behörden auf dem Kapitol übergeben. Obwohl sie der Anlaß des Krawalls gewesen war, konnte man sie kaum der Brandstiftung und Straßenkämpfe beschuldigen, aber einer gewöhnlichen Dirne wäre es unter solchen Umständen schlecht ergangen. Indes scheint der Zwischenfall La Grechettas erfolgreiche Karriere nicht beendet zu haben – schließlich war sie damals auf dem Gipfel ihres Ruhms und mußte mächtige Freunde haben. Tatsächlich erinnerte man sich ihrer noch lange danach als einer der strahlendsten Kurtisanen der damaligen Zeit. Zu ihr gesellten sich Fiammetta, Corsetta, Imperia und Masina, die Julius' II. Mätresse war, ehe er Papst wurde, und wahrscheinlich die Mutter von zumindest einer seiner drei Töchter, von denen zwei in vornehme römische Familien einheirateten, und auch Masina selbst gab ihr Gewerbe auf und heiratete. Von den übrigen – La Sgaretona, Camilla da Fano, Pellegrina, Maddalena, Viola, Albina, Alteria, Cassandra und Giulia ist kaum mehr bekannt als ihre Namen, mit Ausnahme von Giulia, die Giulia Ferrarese hieß und die Mutter von Tullia war, einer berühmten Kurtisane der nächsten Generation.

Die meisten dieser Namen waren natürlich Pseudonyme oder Spitznamen. Bei Beginn ihrer Karriere als Kurtisane legte sich ein Mädchen als erstes einen hochtönenden Namen zu, und vor allem in Rom einen mit klassischem Anklang wie Penthesilea, Königin der Amazonen, Hortensia oder Lukretia. Dieser letzte, der am wenigsten angemessene von allen, war überaus beliebt. Dem Pseudonym wurde oft der Name des Heimatlandes oder der Stadt angehängt, in der das Mädchen geboren war. So nannte sich Giulia, die eigentlich Campana hieß, Ferrarese, weil sie aus Ferrara stammte. Auch Beatrice Spagnola war berühmt, und wie ihr Name und der von La Grechetta (kleine Griechin) erkennen lassen, war Rom ein Magnet, der Frauen aus ganz Europa und auch aus der Levante anzog. Nach der Volkszählung von 1517 lebten in der Stadt sogar eine »Tochter des Groß-türken«, sieben Maurinnen, hundertzwanzig Spanierinnen, eine beträchtliche Zahl von Slawinnen, Schweizerinnen, Französinnen, Deutschen und sogar eine Engländerin.

Die Liste der Sterne am frühen Kurtisanenhimmel findet sich im *Dialogo di Zoppino fatto frate e Ludovico puttaniere.* Zoppino (der kleine Lahme, *zoppo* ist lahm auf italienisch) war ein witziger Kopf und begabter Stegreifsänger, und wenn er etwas zum besten gab, stürzten alle herbei. Sein beliebtestes Lied handelte von einem gewissen Compriano, der zwei würdige sienesische Kaufleute betrog. Er steckte seinem Esel ein paar Goldstücke in den After, und als diese im natürlichen Verlauf der Dinge vor den erstaunten Augen der Sienesen zum Vorschein kamen und Compriano ihnen weismachte, das sei ein normales Vorkommnis im Leben dieses beachtlichen Tiers, da kauften die Sienesen den Esel für hundert Dukaten.

Ein reichlich grober Klotz wie Zoppino war zweifellos sehr erfolgreich bei der althergebrachten Sorte von Huren und ihren Kunden, aber zu den eleganten Kurtisanen hätte er ganz und gar nicht gepaßt. Aber ebenso, wie die Renaissance die Kurtisanen hervorgebracht hatte, ließ sie auch den *mezzano* entstehen. Dieser weltmännische Charmeur war ein Meister auf der Laute oder der Viola da braccio (wie sie Apollo spielt auf Raffaels Parnaß-Gemälde in den Stanzen des Vatikans) und kannte sämtliche neuesten Liebeslieder. Aber seine wahre Stärke lag in seiner Vertrautheit mit den Werken der Modedichter: mit den *Rime* von Cieco d'Ascoli, *Arcadia* von Sannazaro, *Amadigi* von Bernardo Tasso und den Madrigalen von Parabosco. Von allen konnte der *mezzano* ellenlange Passagen rezitieren, und wie jeder elegante Mann trug er seinen Taschenpetrarca bei sich, und obwohl Hofdamen und ihre Kavaliere vielleicht ein wenig Latein konnten (selbst Kurtisanen vermochten ihre Briefe mit lateinischen Wörtern zu würzen), beherrschten sie es gewöhnlich nicht gut und zogen daher die *volgare*-Dichter vor, die italienisch schrieben. Aber am meisten begeisterten sie sich vielleicht für den Mann, der aus dem Stegreif Lieder sang und sich selbst auf der Laute oder Viola da braccio begleitete.

So gehörte die Laute zum Betriebskapital des *mezzano,* aber auch den Intellektuellen konnte er etwas bieten. Sein eleganter Konversationsstil war dem von Kennern der Klassiker wie Kardinal Bembo oder des Schöngeists Annibal Caro nachgebildet, und er konnte ein geflügeltes Wort zitieren oder auch selbst ein gefälliges Epigramm verfassen. Elegante Briefe – natürlich Liebesbriefe – zu schreiben war die Spezialität des *mezzano,* und für gute Kunden konnte er auch Sonette dichten, die in goldenen Buchstaben niedergeschrieben und den Briefen beigefügt wurden. Solche Sendschreiben waren der erste Schritt bei den langen und verwickelten Verhandlungen, die, wenn sie erfolgreich verliefen, dazu führten, daß ein Kavalier im Salon einer Kurtisane empfangen wurde – und in den Salons der großen Kurtisanen verkehrten Kardinäle, Gesandte und alles, was in Rom Geist und Gelehrsamkeit besaß –, aber es bedeutete nicht unbedingt, daß der Kavalier zu guter Letzt in ihr Boudoir, geschweige denn in ihr Bett gelangte. Das letztere war keineswegs sicher, und von dem Bewerber wurde erwartet, daß er die Rolle des Höflings spielte und kostbare Geschenke machte, ehe er dort zugelassen wurde.

Wenn der *mezzano* der Vermittler war, der die Verhandlungen über die Zusammenkünfte zwischen Kavalieren und Kurtisanen und ihre schließlichen Abmachungen führte, so war sein weibliches Gegenstück, die *ruffiana,* nicht nur eine Kupplerin, sondern auch eine Talentsucherin und sehr oft außerdem eine Art Wahrsagerin oder Zauberin. Die *ruffiana* verstand es, sich in die Häuser der Damen einzuschmuggeln und sich ihre Gunst zu erschmeicheln, weil sie alles über die neuesten Moden wußte – die Modezentren waren damals nicht Rom oder Venedig, sondern Mailand, Mantua und Ferrara. Die *ruffiana* war auch eine vorzügliche Friseuse und Kosmetikerin und sehr geschickt im Vertuschen von Makeln und Altersschäden. Sie konnte Karten legen und aus den Sternen weissagen, Liebestränke brauen und Zaubermittel herstellen. In einem gewalttätigen und überaus abergläubischen Zeitalter handelte es sich dabei nicht immer um Liebeszauber. Wenn ein enttäuschter Freier einer Frau Schnittwunden im Gesicht beibringen konnte, dann schreckte eine Frau in derselben Lage nicht vor den entsetzlichsten Zaubersprüchen und Gifttränken zurück, wofür Gräber geplündert und Zähne und Augen von Toten, die Jungfernhäutchen von Jungfrauen und die Nabel kleiner Jungen geraubt wurden. Zoppino berichtete, daß er eines Abends gesehen habe, wie eine Frau, die er kannte, die kleine Lampe vor dem Kruzifix auf dem Altar in S. Maria della Pace stahl. Denn es war ein weitverbreiteter Aberglaube, man müsse sich nur die Lippen mit dem Öl einreiben, einen Mann küssen und ihm dann eine Frage stellen, damit er unweigerlich die

Wahrheit sage. »Das kann ich euch sagen«, beteuerte Zoppino, »nicht nur durch ihre Schönheit und Küsse bringen sie uns dazu, sie zu lieben, sondern durch Zauberbann und Hexerei.«

Zoppino bezeichnete die Frau, deren Lampendiebstahl er beobachtete, als »eine von Pace«, womit er meinte, daß sie zu den Kurtisanen gehörte, die regelmäßig in die Kirche S. Maria della Pace gingen. Das war nichts Ungewöhnliches, denn ebenso wie S. Agostino war S. Maria della Pace eine der elegantesten Kirchen in Rom. Beide waren in dem neuen Renaissancestil gebaut und ein Anziehungspunkt für die Humanisten und Gelehrten, die dem Kult der Schönheit huldigten, ob es sich nun um Kunst, Literatur oder Frauen handelte. In der Regel waren diese Männer nicht reich, aber ihre Epigramme und Verse waren in der feinen Gesellschaft auf jedermanns Lippen, sie konnten die Werbetrommel vorzüglich rühren, und die Kurtisanen waren sehr angetan von ihnen. Manchmal hielt man sie sich aber auch aus Vorsicht warm, denn Literaten konnten, wie Nanna wußte, giftig sein. Und als sie ihre Tochter Pippa darüber aufklärte, wie man eine erfolgreiche Kurtisane wird, ermahnte sie sie, vor Dichtern und Schriftstellern auf der Hut zu sein. »Selbst wenn du sie nicht magst oder nicht verstehst«, sagte sie, »lächle, wenn du mit ihnen sprichst, und zeige ihnen, daß du sie schätzt... Bitte sie um ein Sonett oder ein Lied, und wenn sie es dir geben, küsse sie und tue so, als ob es dir lieber sei als Juwelen. Denn wenn du das nicht tust, könnte einer von ihnen ein Buch über dich schreiben und aller Welt die Niederträchtigkeit erzählen, die Schriftsteller über Frauen sagen können. Und hüte dich, daß nicht einer von ihnen deine Lebensgeschichte veröffentlicht, wie ein nichtswürdiger Kerl es mir antat, als ob es nicht schlimmere Huren gäbe als mich.«

Kurtisanen waren eifrige Kirchgängerinnen, denn auch das war eine gute Reklame – vielleicht sogar die beste. Und sie wurden von den kirchlichen Behörden keineswegs mit Stirnrunzeln oder als zukünftige Büßerinnen willkommen geheißen, obwohl sie auch diese Rolle zuzeiten spielten, sondern einfach, weil sie die Kirchen füllten.

Schon 1497 hatte Burchard in seinem Tagebuch vermerkt, daß am Fest des Kirchenpatrons in der Kirche S. Agostino der ganze Raum zwischen dem Altar und den Plätzen der Kardinäle von Kurtisanen eingenommen wurde. Doch tagtäglich war der Kirchgang eine ideale Gelegenheit für die Kurtisanen, ihre Reize, ihre prächtigen Kleider, ihren Reichtum und Erfolg zur Schau zu stellen. Scharenweise standen junge Kavaliere an den Kirchentüren, um sie vorbeigehen zu sehen, und gewöhnlich war es ein Anblick, der sich lohnte. Voran gingen mehrere Pagen und Diener, dann kam die berühmte Kurtisane, umgeben von ihren Verehrern, die Hand auf die Schulter des jeweiligen Favoriten gelegt, und eine weitere Gruppe von Dienern beschloß die Prozession.

Eine solche Szene ist in einem Dialog, der vielleicht von Aretino stammt, zwischen Maddalena und Giulia beschrieben, die offenbar nicht das Glück gehabt hatten, den Status der *honesta* zu erreichen wie La Tortora – die Turteltaube –, über die sie sprachen. »Hast du La Tortoras herrliche Kleider gesehen, als sie S. Agostino betrat?« fragte Maddalena. »Ich kannte sie nicht, ich dachte, sie sei eine Edeldame. Zwei Diener und ein Page gingen vor ihr und vier weitere hinter ihr und neben ihr ein junger Mann, der mit ihr sprach und ganz in Samt gekleidet war. Und hast du gesehen, wie sie ihr Haar frisiert hatte? Es sah aus wie eine Masse goldener Locken über der anderen. Und dieses Kleid aus schwarzem Samt und Gold, mit goldenen Kordeln über dem

Samt verschnürt und Samtkordeln über dem Gold. Allein die Arbeit muß ein Vermögen gekostet haben. Und ihre Ringe und Perlen und die Halskette und all die anderen schönen Dinge, die sie hatte?« – »Ja«, erwiderte Giulia, »das habe ich alles gesehen und gestaunt, denn ich erinnere mich an La Tortora in Venedig in einem alten Sack von Kleid, mit schmutzigen Händen und Füßen, und sie trug alte Hauspantoffeln ohne Absätze.«

Giulia ruft sich dann die verschiedenen Etappen von La Tortoras Karriere ins Gedächtnis zurück. Daß sie mit Carlo, einem Mann aus Treviso, aus Venedig fortgegangen war; er hatte sie auf den Jahrmarkt in Foligno mitgenommen – Jahrmärkte wurden viel von Kurtisanen besucht – und dann nach Rom gebracht. Carlo, offenbar ein Zuhälter, kam ins Gefängnis, und La Tortora wurde in eines der übelbeleumdeten Bordelle am Ponte Sisto eingewiesen. Indes nahm eine Kupplerin, die sie hübsch und munter fand, sie bei sich auf, stutzte sie zurecht und fand einen Liebhaber für sie, der Diener bei einem päpstlichen Pronotar war. Der Pronotar wurde Kardinal, der Diener avancierte zu seinem Oberkammerherrn und begann Geld zu verdienen, mit dem er La Tortora überschüttete. Sie vergalt es ihm damit, daß sie ihn um eines Notars am päpstlichen Gericht willen verließ; später wurde ihr Gewerbe immer einträglicher, sie wurde die Mätresse von Bischöfen und Kardinälen und schließlich eine der ersten Kurtisanen in Rom. Zweifellos hat der Verfasser dieses Gesprächs das Auf und Ab von La Tortoras Karriere etwas übertrieben, dennoch entsprach der Lebenslauf vieler erfolgreicher Kurtisanen dieser Geschichte.

Maddalena und Giulia unterhielten sich auch über La Tortoras Benehmen in Gesellschaft und bei einem Gastmahl. Daß sie immer fröhlich sei, aber niemals laut oder an der unpassenden Stelle lache, und obwohl sie geistreich und eine anregende Gesprächspartnerin sei, die über viele und unterschiedliche Themen gut sprechen könne, sei sie nie gehässig, sondern trage dazu bei, daß sich alle gut unterhielten. Auch ihre Tischmanieren seien untadelig, immer nehme sie das Essen graziös mit den Fingerspitzen (damals waren Gabeln noch nicht gebräuchlich) und esse wenig auf einmal und ohne jede Spur von Gier. Sie tuschele nicht mit anderen Männern und lächele sie nicht an, sondern behalte solche Zärtlichkeiten dem Mann vor, der sie eingeladen habe. Ihm schenke sie freundliche Blicke, und wenn sie in seiner Nähe sitze, werde sie unter dem Tisch mit ihm füßeln oder seine Hand berühren, als ob es zufällig geschehen wäre. Und auf alle nur mögliche Weise werde sie zeigen, daß sie sehr viel für ihn übrig habe.

Daß gute Tischmanieren als eine bemerkenswerte Eigenschaft von Kurtisanen erachtet wurden, ist ein Hinweis darauf, daß sie gewöhnlich nicht aus Kreisen stammten, in denen man das schon in der Kinderstube lernt. Tatsächlich waren Tischmanieren das erste, was Nanna ihrer Tochter Pippa beibrachte, als beschlossen worden war, daß sie auch Kurtisane werden sollte. Pippa begann ihre Laufbahn spät — sie war schon zwanzig —, aber selbst in diesem Alter fand Nanna es nötig, ihr zu sagen, wie man sich auf einer Gesellschaft benimmt: »Stürze dich nicht auf den Salat (er wurde offenbar als erster Gang serviert) wie eine Kuh aufs Heu, sondern nimm kleine Bissen und halte deine Finger sauber. Beuge dich nicht zu deinem Teller hinunter... sitze gerade auf deinem Stuhl. Iß nicht mit offenem Mund und rede nicht zu viel. Hüte dich, zu viel Wein zu trinken, laß dein Glas niemals mehr als zur Hälfte füllen, und rülpse um Gottes willen nicht.« — »Und wenn mir ein Rülpser entschlüpft?« fragt Pippa. »Grauenvoll!« ruft Nanna aus. »Man wird dich abscheulich finden.« — »Und wenn ich alles lerne, was du mir sagst?« fragt Pippa. »Dann wirst du als die bezauberndste der Kurtisanen bekannt werden, und die Leute werden sagen: »Ein Paar alte Schuhe von Signora Pippa sind mehr wert als alle anderen (Kurtisanen), wie elegant sie auch sein mögen.«

Eine der wichtigsten Eigenschaften einer Kurtisane war wirklich, daß sie eine gute Gesellschafterin sein mußte, die es vermag, die Freunde ihres Gastgebers zu erfreuen und zu unterhalten, ihn selbst aber so anmutig umschmeichelt, daß seine Freunde ihn beneiden. Nach derartigen Geselligkeiten pflegten die Paare fortzugehen und die Nacht in einem Gasthaus zu verbringen. Und Nanna unterrichtete Pippa auch darüber, wie sie sich dort zu benehmen habe: »Wie eine Hure im Bett und wie eine wohlerzogene junge Dame anderswo.« Das Leben und Treiben von Huren scheint sich im Laufe der Jahrhunderte nicht sehr geändert zu haben, aber es hat wohl nicht viele Zeiten gegeben, in denen die Dame ihren Liebhaber mal als »Euer Gnaden« und mal als »Mein Alterchen« begrüßen konnte, doch beide Anreden empfahl Nanna ihrer Tochter. Daß eine Dirne imstande sein sollte, sich in Gesellschaft wie eine »wohlerzogene junge Dame« zu benehmen, war wirklich etwas Neues oder zumindest etwas, das es seit den Tagen des alten Griechenlands nicht mehr gegeben hatte. Nanna hat Aspasia, Thais oder Diotima in ihren Gesprächen nie erwähnt, wie es spätere Kurtisanen taten, aber obwohl sie die Literaten mit Schmähungen überhäufte, sagte sie doch zu Pippa, sie müsse unbedingt den Eindruck erwecken, als ob ihr die Kunst sehr am Herzen läge. Sie solle in ihrer Freizeit auf dem Klavichord und der Laute üben und Ariosts *Orlando Furioso,* die Sonette von Petrarca und Boccaccios *Decameron* in ihr Zimmer legen, damit man sehe, daß sie diese Werke lese.

Übrigens warnte Nanna, was man kaum vermutet hätte, Pippa davor, eine allzu aktive Rolle beim römischen Karneval zu spielen. »Stürze nicht los und jage Stieren nach, und renne nicht in die Arena«, sagte sie. Während des Karnevals wurden auf den Hauptplätzen und Straßen von Rom – auch auf dem Kapitol – Stiere von Reitern mit Lanzen gejagt, und in der Arena auf der Piazza Navona gab es einen richtigen Stierkampf. Nanna fand, derlei sei eine Belustigung »für Knaben und den Pöbel«, und sie schärfte Pippa ein: »Wenn du unbedingt hingehen mußt, dann schaue von den Häusern anderer Leute aus zu, und wenn du dir Kostüme leihst, um dich zu verkleiden, dann sorge dafür, daß die Wämser und Kleider, die du borgst, und auch die Pferde den Eigentümern in gutem Zustand zurückgegeben werden, die Kleider nicht schmutzig und zerknautscht, wie es eine gewöhnliche Hure tun würde.« Sich als Mann zu verkleiden, um nicht erkannt zu werden, war Sitte unter Kurtisanen. Aber verständlicherweise war es besonders beliebt während des Karnevals, weil die jungen Lebemänner wie der hübsche Angelo del Bufalo und die jungen Kardinäle sich voll Begeisterung in all die Lustbarkeiten und sportlichen Unterfangen stürzten und das Tragen von Masken für Liebesabenteuer sehr geeignet war.

In den Jahren 1499 und 1508 war der Karneval besonders fröhlich. 1499 nahmen hundert Reiter, auf herrlichen Pferden und in antiken römischen Gewändern, an dem »Triumphzug des Vespasian« auf der Piazza Navona teil, und anschließend zogen die Siegeswagen und Reiter in einer Prozession zum Monte Testaccio. Hier wurden von Büffeln und Stieren gezogene und mit Schweinen beladene Karren den Hügel hinuntergetrieben und die Tiere von den Reitern mit Lanzen ins Jenseits befördert, während das Volk zuschaute. Dieser barbarische »Sport« war der großartige

Höhepunkt des Karnevals und wurde erst 1566 endgültig abgeschafft. Doch schon zu Beginn des 16. Jahrhunderts nahm der Karneval etwas zivilisiertere Formen an. 1508 wurde die Komödie *Mostellaria* von Plautus wiederentdeckt und nach einem Abendessen im Palazzo Colonna aufgeführt. Unter den Zuschauern waren sechs junge Kardinäle, die zweifellos die Abenteuer zweier ausschweifender junger Römer einer früheren Zeit sehr ergötzlich fanden, denn Lebenswandel und Liebschaften von Phitolaches und Callidamates und ihren Mätressen waren den ihren nicht unähnlich. Beim Karneval von 1508 war die auffälligste Erscheinung der Kardinal von Aragon – der 29jährige Luigi d'Aragona, ein illegitimer Enkel von König Ferdinand I. von Aragon und Neapel. Der ferraresische Gesandte in Rom erwähnte in seinen Berichten, daß Luigi d'Aragona mit einer Gruppe anderer junger Kardinäle fast die ganze Zeit maskiert herumlief. Sie ritten ohne Sattel auf Pferden, die mit Samt abgedeckt waren, der, wie der Gesandte sehr verständig meinte, für den Zweck nicht sehr geeignet zu sein schien. Doch ihr bemerkenswertester Streich war, daß sie sich als Mamelucken verkleideten in Brokat, Damast und Taft, und in der Prozession zum Monte Testaccio ritten, wo sie neun oder zehn Stiere töteten. All das wurde getreulich in den Depeschen des Gesandten berichtet. Was er nicht erwähnte, obwohl er wahrscheinlich davon wußte, war Luigi d'Aragonas Verhältnis mit Giulia Ferrarese, deren Ruhm damals seinen Höhepunkt erreichte. Und in späteren Jahren sagte Giulia, ihre Tochter Tullia, die etwa 1508 geboren wurde, sei das Kind des Kardinals.

Nach den Jagden und Stierkämpfen gab es gewiß vergnügte Abendessen, wie Nanna sie Pippa beschrieben hat, und daß Kardinäle mit Kurtisanen speisten, war nichts Ungewöhnliches. Ein paar Jahre später, als der junge Federigo

Gonzaga als Geisel am Hof von Julius II. lebte und vom mantuanischen Gesandten natürlich erwartet wurde, daß er die besorgte Mutter über dessen Tun und Lassen unterrichtet hielt, konnte sie den zahlreichen Briefen des Gesandten auch viel über das gesellige Leben am päpstlichen Hof entnehmen. Das war kaum die geeignete Morallehre für einen zwölfjährigen Jungen, und als Federigo zur Aufführung einer spanischen Komödie in das Haus von Kardinal Arborea mitgenommen wurde, waren unter den Zuschauern mehr spanische Kurtisanen als italienische. Und bei einem Gastmahl, zu dem Federigos Onkel, der Kardinal Gonzaga, eingeladen hatte und an dem der Kardinal von Aragon, Kardinal Cornaro und Bernardo Dovizi da Bibbiena (der kurz darauf Kardinal wurde) teilnahmen, war auch die berühmte Kurtisane Albina anwesend, um deren Gunst sich offenbar Kardinal Cornaro und Bibbiena gleichermaßen bewarben. Aber das fröhlichste und faszinierendste Gastmahl von allen muß dasjenige gewesen sein, zu dem Filippo Beroaldo (der Jüngere), Dichter und Herausgeber der *Annalen* des Tacitus, Giulio de' Medici einlud. In seinem Brief schrieb Beroaldo: »Ich lade einige Freunde – Sadoleto, Mariano und Imperia – zu einem vergnügten Umtrunk ein, und ich lade auch Euch ein.« Iacopo Sadoleto machte Kardinal Bembo den Rang streitig, der eleganteste Latinist des 16. Jahrhunderts zu sein; Fra Mariano, ein Franziskanermönch, wurde Hofnarr von Leo X., und Imperia, »die herrliche Imperia«, wie man sie nannte, wurde eine Legende. Und Beroaldo, ihr Gastgeber, Sadoleto, der zukünftige Kardinal, und Giulio de' Medici, der zukünftige Papst, waren alle irgendwann einmal ihre Liebhaber gewesen.

Die herrliche Imperia

Imperia, die eigentlich Lucrezia hieß, war am 3. August 1481 in Rom zur Welt gekommen. Ihre Mutter Diana Cognati war eine Dirne oder Kurtisane, aber von geringerem Rang, denn obgleich sie noch vierundvierzig Jahre lebte und ihre Tochter die berühmteste Hetäre der italienischen Renaissance wurde, erwähnt kein Zeitgenosse Diana, und nur in juristischen Schriftstücken ist ihr Name überliefert. Noch weniger ist von Imperias Vater bekannt, und es ist nicht einmal sicher, ob Diana selbst wußte, wer er war; und wenn sie es wußte, dann war der Vater wohl nicht in der Lage, die Vaterschaft anzuerkennen. Zwar ist eine ganze Reihe juristischer Dokumente erhalten, in denen Imperia erwähnt wird, doch wird sie darin als das Kind des Mannes, den ihre Mutter schließlich heiratete, oder sogar als das Kind ihres Großvaters mütterlicherseits bezeichnet. Zum erstenmal erscheint der Name ihres Vaters in Imperias Testament, und dann nur der Zuname – Paris. Daraus läßt sich schließen, daß Dianas Bekanntschaft mit ihm kurz war und von beruflicher Art, wenn er wirklich Paris hieß.

Diana lebte im Borgo Leonino an der Ecke der kleinen Piazza, die einst Scossa Cavalli hieß, deren Name aber häufig geändert wurde, je nachdem, welcher Kardinal den kurz nach Imperias Geburt von Kardinal Domenico della Rovere erbauten großen Palast auf der anderen Seite des

Platzes bewohnte. Der Palast steht noch heute, und der Turm ist ein Wahrzeichen auf der linken Seite der Via della Conciliazione und blickt hinüber zur Peterskirche, doch die Piazza mit Dianas Haus und vielen anderen Resten des alten Roms fielen der Spitzhacke zum Opfer, als 1937 die Via della Conciliazione angelegt wurde. Daß Diana fast buchstäblich im Schatten der Peterskirche gewohnt und ihr Gewerbe ausgeübt hat, hätte im Rom des 15. Jahrhunderts niemanden verwundert, und auch nicht eine Generation später, als die Volkszählung ergab, daß Dirnen und ihre Familienangehörigen zehn Prozent der Bevölkerung des Borgo Leonino ausmachten. Dennoch hielt Diana es irgendwann, ehe Imperia achtzehn Jahre alt wurde, für ratsam, ihr Dasein durch eine Eheschließung auf eine solide Grundlage zu stellen. Ihr Mann scheint erheblich älter gewesen zu sein als sie, aber als Mitglied des Sixtinischen Chors war er ein untergeordneter Angehöriger des päpstlichen Haushalts und wird wohl nützliche Beziehungen im Vatikan gehabt haben. Er hieß Paolo Trotti und stammte aus Alessandria in Piemont; offenbar war ihm ein gehöriges Maß piemontesischer Pfiffigkeit eigen, was Gelddinge betraf. Im Jahre 1499, als Alexander VI. die neue Via Recta anlegen ließ, um für das Jubeljahr 1500 einen besseren Zugang zum Petersdom zu schaffen, und infolgedessen in dieser Gegend sehr viele Häuser niedergerissen werden mußten, machte sich Trotti die Gelegenheit zunutze und schloß einen unkündbaren Pachtvertrag für ein Stück Bauland ab, das an Dianas Haus grenzte, und im nächsten Jahr pachtete er ein weiteres Gelände, um ein Haus darauf zu bauen.

Der Bau der Via Recta hatte die Gelegenheit geboten, aber woher hatten ein päpstlicher Chorsänger und seine Frau, eine ehemalige Hure, das Geld, um zwei Jahre hintereinander Grundstücke zu pachten und Häuser zu bauen?

Natürlich von Imperia, die im Jahre 1498 im Alter von siebzehn Jahren bereits eine Tochter zur Welt gebracht hatte, die ebenfalls Lucrezia hieß. Wer deren Vater eigentlich war, ist auch unbekannt, denn von zwei Männern wurde gemunkelt, Iacopo Sadoleto und Agostino Chigi. Sadoleto war damals erst zwanzig Jahre alt, aber bereits bekannt für sein ernstes Wesen, das ihn in Verbindung mit einem scharfen Verstand und Charme seinen Freunden lieb und wert machte; auch weiß man von ihm, daß er Imperia irgendwann in ihrem Leben für sich einnahm. Die Liaison von Agostino Chigi mit Imperia war allbekannt, und sie hatte auch ein Kind von ihm, eine Tochter mit Namen Margherita, doch war das später. Jedenfalls ist es nicht wahrscheinlich, daß einer dieser beiden vor 1498 eine Rolle in Imperias Leben spielte. Doch in Anbetracht der Vorgeschichte ihrer Mutter ist zu vermuten, daß Imperia damals schon mehrere Liebhaber gehabt hatte, und ihre bezaubernde Schönheit brachte nicht nur klingende Münze ein, sondern fand auch ihren Niederschlag in den Grundstücksinvestitionen des klugen Paolo Trotti.

Während ihres kurzen Lebens und noch Jahre danach in der Erinnerung derjenigen, die sie gekannt hatten, wurde Imperias Schönheit zu einer Legende, und es kann kein Zweifel daran bestehen, daß sie alle anderen Kurtisanen jener Zeit überstrahlte wie der Mond die Sterne. Doch wenn Imperias Reize auch von Dichtern und Gelehrten in Sonetten und Epigrammen gepriesen wurden, so waren diese Gedichte so abgedroschen und fast immer in so allgemein gehaltenen Phrasen im Latein ihrer humanistischen Bewunderer abgefaßt, daß sie kein klares Bild vermittelten, wie Imperia wirklich aussah. Selbst aus dem langen Klagelied, das ein besonders schlechter Dichter nach ihrem Tod verfaßte, offenbar in der Absicht, Agostino Chigis Herz zu rühren – und ihm Geld zu entlocken –, erfahren wir von Imperias Erscheinung nur, daß »ihre breite weiße Stirn von goldenem Haar gekrönt« war, daß sie einen schlanken Hals hatte und Brüste, die »üppig und köstlich« waren. Eine Beschreibung, die wohl für fast jede elegante Schönheit der damaligen Zeit hätte gelten können.

Auch sind die Bemühungen der modernen Kunsthistoriker, Imperia als Modell eines der großen Künstler jener Zeit zu erkennen, nicht sehr erfolgreich gewesen. Es ist verschiedentlich angenommen worden, sie sei die Sappho und Kalliope in Raffaels *Parnaß* in den Stanzen des Vatikans, auch die Psyche und Galatea in Agostino Chigis Villa in Trastevere (jetzt als die Farnesina bekannt) und sogar die *Fornarina* im Palazzo Barberini. Aber für diese Behauptungen ist bisher kein Beweis erbracht worden.

Alle diese Gemälde sind von Raffael, und er war in der Tat ein Nachbar und guter Freund von Imperia. Von 1508, als er nach Rom kam, bis zu seinem Tod wohnte auch Raffael an der Piazza Scossa Cavalli, und man weiß, daß er ein Aktbild von Imperia als Venus gemalt hat. Möglicherweise war das ein Karton oder eine Studie für die Venus, die von ihm oder einem seiner Schüler auf die Fassade von Imperias Haus gemalt wurde. Die Häuser mit dekorativen Mustern und Themen aus der Mythologie zu bemalen, war damals große Mode in Rom, und besonders liebten es die Kurtisanen. Nicht nur, weil es als schick galt, sondern weil es das Haus auch auffällig machte, und ebenso wie Nanna stellten viele Kurtisanen ihre Reize zur Schau, indem sie sich am Fenster aufhielten, angeblich, um die Vorübergehenden zu beobachten. Die Reichen legten sogar rote Samtkissen, mit Goldborte eingefaßt, auf das Fensterbrett, um die Arme darauf zu stützen. Diese Sitte war keineswegs auf die Kurtisanen der Renaissance beschränkt, sondern ist noch heute bei römischen Hausfrauen im Schwange, die sich eine oder mehrere Stunden damit unterhalten, zu beobachten, was auf der Straße vor sich geht, und auch heute noch legen sie ein Kissen unter die Arme.

Als Raffael nach Rom kam, war Imperia auf der Höhe ihres Ruhms. Zwei Jahre zuvor hatte sie im Mittelpunkt eines Skandals gestanden, den der mantuanische Gesandte in einer seiner Depeschen erwähnte. Er berichtete, daß ein Venezianer mit Namen Giacomo Stella in Rom ermordet worden sei, und wie der Gesandte und zweifellos auch ganz Rom wußte, war es nicht die Tat eines gewöhnlichen Diebs oder Räubers gewesen, sondern eines von Alberto Becuto gedungenen Mörders. Becuto war einer der Sekretäre in der vatikanischen Kanzlei. »Dieser Mord«, schrieb der Gesandte in seinem Bericht, »hatte keinen anderen Grund als Eifersucht wegen einer Kurtisane mit Namen Imperia.« Allerdings fuhr er fort: »Ich glaube nicht, daß unser Herr (der Papst) allzu aufgebracht darüber sein wird, und wahrscheinlich wird die Kurtisane glimpflich davonkommen, hauptsächlich weil sie sehr bekannt ist dank der Gunst, deren sie sich bei gewissen Kardinälen erfreut, die nicht erwähnt werden können.« Die Kardinäle waren vermutlich Verwandte oder Freunde von Julius II., der jedenfalls im Juni des Jahres 1506 an wichtigere Dinge zu denken hatte. Im August führte er persönlich die päpstlichen Truppen bei ihrem erfolgreichen Angriff auf Perugia. Während der Vorbereitungen dieses Feldzuges wurde Imperias kleine Sünde rasch vergessen, und nach einem kurzen Aufenthalt – mehr als Gast denn als Gefangene – im Haus des Stadtoberhauptes von Rom wurde sie freigelassen.

Bandello, ein Dominikanermönch, der später Bischof wurde und einer der berühmtesten Verfasser von *novelle* war, den Kurzgeschichten, die teilweise auf Wahrheit beruhten, verbrachte 1506 sechs Monate in Rom und schrieb später eine *novella* über Imperia. Wahrscheinlich war er durch Angelo del Bufalo bei ihr eingeführt worden, einen ihrer Liebhaber, den Bandello offenbar gut kannte und dem er eine seiner *novelle* widmete. Bandello war sehr beeindruckt von der Großartigkeit von Imperias Haus. Und er sagte, nach der Zahl der Bedienten und der luxuriösen Einrichtung zu urteilen, müsse jeder Fremde glauben, dort wohne eine Prinzessin. Am meisten bewunderte er »den Salon, ein Schlafzimmer und ein Boudoir, alle so prächtig ausgestattet, daß man darinnen nichts als Samt und Brokat sah, und auf den Fußböden lagen die schönsten Teppiche (der Gipfel des Luxus zu jener Zeit). Im Boudoir, in das sie sich zurückzog, wenn sie eine hochgestellte Persönlichkeit empfing, waren die Wände mit Goldstoff behängt, überreich bestickt und in üppigen Falten fallend. Über den Behängen war ein Gesims mit Gold und Ultramarin verziert.« (Bekanntlich zog sich Michelangelo ein paar Jahre später den Zorn von Julius II. zu, weil es ihm nicht gelungen war, dem Deckengewölbe der Sixtinischen Kapelle mit diesen kotbaren Materialien den letzten Schliff zu geben.) »Auf dem Gesims standen herrliche Vasen aus verschiedenen edlen Mineralien – Alabaster, Porphyr, Serpentin und tausend anderen. An den Wänden angeordnet waren viele Kommoden und Truhen, reich geschnitzt und eingelegt, und alle von großem Wert. In der Mitte des Raums stand ein kleiner Tisch, der schönste der Welt, mit einer Decke aus grünem Samt. Und darauf lagen immer eine Laute oder *viola da braccio* und Bücher über Musik und andere Musikinstrumente. Und ebenfalls viele Bücher in Lateinisch und Italienisch in prächtigen Einbänden. Sie (Imperia) hatte wirklich große Freude an italienischer Poesie, und nachdem sie von unserem höchst gefälligen Messer Niccolo Campana – genannt Strascino − ermutigt und unterrichtet worden war, hatte sie bereits solche Fortschritte gemacht, daß sie selbst einige recht erfreuliche Sonette und Madrigale verfaßte.«

In seiner *novella* erzählt Bandello dann die Geschichte, wie Angelo del Bufalo eines Tages den spanischen Gesandten Enriques de Toledo zu Imperia brachte, »weil er so viel von ihr gehört hatte, daß er sie zu sehen wünschte«. Imperia, die offenbar das korrekte Zeremoniell für eine solche Gelegenheit kannte, kam selbst zur Tür, um den Gesandten zu begrüßen, und geleitete ihn durch die Zimmerflucht in ihr Boudoir. Enriques de Toledo war erstaunt, als er sah, eine wie schöne Frau Imperia tatsächlich war, und er staunte auch über den Luxus und ihren Lebensstil. Er unterhielt sich eine Weile mit ihr, doch dann empfand er das Bedürfnis zu spucken, und er wandte sich zu einem seiner Bedienten, spuckte dem Mann ins Gesicht und sagte: »Reg dich nicht auf, aber hier war nichts Häßlicheres als dein Gesicht.«

Bandello war allerdings nicht Augenzeuge dieses Auftritts, der Diogenes nachempfunden war und ein zartes Kompliment für Imperia und ihren Geschmack bei der Inneneinrichtung ihres Hauses sein sollte. Der Vorfall ereignete sich zwei Jahre nach Bandellos Aufenthalt in Rom, aber das Gerücht davon machte natürlich die Runde, und so erfuhr Bandello davon; der ferraresische Gesandte hatte die Geschichte sogar für wert gehalten, sie in einem Brief an Kardinal Ippolito d'Este zu erwähnen. Wenn Enriques de Toledo auch mit solchen Gesten nicht kleinlich war, so konnte er in anderer Beziehung doch recht sparsam sein. Der ferraresische Gesandte berichtete nämlich noch eine weitere Geschichte: Dem päpstlichen Diener, der seinem spanischen Kollegen als Geschenk des Papstes zwei Melonen brachte, schenkte er einen prächtigen karmesinroten Seidenmantel, mit Goldgewebe gefüttert, und gab seinem eigenen

Diener, der das Geschenk entgegengenommen hatte, ein Trinkgeld von fünfundzwanzig Dukaten. Doch als Toledo Imperia einen zweiten, intimeren Besuch abstattete, gab er ihr dasselbe wie seinem Diener – bloße fünfundzwanzig Dukaten.

Tatsächlich waren die Spanier bekannt dafür, daß sie Kurtisanen gegenüber ebenso knickerig waren wie die Franzosen generös. In den *Ragionamenti* gibt Nanna der Pippa den Rat, einen spanischen Kunden so schnell wie möglich loszuwerden, denn bei all seinem affektierten Getue sei die einzige Bezahlung, die sie von ihm erhalten könne, ein Bericht über seine Heldentaten bei der Eroberung von Mailand durch die Spanier. Nanna gehörte nicht zu der Kategorie der Kurtisanen, bei denen spanische Gesandte ein- und ausgingen, doch bei einer Gelegenheit behauptete sie, es sei der Fall, weil sie einem Kunden Eindruck machen wollte. Doch ihr Rat an Pippa, Musik zu treiben und moderne literarische Werke in ihrem Zimmer zur Schau zu stellen, zeigt deutlich, wie wichtig selbst eine Vortäuschung von Kultur nach Art der Bücherwandkultur unserer Zeit für das Berufsleben der Kurtisanen in der Renaissance war. Sogar Imperia, die Königin unter ihnen, war nicht frei davon. Obwohl es sehr zweifelhaft ist, ob sie wirklich lateinische Klassiker lesen konnte – zumindest mit einiger Leichtigkeit –, erwähnt Bandello ausdrücklich, daß sich unter den prächtig gebundenen Büchern auf Imperias Tisch auch lateinische Werke befanden und die Laute und andere Musikinstrumente nicht fehlten.

Indes ist es ziemlich sicher, daß Imperia wirklich Laute oder *viola da braccio* spielen konnte, nicht nur, weil sie damals so allgemein beliebt waren wie heute die Gitarre, sondern weil Niccolò Campana, der ihr das Schreiben von Gedichten beigebracht hatte, ein Meister im Improvisieren von

Liedern war und sich selbst auf der *viola da braccio* begleitete. Er war überhaupt der beliebteste Unterhalter jener
Zeit. Aber ebenso wie viele von Campanas Kompositionen
waren Imperias Sonette und Madrigale wohl geschrieben
worden, um von ihr gesungen zu werden, und wahrscheinlich war Bandello mehr von der Schönheit der Sängerin als
von den Versen selbst begeistert. Dennoch warfen Imperias
Bemühungen ein aufschlußreiches Licht auf die Gesellschaft
der damaligen Zeit, in der eine Kurtisane sich nicht damit
begnügte, schön und begehrenswert zu sein, sondern auch
dichterischen Ehrgeiz hatte.

Dichter zu sein war damals tatsächlich der Schlüssel, der
fast jede Tür öffnete, und das beste Beispiel dafür ist Campana. Er war der Sohn eines Glockengießers in Siena und
hatte den Spitznamen Strascino, weil er als Folge von einer
Syphilis ein Bein nachzog. Die Verbreitung dieser Krankheit
hatte epidemische Ausmaße angenommen, und nicht wenige
von Campanas berühmten Zeitgenossen teilten sein Schicksal; doch selbst in jener sittenlosen Epoche war Campana
der einzige, der seine Leiden ausführlich in Versen beschrieb.
Im übrigen war er recht übel beleumundet und hatte einige
Zeit im Gefängnis verbracht. Und auch darüber schrieb er
ein Gedicht und erwähnte die Ratten, Spinnen, Skorpione,
Wanzen und Fliegen, die sich um ihn scharten, so daß er sich
»wie Daniel in der Löwengrube« vorkam.

Doch trotz alledem war Campana eine prominente Gestalt, wie die Tatsache zeigt, daß Castiglione ihn beiläufig
in *Il Cortigiano* erwähnt. Es gab kaum einen erleseneren
Kreis als die Literaten, die sich allabendlich in den Gemächern der Herzogin von Urbino versammelten, und aus
Castigliones Bemerkungen in *Il Cortigiano* geht hervor, daß
alle Anwesenden wußten, wer Campana war. Es mag gut
sein, daß auch er wie zwei seiner ebenfalls übel beleumunde-

ten Kollegen eine Zeitlang Unterhalter am Hof von Urbino war. Einer dieser Kollegen, ein ständiger und geschätzter Besucher, war Bernardo Accolti, der »einzigartige Aretino«. Der andere, Serafino Aquilano, war bei der Herzogin so beliebt, daß Elisabetta da Montefeltro ihn, als er eines Tages in ihr Schlafzimmer platzte und auf und ab zu springen begann, so daß ihre Damen dachten, er sei verrückt geworden, einfach am Haar packte und so lange festhielt, bis sie ein vernünftiges Wort aus ihm herausbekam. Der Grund für Serafinos Erregung war ein schmeichelhafter Brief, den er von Isabella Gonzaga – der Mutter der Herzogin – erhalten hatte, die ebenfalls eine Gönnerin von Campana war.

Das Italien der Renaissance war ein bemerkenswert freies und zwangloses Land – erst später, als Spanien die Lombardei und den ganzen Süden besetzt hatte, herrschten Pomp und Protokoll auf der Halbinsel. Bis zum ersten Viertel des 16. Jahrhunderts konnten fahrende Sänger und Dichter mit so üblem Ruf wie Serafino, Strascino und Bernardo Accolti die Runde an den italienischen Höfen machen und wurden als willkommene Gäste empfangen. Ein weiterer, Antonio Tebaldeo, hatte seine Laufbahn als Lehrer von Isabella d'Este begonnen, ehe sie den Markgrafen Gonzaga von Mantua heiratete; später wurde er Sekretär von Lucrezia Borgia, als sie Herzogin von Ferrara war, und schließlich trat er in den Dienst von Kardinal Ippolito d'Este. Doch all das höfische Leben tat seinen bohemehaften Trieben keinen Abbruch, und was von ihm gesagt wurde, daß er »zu viel von der Liebe und zu wenig von der Poesie« verstehe, galt gleichermaßen für andere. Sie alle standen auf mindestens ebenso gutem Fuße mit Kurtisanen wie mit vornehmen Damen, und ihre Improvisationen lockten Menschenmengen in die Tavernen und auf die Straßen der italienischen Städte, obwohl die besten dieser Dichter auch in gelehrten

Kreisen und selbst von Kunstmäzenen wie Agostino Chigi und Papst Leo X. geschätzt wurden.

Dieser Stil des Gesangs – sehr oft aus dem Stegreif – zur Laute oder Viola, die als Modeinstrument so einschlug wie heutzutage die elektrische Gitarre, scheint in Italien am aragonesischen Hof in Neapel durch einen Katalanen mit Namen Benedetto Gareth oder Cariteo eingeführt worden zu sein, den Lehrer Serafinos. Wahrscheinlich war Serafino der begabteste und gewiß der berühmteste der fahrenden Sänger – der große Cesare Borgia bewunderte ihn so, daß er ihn als ständiges Mitglied in seinen Haushalt aufnahm, aber, wie sein Biograph Calmetta einräumte, nicht so sehr seiner Verse wegen als um der Art seines Gesangs willen. Calmetta erwähnt auch, Serafinos Vortrag sei so lebendig gewesen, daß er alle, die ihn hörten, einfaches Volk oder vornehme Damen, gleichermaßen bezauberte. Das war wohl weitgehend der Tatsache zuzuschreiben, daß die Gedichte und Lieder von Serafino und den anderen fahrenden Sängern italienische Texte hatten. Tebaldeo allerdings schrieb auch lateinische Verse, denn damals waren fast die ganze Literatur und die Kultur im allgemeinen von der Klassik beherrscht, weil die Humanisten damit den literarischen Glanz des alten Roms wiederzuerwecken glaubten. Doch wenn die Herzoginnen und ihre Höflinge auch Gelehrsamkeit vortäuschten, so werden viele von ihnen kaum mehr als ein paar Floskeln haben zitieren können.

Nach denjenigen ihrer Werke zu urteilen, die erhalten geblieben sind, kann man schwerlich begreifen, warum die fahrenden Sänger eine solche Begeisterung hervorriefen. Liest man ihre Lieder gedruckt, statt sie zu hören, kommen sie einem recht läppisch vor, aber so wird es einem wohl mit den Schlagern aus jedem Zeitalter gehen. Serafinos besondere Begabung scheint seine Fähigkeit gewesen zu sein, seinen Text auf die Musik abzustimmen, auch wenn er improvisierte. Campana war ebenso berühmt für seine Dramoletts, die beim Lesen auch recht läppisch wirken. Doch die Worte *da se solo* (ganz allein), die man in Beschreibungen von Campanas Aufführungen bei privaten Gesellschaften liest, liefern den Schlüssel für seinen bemerkenswerten Erfolg. Campana spielte dabei sämtliche Rollen — männliche wie weibliche —, und er muß ein besonders begabter Schauspieler und Imitator gewesen sein. Von solchen ephemeren Begabungen kann es keine dauerhaften Zeugnisse geben, und sie sind auch nicht geeignet, ernsthafte Erforscher der Literatur der italienischen Renaissance zu begeistern, die Serafino, Campana und die ürigen einhellig als kitschig abtun. In der Tat sind sie und ihre Werke heute fast völlig vergessen, abgesehen von Bernardo Accoltis Grabschrift für Serafino:

> Qui giace Serafin. Partirti or puoi;
> Che d'aver visto il sasso che lo serra
> Assai sei debitore agli occhi suoi.

> Hier ist das Grab des Serafin. Mögt ihr auch gehen,
> in seinen Augen bleibt ihr seine Schuldner,
> seit ihr den Stein, der ihn dort unten hält, gesehen.

Serafino gefiel allerdings auch Leuten von ganz anderem Format als jene, die ein junger Mann mit angenehmer Stimme anzog, der die Laute schlagen konnte. Nach seinem Tod im Jahre 1500 wurden seine Gedichte von dem gelehrten Angelo Colocci gesammelt und herausgegeben, der 1497 im Alter von dreißig Jahren als Gesandter seiner Heimatstadt Jesi an den Hof von Alexander VI. kam und für den Rest seines Lebens in Rom blieb. Eine seiner ersten Taten in

Rom war, daß er die dahinsiechende Accademia Romana, die ursprünglich in einer kaiserlichen Urkunde von Kaiser Friedrich III. anerkannt worden war, wieder zum Leben erweckte, indem er ihre Mitglieder zu Zusammenkünften in seinen Garten einlud.

Coloccis römische Akademie war keine wissenschaftliche Gesellschaft im modernen Sinne, sondern eher der Treffpunkt einer Gruppe kultivierter Männer, die sich – wahrscheinlich oft mit Damen wie Imperia – zum Abendessen und zur Unterhaltung zusammenfanden. Coloccis Unterfangen war so erfolgreich, daß fast jeder in Rom, der wissenschaftliche oder literarische Ambitionen hatte, seinem Beispiel folgte, und Akademien, die sich den verschiedensten Aspekten der Kultur der Renaissance widmeten, entstanden überall in der Stadt.

Colocci plante auch ein Buch über die Geschichte und Entwicklung der poetischen Versmaße und ihre Ursprünge in christlichen Hymnen, Volksliedern und anderen Quellen, doch vollendete er es nicht. Dieses Vorhaben war es, das Coloccis Interesse an Serafino erweckte und dazu führte, daß er posthum Serafinos Gedichte herausgab. Indes war Colocci zu sehr Weltmann und auf zu vielen Gebieten Dilettant – seine literarischen Projekte waren zahlreich, doch nur eins wurde überhaupt verwirklicht –, als daß er sich auf irgendeinem dieser Gebiete einen Namen machen konnte. Doch war es eben sein allumfassendes Interesse an so vielen Dingen und Menschen, das Angelo Colocci zum vollendeten Gastgeber bei wissenschaftlichen und literarischen Zusammenkünften machte. Er war auch reich – er konnte sich zwei Ämter in der Kurie kaufen, und später wurde er Chef der Bullen-Registratur, Notar an der Camera Apostolica und – nach dem Tod zweier Ehefrauen – Bischof von Nocera. Solche Ämter, dazu ein privates Einkommen und kluge Geldanlagen in Grundstücken ermöglichten Colocci unter anderem, die berühmten Gärten anzulegen, in denen die Accademia Romana ihre Zusammenkünfte abhielt.

Der erste dieser Gärten lag draußen vor der Porta del Populo, der zweite – über den der Aquädukt der Acqua Virgine hinwegführte – befand sich an der Stelle der heutigen Via del Tritone. Ehe Colocci die Mode einführte, akademische Versammlungen in Gärten abzuhalten, waren die Gärten von der althergebrachten Art der *vigna,* mit einer mit Wein bewachsenen Pergola, Obstbäumen und einfachen Blumen, einem Brunnen und vielleicht einer Hütte für den Gärtner. Doch durch den Einfluß des Humanismus und vor allem des Werks *De re aedificatoria* von Leon Battista Alberti wurden die *vigne* jetzt in üppige Lustgärten nach dem Vorbild des alten Rom verwandelt. Springbrunnen ersetzten die alten Brunnen, Orangen- und Zitronenhaine traten an die Stelle der Feigen- und Birnenbäume, Marmorbänke wurden im Schatten von Lorbeerhecken aufgestellt, und Wasser sprudelte melodisch in Felsengrotten, die, »wie es bei den Alten üblich war«, mit Stalaktiten von Tivoli verziert waren. Die jetzt von Marmorsäulen getragenen Weinpergolas spendeten großen Tischen Schatten, an denen gespeist wurde, und ringsum waren die Sammlungen des Hausherrn von klassischen Skulpturen und Inschriften aufgestellt. In Coloccis Gärten standen unter anderem die Nereide auf einem Seepferd, jetzt in den Uffizien, und neben einem Springbrunnen die liegende Statue einer schlafenden Nymphe mit der später von Alexander Pope übersetzten Inschrift:

Ich, die Nymphe der Grotte, hüte die heiligen Quellen
Und schlafe beim Murmeln der rieselnden Wellen.
Schont meinen Schlummer, kommt leise herein,
trinkt leise, taucht sacht in den Brunnen ein.

Das lateinische Original dieser bezaubernden Zeilen mag von Giovanni Antonio Campano stammen, der ein Jahr nach Coloccis Ankunft in Rom starb, denn ihr berühmter Zeitgenosse, der Inschriftenforscher Bartolomeo Fonzio, schrieb sie in sein Notizbuch und vermerkte dazu: »Diese Zeilen wurden kürzlich in Rom von Campano verfaßt.« Coloccis Springbrunnen hätte Campano gefallen – und er gefiel auch vielen anderen, denn es gab davon vier Kopien in Rom, und zwei Jahrhunderte später bewunderten ihn Alexander Pope und Thomas Jefferson so, daß sie gern eine Kopie in ihren Gärten gehabt hätten.

In dieser schönen Umgebung wurden die Sitzungen der Accademia Romana abgehalten, und nicht immer so formell, wie man annehmen könnte. Das geht aus einem Brief hervor, den Biagio Pallai, der im allgemeinen in der latinisierten Form seines Namens, Blosio Palladius, bekannt ist, an Colocci schrieb. Selbst ein anerkannter Humanist und Dichter, war Pallai Sekretär von zwei Päpsten und wurde schließlich Bischof. In seinem Brief schreibt Pallai, am Tag zuvor hätten er und einige Freunde, da sie Coloccis Güte und Gastlichkeit kannten, beschlossen, am selben Abend in seinen Garten zu kommen und mit ihm zur Nacht zu essen. Er fügte hinzu, daß sie einige Vorräte mitbringen würden: einen Schinken, zwei große Salami, sieben Pfund Kalbfleisch und anderes mehr. Pallai führt die Freunde auf, die kommen würden – Frauen waren nicht erwähnt, aber Imperia könnte gut und gern an dem improvisierten Fest teilgenommen haben, denn Pallai war vielleicht der ergebenste ihrer Liebhaber, und auch Colocci hatte ein Verhältnis mit ihr.

Pallai besaß ebenfalls einen schönen Garten wie viele andere dieses Kreises, und offenbar luden sie einander oft zu solchen zwanglosen Abendessen ein. Jahre später, 1529, als Sadoleto der untadelige Bischof von Carpentras gewor-

74

den war (sieben Jahre später wurde er Kardinal), schrieb er Colocci einen Brief, in dem er voll Nostalgie jener Abende gedachte, die sie gemeinsam in Rom verbracht hatten. »Oh, wenn ich an diese vergangenen Zeiten zurückdenke«, schrieb er, »als wir uns mit so vielen unserer Freunde zu treffen pflegten und in einem Alter waren, in dem man mehr zur Fröhlichkeit geneigt war als wir jetzt. Wie oft erinnere ich mich jener Abendmahlzeiten und unserer häufigen Zusammenkünfte in Deinem Garten außerhalb der Stadt, oder in meinem auf dem Quirinal, oder in dem in der Nähe des Circus Maximus, oder in dem beim Tempel des Hercules und so vielen anderen. Wo wir uns mit so vielen hervorragenden Freunden trafen, die nicht nur ihrer Geistesgaben, sondern auch ihres guten Rufs halber geachtet wurden. Und wo wir nach unseren schlichten Mählern, die mehr mit Witz als mit Schlemmerei gewürzt waren, Gedichte zu rezitieren und Reden zu halten pflegten. Zur großen Zufriedenheit von allen, denn wenn sie auch eine erhabene Gesinnung erkennen ließen, wurden sie doch mit Fröhlichkeit und Anmut vorgetragen.« Sadoleto erwähnt namentlich neunundzwanzig der Freunde, die er und Colocci bei diesen Gelegenheiten am häufigsten sahen – fast ausschließlich sehr bekannte Männer – und fügt hinzu, daß er sich noch an viele andere erinnere. Unter den namentlich Genannten waren Filippo Beroaldo, Tommaso Inghirami, Camillo Porcari und Bernardino Capella, die alle, wie Colocci und Sadoleto selbst, irgendwann einmal Imperias Liebhaber gewesen waren.

Sadoleto erwähnt Imperia in seinem Brief nicht, aber er muß, als er sich dieser zauberhaften Abende in Rom erinnerte, an sie gedacht haben. Doch Sadoletos Ernsthaftigkeit, mit der seine Freunde ihn aufzogen, war keine Heuchelei. Und jetzt, da er Bischof war, hielt er sich in seinem Bistum auf, obwohl Carpentras weit entfernt war von Rom und seinen Freunden, die er so schätzte.

Mehr als zwanzig Jahre zuvor hatte er auch seine Gefühle für Imperia ernst genommen, denn er liebte sie sehr, und wie wir gesehen haben, glaubten manche, sie habe eine Tochter von ihm. Und eine Zeitlang entfremdete die Eifersucht Sadoleto und einen seiner alten Freunde, Filippo Beroaldo, weil sie so erbitterte Rivalen um die Gunst der Imperia waren. Aber Beroaldo, der irgendwann einmal der Liebhaber fast aller berühmten Kurtisanen in Rom gewesen war – Albina weinte vor Eifersucht, wenn sie ihn Arm in Arm mit Lucia oder Bona sah –, hatte in Imperia einen gleichwertigen Gegner gefunden. In seiner Beziehung zu ihr war es ausnahmsweise Beroaldo, der eifersüchtig war, und Imperia, die ihn zappeln ließ.

In einem ihr gewidmeten Gedicht beschreibt Beroaldo reumütig eine ihrer Zusammenkünfte. Es beginnt damit, daß er Imperia Vorwürfe macht: »Wenigstens bist du gekommen, ich glaubte, du würdest wie gewöhnlich dein Wort nicht halten.« Worauf Imperia erwiderte: »Und was verdienst du, nachdem du mir zu meinem Geburtstag ein so wertloses kleines Geschenk gemacht hast? Nüsse in Honig, jämmerliche Äpfel und einen kleinen Terrakottakrug mit Wein.« – »Aber du darfst meine Seele nicht an Geschenken messen«, lautet die Antwort des Poeten, und er fährt fort: »Bei solchen Gelegenheiten schenkt man nur Kleinigkeiten, und ich nehme nicht an, daß dir die anderen goldene Berge schickten.« Verärgert sagt Imperia: »Was glaubst du wohl, woher diese Samtärmel und dieser Ring kamen? Dein Freund Sadoleto hat sie mir geschenkt. Von Fedra bekam ich diese griechische Bluse, und von Capella die goldenen Schuhe.« – »Aber was für Märchen erzählst du da«, erwidert Beroaldo. »Ich weiß, wie sie sind, Männer mit genug

Willenskraft, um einem ganzen Chor von Frauen Widerstand zu leisten, die keinen Pfennig aus ihnen herausholen würden.« Wütend sagt Imperia: »Und was ist mit den Schinken aus der Campagna, die Porzio mir schenkte? Und Lelios Austern? Dieser kleine silberne Mond ist von Fausto, und die goldene Venus von Colocci.« Doch Beroaldo antwortet, er habe ihr mehr geschenkt als alle anderen, nämlich sein ganzes Selbst.

Da sie Beroaldos Wankelmut in der Liebe kannte, ist es zweifelhaft, ob Imperia davon sehr beeindruckt war, denn diese Beteuerung muß sie schon unzählige Male gehört haben. Imperia wird wohl nur zu genau gewußt haben, wie Beroaldos Standhaftigkeit einzuschätzen war. Denn mit Schönheit allein — wie einzigartig sie auch war — hätte Imperia diesen Kreis von Bewunderern, die ihr Geburtstagsgeschenke schickten, nicht an sich ziehen und halten können. Wie Beroaldo gesagt hatte, waren es welterfahrene Männer, und so, wie die Dinge lagen, wußten sie natürlich, daß Imperia ihre Gunstbezeigungen vielen von ihnen zukommen ließ. Und dennoch scheinen nur Sadoleto und Beroaldo — und später Colocci — eifersüchtig gewesen zu sein. Irgendwie brachte Imperia es fertig, neun der hervorragendsten Männer in Rom an sich zu fesseln.

Beroaldo und Sadoleto sind noch heute als Klassiker berühmt. Beroaldo wurde später Vorsteher der vatikanischen Bibliothek, während Sadoleto Sekretär von Leo X. war, und sein Brief an Colocci gilt als eines der vollkommensten Beispiele für das Latein der Renaissance. Fedra war der Spitzname von Tommaso Inghirami, den er als Junge für seine bemerkenswerte Darstellung der Titelrolle in Senecas Tragödie *Phädra* erhielt. Er war Beroaldos Vorgänger als Vorsteher der vatikanischen Bibliothek und auch Kanoniker von San Giovanni in Laterano und ein berühmter Redner

77

gewesen. Inghiramis Porträt von Raffael im Palazzo Pitti in Florenz zeigt ein kluges Gesicht und läßt auch den gewaltigen Leibesumfang erkennen, der sein besonderes Kennzeichen war. Doch ungeachtet seiner hohen Stellungen und seiner Korpulenz brach Inghirami einmal die Tür von Imperias Haus auf, als er mit ihr verabredet war und die Tür verschlossen fand. Porzio, der Imperia den Schinken aus der Campagna schickte, war Camillo Porcari und gehörte einer sehr alten römischen Familie an, die glaubte, sie stamme von Marcus Portius Cato ab, der auch ein berühmter Redner gewesen war. Bernardino Capella, der Spender der goldenen Schuhe, war Dichter und mit Sadoleto befreundet. Lelio war vermutlich Antonio Lelio Massimo aus der historischen römischen Familie und Verfasser von satirischen Sonetten und bissigen Schmähschriften. Fausto war Fausto Evangelista Maddaleni Capodiferro, ebenfalls aus einer berühmten römischen Familie, ein Freund von Agostino Chigi und Verfasser pikanter Epigramme auf Imperia und Chigis Verhältnis mit ihr.

Capodiferros Epigramme und Verse sind unbedeutend, aber sie sind mit dem Witz und Humor eines gebildeten Mannes von Welt geschrieben. In einem, der »Göttin Imperia« gewidmet, macht er ein Wortspiel mit ihrem Namen und Empyreum und sagt, sie werde jetzt nicht Imperia genannt, sondern Empyrea – der höchste Himmel. In einem anderen, Agostino Chigi gewidmeten Gedicht ist er nicht so schmeichelhaft. Darin ist Imperia nicht mehr Agostino Chigis Empyrea, sondern wird »Emporia« genannt – ein Marktplatz –, vermutlich ein höhnischer Hinweis darauf, daß Chigi keineswegs Imperias einziger Liebhaber war. Die Verknüpfung ihrer Namen – Imperia, Anhängerin eines Kaisers, und Agostino, die Verkleinerungsform von Augustus – war natürlich ein Gottesgeschenk für jeden geistreichen und

78

klassisch gebildeten Dichter, und alle diese Verse waren in Latein geschrieben. Agostino Chigi und Fausto Capodiferro nahmen die Tatsache, daß Imperia auch die Geliebte anderer Männer außer ihnen war, offenbar mit Gleichmut hin. Aber Colocci wurde entweder eifersüchtig, oder Imperia kränkte ihn auf andere Weise, denn er schrieb mehrere beleidigende Gedichte über sie und verfaßte sogar nach ihrem Tod ein gehässiges Epigramm als Epitaph. Möglicherweise lag es daran, daß Imperia in Agostino Chigi einen Liebhaber gefunden hatte, dessen ungeheurer Reichtum das nicht unbeträchtliche Vermögen von Colocci in den Schatten stellte. In einem seiner Gedichte erwähnt Colocci allerdings die »Fesseln der Liebe«, die ihn an Imperia banden, sie aber nicht an ihn, und er beklagt, daß in ihrem Herzen »die Flamme der Liebe erloschen« sei; also scheinen sie sich wegen seiner Eifersucht auf einen anderen Mann getrennt zu haben.

Eine amüsante Anekdote über Agostino Chigi und Imperia berichtet Paolo Giovio, der eine sehr lebendige Geschichte seiner Zeit schrieb. Darin erzählt er, daß Tamisio, ein als Feinschmecker bekannter Römer, auf dem Fischmarkt eine prächtige Äsche sah. Sie muß sehr groß gewesen sein, denn ein Ortsstatut schrieb vor, daß jeder gefangene Fisch, der, vom Kopf bis zur ersten Flosse gemessen, eine bestimmte Größe überschritt, den Conservatori zustand, und so kam es, daß dieser Fisch den städtischen Behörden auf dem Kapitol geschickt wurde. Tamisio folgte ihm in der Hoffnung, von den Conservatori zu dem Bankett eingeladen zu werden, bei dem der Fisch gegessen würde. Die Conservatori speisten aber offenbar an jenem Tag zu Hause, denn der Fisch wurde gleich vom Kapitol aus als Geschenk an Kardinal Riario geschickt. Tamisio folgte ihm wiederum, immer noch in der Hoffnung, eingeladen zu werden. Doch der Kardinal war offenbar der Meinung, es sei eine großartige Gelegenheit, einem noch höherstehenden Kollegen eine Aufmerksamkeit zu erweisen, und so schickte er die Äsche an Kardinal Sanseverino, und Tamisio setzte ihr unverdrossen nach, doch hatte der Fisch seine Reisen noch nicht beendet. Er überquerte jetzt den Tiber als Geschenk von Kardinal Sanseverino an seinen Freund Agostino Chigi, der sich offenbar in seiner luxuriösen Villa in Trastevere aufhielt. Tamisio war inzwischen recht müde vom vielen Gehen, er wartete draußen vor der Villa, bereit, sich dort einzufinden, wenn der Fisch serviert würde. Aber er hatte immer noch kein Glück, denn zu seinem Mißvergnügen erschien der Fisch wiederum, diesmal auf einer prächtigen Platte und von Blumen umgeben. Erschöpft, aber immer noch entschlossen, folgte Tamisio ihm und stand plötzlich vor Imperias Tür. Er wartete eine Weile, und als er dann sah, daß die Äsche offenbar ihr endgültiges Ziel erreicht hatte, ließ er sich melden, saß bald mit Imperia bei Tisch und teilte die Mahlzeit mit ihr. Im Gegensatz zu all den prominenten Persönlichkeiten, denen die Äsche geschickt worden war, machte Imperia offenbar keine Geschenke – sie nahm sie einfach an.

Agostino Chigi, der damals wahrscheinlich der reichste Mann Europas war – der türkische Sultan nannte ihn »den großen Kaufmann der Christenheit« –, war 1466 in Siena zur Welt gekommen. Seine erste Frau starb jung, und sie hatten keine Kinder, und nachdem Agostino 1487 nach Rom gekommen war, führte er das Leben eines flotten Junggesellen – zumindest in der Zeit, die seine vielfältigen Geschäfte ihm ließen. Dazu gehörten das Bankwesen und der Handel, unter anderem mit Alaun, wofür er ein Monopol in Italien hatte, mit Salz und Weizen. Auch hatte er eine Handelsflotte von dreihundert Schiffen und ebenso viele Bank- und Handelshäuser in Europa, Afrika und der Levante. Sein

Jahreseinkommen ist auf den Gegenwert von anderthalb Milliarden heutiger Lire geschätzt worden. Von mittlerer Größe, hatte Chigi rötliches Haar und einen rötlichen Bart, eine Adlernase und große, blaßblaue Augen. In seinen geschäftlichen Angelegenheiten verband er Klugheit mit Kühnheit und wurde wegen des Glanzes, in dem er lebte, und seiner freigebigen Förderung der Künste »Il Magnifico« genannt.

Als Bankier von Königen und Fürsten wurden Chigi viele Ehrungen zuteil, und Julius II. verlieh ihm das Recht, sich Chigi della Rovere zu nennen und das Wappen der della Rovere seinem eigenen hinzuzufügen. Chigi beauftragte Raffael, die Familienkapelle in S. Maria del Populo zu entwerfen, die Sibyllen in S. Maria della Pace zu malen und die prächtige Villa in Trastevere zu dekorieren, für die Peruzzi die Pläne gezeichnet hatte. Chigi war auch der Gönner von vielen anderen Künstlern und Gelehrten, und er richtete sogar eine Druckerei ein, um deren Werke zu veröffentlichen. Dort wurde das erste griechische Buch in Rom gedruckt – 1515 die Werke von Pindar, worauf dann 1516 die Idyllen des Theokrit folgten.

Von einer Schar strahlender Talente erschaffen, war Agostino Chigis Villa in Trastevere – die Farnesina – einer der großen künstlerischen und intellektuellen Anziehungspunkte in Rom. In jener Zeit wurde sie einfach *delizie* oder *suburbana* genannt, denn sie lag zwar innerhalb der Stadtmauern, doch in einer fast ländlichen Umgebung von Weinbergen und Gemüsegärten. Das von Baldassare Peruzzi entworfene Haus war prächtig, aber nicht groß und auch nicht als ständiger Wohnsitz gedacht, sondern für kurze Ferienaufenthalte, Lustbarkeiten und Bankette, und der eigentliche Sinn des Unterfangens war der Park. Zwei offene Loggien führten in die Gartenanlagen, die sich weit dem Tiberufer entlang erstreckten, wo wiederum eine Loggia Aussicht auf den Fluß gewährte. Diese Loggia war einmal der Schauplatz eines berühmten Banketts, bei dem nach jedem Gang die goldenen und silbernen Teller in den Fluß geworfen wurden – in dem heimlich Netze aufgespannt waren, um sie aufzufangen. Ganz in der Nähe war ein Teich, um den im Halbkreis Marmorbänke aufgestellt waren, und möglicherweise war dieser kühle Platz manchmal die Bühne für die Theateraufführungen im Garten. Dicht gepflanzte Bäume säumten das Flußufer, und zusammen mit den von Lorbeerhecken eingefaßten Wegen bildeten sie den szenischen Hintergrund für Chigis berühmte Sammlung klassischer Skulpturen. Der Garten war reich an Springbrunnen und Blumen, Rosen, Lilien und Jasmin wuchsen hier in Hülle und Fülle und auf den Blumenbeeten Anemonen, Taglilien, Narzissen, Veilchen und Iris. Der *delizie* war damals der herrlichste aller Gärten in Rom, in dem sich die Spitzen der Gesellschaft, die gelehrte Welt, die Künstler und die schönsten Kurtisanen einfanden, um zu speisen und mit Musik und Schauspiel unterhalten zu werden.

Die Farnesina war auch die erste römische Villa, in der Haus und Garten ineinander überzugehen schienen. Denn Raffael entwarf die gemalte Dekoration für die Loggia der Psyche so, daß sie aussah, als wäre sie einer jener Pavillone, wie sie für festliche Gelegenheiten und sommerliche Abendessen im Freien errichtet wurden; kostbare Tapisserien wurden als Schutzdach ausgerollt, um den Tau abzuhalten, und sie ruhten auf einem kunstvollen Rahmenwerk aus Rohr, das Girlanden aus grünen Blättern und Blüten bedeckten. Das Thema der Gemälde in der Loggia war das Märchen von Amor und Psyche aus den *Metamorphosen* von Ovid und dem *Goldenen Esel* von Apuleius. Diesem Werk, das in Rom im Jahre 1500 mit einem Kommentar von Filippo

Beroaldo veröffentlicht worden war, folgen die in den Gemälden dargestellten Szenen genau, sie schildern die Abenteuer der Psyche, die von Venus verfolgt wird, weil sie schöner ist als die Göttin selbst. In Anbetracht der Tatsache, daß Agostino Chigi und Filippo Beroaldo beide ergebene Bewunderer und Liebhaber von Imperia und außerdem miteinander befreundet waren, ist es mehr als wahrscheinlich, daß die Wahl dieses Themas eine Huldigung an Imperia sein sollte. Und ebenso wahrscheinlich ist, daß Raffael, der Imperia kannte und bewunderte, sie in einigen der vorbereitenden Skizzen porträtierte. Aber das Werk wurde erst einige Jahre nach Imperias Tod von Raffaels Gehilfen vollendet und ist seitdem so stark restauriert worden, daß sich nicht mehr feststellen läßt, ob die Psyche, wie man sie heute sieht, wirklich Ähnlichkeit mit Imperia hat.

Indes könnte es sein, daß Imperias Schönheit Raffael bei seiner Darstellung der zentralen Gestalt im Triumph der Galatea in der anderen Loggia inspiriert hat. Es besteht einiger Zweifel, wann dieses Bild gemalt wurde, aber sein Stil ist dem ähnlich, den er in der *Stanza della Segnatura* im Vatikan anwandte, und diese Fresken malte er zwischen 1509 und 1511; doch aufgrund eines Briefes, den Raffael 1514 an Castiglione schrieb, wird angenommen, daß er in diesem Jahr in der Villa Chigi malte. Raffael sagt in diesem Brief, um eine schöne Frau zu malen, müsse er viele Schönheiten sehen, obwohl er auch gewisse eigene Ideen verfolge. Daher war die Galatea vermutlich kein Porträt von Imperia, sondern wohl eher Raffaels Interpretation des weiblichen Schönheitsideals der Renaissance, dessen Verkörperung Imperia gewesen zu sein scheint. Raffaels Darstellung der Galatea in ihrem von Delphinen gezogenen Muschelwagen weicht wohl ebenfalls aus ästhetischen Gründen von der in der griechischen Mythologie erzählten Sage ab.

Mehr als jeder andere Raum in der Villa beschwört diese Loggia das Leben des Agostino Chigi und seines Freundeskreises, zu dem einige von Imperias weiteren Liebhabern gehörten: Sadoleto, Colocci, Ingherami und Pallai. Abgesehen von Raffael haben auch Sebastiano del Piombo und Peruzzi selbst zu den Fresken in der Loggia beigetragen – Sebastiano malte die Szenen aus Ovids *Metamorphosen* und Peruzzi die seltsame Zusammenstellung von Astralmotiven an der Decke. Sie zeigt die Stellung der Planeten und die Konstellationen in der Geburtsstunde von Agostino Chigi – 7 Uhr abends am 1. Dezember 1466 –, also sein Horoskop in Bildform. Denn dieser nüchterne Geschäftsmann glaubte fest an die Astrologie und wollte, daß sein Horoskop, das seinen ungeheuren Reichtum voraussagte, jedermann sichtbar zur Schau gestellt werde. Im Sommer wurden im Schatten der Loggia, wenn eine kühle Brise vom Tiber heraufwehte, die Werke der klassischen Dichter und philosophische Abhandlungen vorgelesen und – gleichermaßen faszinierend für den millionenschweren Bankier und die Kurtisane Imperia – die Diskussionen über Astrologie geführt, die Agostinos Villa berühmt machten. Auch gab es große Diners auf silbernen Tellern, auf denen das Wappen jedes Gastes eingraviert war. Oder intime Abendessen, bei denen Chigi, Raffael, Beroaldo und Imperia Pläne für die weitere Verschönerung der Villa besprachen, während Biagio Pallai still dabeisaß und sich im Geist Notizen machte für das Gedicht, mit dem er deren Pracht beschreiben wollte. Und wenn Imperia nach dem Aufbruch der Gäste dort blieb, um Agostinos edelsteinverziertes Bett aus Gold und Elfenbein mit ihm zu teilen, dann war das für die anderen nur ein weiteres Anzeichen dafür, wie gut es diesem Mann ging, der unter einem glücklichen Stern geboren war. Wie die Konjunktion von Venus und Steinbock am Tage von Agostinos Geburt angezeigt hatte, hatte er auch Glück in der Liebe, und auch die Tochter, die Imperia ihm gebar, hatte ein glückliches Leben. Im Gegensatz zu ihrer Halbschwester Lucrezia, dem Kind eines unbekannten Vaters, wurde Margherita Chigi 1516 von Papst Leo X. für ehelich erklärt, und später heiratete sie in die herzogliche Familie Caraffa ein.

Da Margherita das Kind von Agostino Chigi war, brauchte sich Imperia keine Sorgen um ihre Zukunft zu machen, doch scheint sie sich 1510 Gedanken um ihre eigene gemacht zu haben. Wie die Zahl und der Rang ihrer Liebhaber erkennen lassen, war ihre Schönheit ungeschmälert, aber Imperia war jetzt neunundzwanzig Jahre alt in einer Epoche, in der Mädchen mit vierzehn als heiratsfähig angesehen wurden. Sie scheint sich also in den letzten Jahren darüber klargeworden zu sein, daß sie nicht ewig die tonangebende Kurtisane von Rom bleiben könne und daß der Strom von Geld und Geschenken einmal versiegen werde. Noch 1507 scheint Imperia die Verwaltung ihres Vermögens und die Erledigung ihrer geschäftlichen Angelegenheiten bereitwillig ihrem Stiefvater Paolo Trotti überlassen zu haben. Ein in diesem Jahr aufgesetzter Vertrag über die Pacht und Renovierung eines Hauses wurde im Namen von Trotti und Diana abgeschlossen, und Imperia, die noch als Lucrezia bezeichnet wurde, war darin nur als deren Erbin erwähnt. Doch 1510 wurde Imperia als Pächterin eines Grundstücks in einer amtlichen Urkunde angeführt, und zum ersten Mal wurde sie darin Madonna Imperia genannt. Und von da an wurden Verträge in ihrem Namen abgeschlossen, und von ihrer Mutter und dem allgegenwärtigen Trotti war darin nicht mehr die Rede.

Offenbar hatte Imperia erkannt, daß Paolo Trotti und sogar ihre Mutter nicht vertrauenswürdig waren. Es zeigt sich auch, daß Imperia einen erheblichen Geschäftssinn entwikkelt hatte und ihn klug anwandte, um ihrer und ihrer Tochter Lucrezia Zukunft zu sichern. 1511 verkaufte sie den Pachtvertrag für das Grundstück, das sie kurz zuvor erworben hatte, an einen reichen und vornehmen Herrn. Er wird im Vertrag als der »hochmögende Herr Enea Piccolomini aus Siena« bezeichnet und war in der Tat der Großneffe des unvergeßlichen Enea Silvio Piccolomini – Papst Pius II. Und ebenso wie Enea Silvio in seiner sündigen Jugend wußte offenbar sein Großneffe die Reize einer schönen Frau zu schätzen. Denn es konnte nichts anderes als ein Entgelt für gewährte Gunst sein, wenn Enea der Jüngere, der aus Siena, der Stadt geiziger Männer, stammte, mit den Bedingungen des Vertrages einverstanden war, der am 13. März 1511 zwischen ihm und Imperia geschlossen wurde.

Als Gegenleistung für die Verpachtung des Grundstücks erklärte sich Enea bereit, Imperia ein Haus darauf zu bauen, das eine »passende und geeignete Unterkunft« für sie sein sollte und dessen Nutznießung – mietfrei – ihr für den Rest ihres Lebens eingeräumt wurde. Während der Bauzeit mußte Enea Imperia außerdem einen jährlichen »Unterhalts«-Zuschuß gewähren, und zwar acht Fässer Wein, siebzehn *rubbia* Weizen (etwa hunderteinundzwanzig Scheffel) und fünfhundertvierzehn Ster Holz. Imperias Absicht war natürlich, daß Enea sich mit dem Bau beeilen sollte. Aber das war nicht alles. Bei Imperias Tod sollte das Haus zwar in Eneas Besitz übergehen, aber er durfte ihre Tochter Lucrezia nicht vor die Tür setzen, ohne ihr vorher dreihundert Dukaten bezahlt zu haben. Falls Lucrezia vor ihrer Mutter starb, sollte Enea zweihundert Dukaten an Imperia zahlen. Wie vorteilhaft diese Abmachung für Imperia war, kann man erst ermessen, wenn man weiß, daß in damaliger Zeit der Durchschnittspreis eines Hauses in Rom dreihundert Dukaten betrug.

Nachdem Imperia also dafür gesorgt hatte, daß sie und ihre Tochter ein Dach über dem Kopf hatten, kaufte sie sich sechs Wochen später für hundertsiebzehn Dukaten eine *vigna*. Sie lag unmittelbar vor der Porta S. Sebastiano an der alten Via Appia und besaß eine Hütte oder Scheune und eine Zisterne, hatte also eine eigene Wasserversorgung.

Mit der Zeit und mit Hilfe von Enea Piccolomini und Agostino Chigi wäre Imperias *vigna* wohl in einen Lustgarten verwandelt worden, in dem sie ihre und ihrer Tochter Freunde hätte bewirten können. Aber kein Haus oder Garten, die Imperia gehörten, waren dafür gedacht, der Schauplatz des Debüts ihrer Tochter als Kurtisane zu werden. Lucrezia wohnte nicht einmal mehr im Haus ihrer Mutter, sondern war den Nonnen des Klosters S. Maria in Campo Marzio in Obhut gegeben, die sie zu einer »keuschen und bescheidenen Jungfrau« erzogen. Überdies war sie jetzt die Erbin eines nicht großen, aber auskömmlichen Vermögens.

In diesem Licht gesehen, war es nicht nur verständlich, sondern verzeihlich, daß Imperia den verliebten Enea Piccolomini und andere Liebhaber ausbeutete. Es waren reiche Männer, die einer privilegierten Schicht angehörten, während Imperia mit nichts als ihrem Verstand und ihrer Schönheit geboren worden war – nicht einmal mit einem Namen. Alles, was sie besaß, war das Ergebnis von fünfzehn Jahren eines Lebens als Kurtisane, in das ihre Mutter sie eingeführt hatte, als sie nicht viel älter als Lucrezia war. Imperia wußte genau Bescheid über das Leben einer Kurtisane. Und obwohl ihre männlichen Zeitgenossen immer ihre Schönheit, ihren Erfolg und den Luxus betonten, der sie umgab, waren, als Imperia starb, die beiden Ringe, die sie ihrer Tochter Margherita hinterließ, für fünf Dukaten verpfändet, ein deutlicher Hinweis, daß ihre finanzielle Lage nicht immer so blendend war, wie allgemein angenommen wurde. Verschwendungssucht konnte sie wie auch andere Kurtisanen vorübergehend in Schwierigkeiten bringen. Was Imperia selbst von ihrem Leben als Kurtisane hielt, ist nicht überliefert, aber ihr Verhalten spricht für sich selbst. Ebenso wie Nanna hat sie offenbar Augenblicke erlebt, in denen sie lachen mußte, obwohl ihr nach Weinen zumute war, und es scheint, als sei Imperia der Ansicht gewesen, daß diese Augenblicke weit zahlreicher waren als die Gelegenheiten, bei denen sie so tun mußte, als weine sie, um ihr Lachen zu verbergen. Jedenfalls war Imperia entschlossen, daß Lucrezia nicht dasselbe Leben führen sollte, und allein mit Geld konnte das verhindert werden, mit Geld für Lucrezias Mitgift. Wie das Vermögen, das angeblich Fiammetta zu eben diesem Zweck übertragen wurde, sollte die Mitgift Lucrezia die Möglichkeit geben, einen angesehenen Mann zu heiraten und nicht einen Paolo Trotti wie Imperias Mutter, der auf Kosten seiner Stieftochter leben wollte und sich nicht scheute, sie zu bestehlen.

Irgendwann, vermutlich 1511, zog Imperia vorübergehend in ein Haus in der Nähe der Kirche S. Lucia in der Via Giulia, während ihr Haus im Borgo gebaut wurde. Ob ihre Mutter und Paolo Trotti mit ihr zusammen umzogen, ist nicht bekannt, aber es mag sein, daß sie in dem alten Haus an der Piazza Scossa Cavalli blieben. Tatsächlich sah es 1512 so aus, als habe Imperia ihr Leben so gut eingerichtet, wie ihre Stellung es zuließ. Doch gab es einen störenden Umstand, der im Leben einer Kurtisane eigentlich fehl am Platz war, und das war Liebe. Ungeachtet all ihrer anderen Liebhaber, war Imperia seit Jahren unsterblich in Angelo del Bufalo verliebt.

Angelo del Bufalo war mit einer Frau verheiratet, die viel wohlhabender war als er. 1502 hatte er sich mit Francesca de Cuppis verlobt, sie heirateten im selben Jahr und bekamen einen Sohn. Das Ehepaar wohnte in der Nähe der Piazza Novona in der Via del Anima; das Haus, das heute noch steht, war ein Hochzeitsgeschenk von Francescas Bruder, einem Kardinal. Angelo war vermutlich ein jüngerer Sohn aus einer bekannten römischen Familie, die seit dem 13. Jahrhundert in der Stadt ansässig war. Obwohl die Familie nicht so reich war wie die Orsini oder Colonna, besaß sie doch viele Häuser an der heutigen Piazza Colonna. Tatsächlich hieß der Platz damals Piazza de' Bufali oder de' Cancellieri, letzteres, weil so viele Angehörige der Familie das Amt des Kanzlers innehatten, daß der Titel dem Namen hinzugefügt worden war.

Angelo war lebenslustig und beliebt und offenbar ein Charmeur, und noch nach seiner Heirat führte er ein sehr geselliges Leben. In ihrem Haus hatten er und seine Frau viele Gäste – es gab Diners und Liebhaberaufführungen. Die Markgräfin Isabella Gonzaga besuchte ihr Haus, als sie nach Rom kam, und noch 1526 schilderte sie in einem Brief nach Hause eine Liebhaberaufführung, die ihr deshalb so viel Spaß gemacht hatte, weil die Rollen so verteilt waren, daß die Liebespaare im Leben auch auf der Bühne Liebespaare spielten. Der Spiritus rector bei alledem scheint Angelo gewesen zu sein, der wohl ein Hans Dampf in allen Gassen war. Als bester Reiter in Rom bekannt, spielte er bei den Karnevalbelustigungen immer eine schneidige Rolle.

Aber Angelo del Bufalos Charakter hatte noch eine andere Seite. Bandello, ein Mann von Welt, der in diplomatischer Mission durch ganz Italien gereist war, unendlich viele Menschen kannte und an jedem Hof bekannt war, bezeichnete Angelo als »einen der höflichsten und großzügigsten Herren, die ich heutzutage kenne«. Tatsächlich waren Bandello und Angelo del Bufalo gute Freunde. Und als nach Imperias Tod die *novella,* die Bandello über sie geschrieben hatte, bei einer Gesellschaft im Hause von Barbara Gonzaga, Gräfin von Gaiazzo, vorgelesen wurde, beschrieb Bandello ihr Verhältnis zu Angelo del Bufalo folgendermaßen: »Ich glaube, da viele von uns damals in Rom waren, daß Ihr alle Imperia, die römische Kurtisane, persönlich kanntet oder von ihr gehört habt; wie schön sie war zu ihrer Zeit, und wie viele große und reiche Männer sie liebten. Aber der Mann, den sie unter allen am meisten geliebt hat, war Signor Angelo del Bufalo, ein wirklich sehr verdienstvoller Mann, menschlich, edel und sehr reich. Er hielt sie viele Jahre aus, und sie liebte ihn leidenschaftlich, wie ihr Ende gezeigt hat.«

Äußerlich betrachtet, hatte Imperia im Jahr 1511 das meiste von dem erreicht, was sie sich für die Zukunft wünschen konnte. Sie hatte viele Liebhaber gehabt, die meisten hatten zu ihrem Wohlstand beigetragen, und 1511 war ein weiterer reicher Mann auf der Bildfläche erschienen, Enea Piccolomini. Über allen aber stand Agostino Chigi, der nicht umsonst Il Magnifico genannt wurde und ihr gewiß noch andere Geschenke gemacht hatte als nur einen Fisch. Sie sollte nicht nur bald ein neues Haus haben – mietfrei auf Lebenszeit, sondern hatte auch eine *vigna* gekauft. Sie hatte also »den Palazzo und die *vigna* mit Hütte und Brunnen«, die nach Zoppinos Worten der Traum jeder Kurtisane waren, und ihre finanzielle Lage schien gesichert zu sein. Doch am 13. August 1512 geschah etwas so Entsetzliches, daß Imperia ihr Kind vergaß, alles vergaß und sich in einem Anfall von Verzweiflung vergiftete. Da Bandello schrieb, Imperias Ende habe gezeigt, wie sehr sie Angelo del Bufalo liebte, ist anzunehmen, daß Bufalo ihr zu verstehen gegeben hatte, er liebe sie nicht mehr, und möglicherweise, er habe sich in eine andere Frau verliebt. Das scheint die einzige Erklärung für die Verzweiflung zu sein, die Imperia dazu brachte, ihre vierzehnjährige Tochter schutzlos im Stich zu lassen (denn aus ihrem Testament ist ersichtlich, daß sie wenig Zutrauen zu ihrer eigenen Mutter hatte) und sich einem qualvollen Tod auszuliefern. Vergeblich schickte Agostino Chigi die zwei besten Ärzte in Rom zu Imperia, damit sie sie retten sollten. Chigi selbst kam zu ihr, und zweifellos war er auch einer der einflußreichen Freunde, die Julius II. anflehten, ihr Absolution zu erteilen. Imperia wurden die Sterbesakramente von dem Priester der nächstgelegenen Kirche gespendet, und sie erhielt nicht nur die päpstliche Absolution, sondern auf ihrem Sterbebett auch die Benediktion Julius' II.

Sie erholte sich so weit, daß sie ihr Testament machen konnte, und obwohl ihr angenommener Name Imperia darin genannt wird, erscheint endlich auch ihr wirklicher Zuname Paris. In ihrem Testament empfahl Imperia ihre Seele dem Allmächtigen, der Heiligen Jungfrau und dem himmlischen Richter. Sie bat, in der Kirche San Gregorio auf dem Mons Caelius bestattet zu werden, und hinterließ fünfzig Dukaten für ihr Grabmal und für Seelenmessen. Abgesehen von ihren Bedienten, denen sie je fünfundzwanzig Dukaten hinterließ, sind nur drei Personen in Imperias Testament erwähnt. Hundert Dukaten vermachte sie ihrer Mutter – eine beträchtliche Summe. Dennoch hielt es Imperia sogar in ihrem Testament für erforderlich, warnend hinzuzufügen, mehr könne ihre Mutter nicht beanspruchen, sie solle sich damit begnügen und vollauf zufriedengestellt sein. Imperia war sich offenbar darüber klar, daß die geldgierige Diana Schwierigkeiten machen würde; aber sie hoffte, durch diese eindeutige Erklärung und die Bestellung ihrer mächtigen und einflußreichen Freunde Agostino Chigi und Ulisse Lancerini da Fano zu Haupttestamentsvollstreckern zu verhindern, daß Diana und Paolo Trotti, die ebenfalls zu Testamentsvollstreckern bestellt waren, Lucrezias Rechte verletzten.

Imperia setzte Lucrezia als Alleinerbin ihres gesamten beweglichen und unbeweglichen Vermögens ein. In dem Testament wird sie als »keusche und bescheidene Jungfrau« bezeichnet, »untergebracht und gegenwärtig wohnhaft im ehrwürdigen Kloster der Nonnen von S. Maria in Campo Marzio«. Doch traf sie eine weitere persönliche Verfügung. Eine »gewisse Margherita« sollte ein *mongile* (ein Trauerkleid) aus schwarzem Tuch, mit schwarzem Samt besetzt, und ein weiteres Kleid aus weißem Tuch mit gelben Fransen erhalten sowie zwei Ringe, »die zurzeit als Pfand für fünf Dukaten bei einem Didaco bekannten Kaufmann sind«. Imperia siechte noch zwei Tage dahin, doch am 15. August starb sie während eines heftigen Gewitters mit Blitz und Hagel.

Imperias Tod machte tiefen Eindruck in Rom. Von allen berühmten Kurtisanen ist sie die einzige, von der man weiß, daß sie Selbstmord beging, und die Tatsache, daß sie es aus Liebe tat und auf der Höhe ihrer Schönheit, machte ihren Tod nur dramatischer, dem das heftigste Gewitter, das es seit Jahren in Rom gegeben hatte, noch ein besonderes Gepräge verlieh. Die Dichter, die Imperias Lob zu ihren Lebzeiten gesungen hatten, wetteiferten nun miteinander in Klageliedern über ihren Tod. Wie es in jenem Zeitalter nicht anders sein konnte, bedienten sie sich natürlich der Bildersprache der klassischen Mythologie, um Imperias Ende zu beschreiben. Der Hagelsturm wurde als die verzweifelten Tränen der Götter interpretiert und der Blitz als Jupiter, der zur Erde herabstieg, um den Leib der »göttlichen« Schönheit zu sich zu nehmen. Doch in dem Chor der Trauernden waren auch einige schrille Stimmen zu hören, etwa die des Verfassers der *Klage um Imperia in der Hölle,* und die

Stimme Coloccis, der in einem abscheulichen »Epitaph« seinem Groll Luft machte. Doch wahrscheinlich hat Imperias alter Freund Biagio Pallai den Gefühlen der Männer, die sie gekannt und geliebt haben, den besten Ausdruck verliehen mit den Zeilen:

Der Stadt Rom machten die Götter zwei große Geschenke:
Mars gab ihr das Imperium und Venus Imperia.
Das Schicksal raubte ihr das Imperium und der Tod
Imperia.
Das Imperium war das Herzstück unserer Väter,
Doch an Imperia verloren wir unser Herz.

Allerdings gibt es mehrere Versionen dieser Zeilen, und Domenico Gnoli schrieb sie Gian Francesco Vitale zu.

Imperia wurde in der Kirche S. Gregorio auf dem Mons Caelius beigesetzt, wie sie gewünscht hatte, in einem Grab, das Agostino Chigi für sie hatte errichten lassen und das 1524 als »einer Königin geziemend« beschrieben wurde. Es trug folgende Inschrift:

Imperia war eine römische Kurtisane
Die ihres Namens würdig war
Ihre Gestalt war von einer Schönheit
Die selten ist unter den Menschen
Sie lebte XXXI Jahre und XII Tage
Und starb MDXII am XV August.

Dies ist die Übersetzung des Epitaphs in den meisten Quellen. Doch Domenico Gnoli, der meinte, daß selbst im 16. Jahrhundert das Wort Kurtisane niemals in einem Epitaph erwähnt worden wäre, behauptete, infolge eines Druckfehlers in den ersten Büchern, die den Epitaph zitierten, sei der latinisierte Name von Imperias Mutter – Cognati –, dessen sich Imperia gewöhnlich bediente, als Cortisane mißdeutet worden.

Obwohl die Grabinschrift längst verschwunden ist, mag es sein, daß Imperias Grab sich noch in der Vorhalle von S. Gregorio befindet, doch liegt in ihm jetzt die Leiche eines ehrbaren Kanonikers von S. Maria Maggiore aus dem 17. Jahrhundert, Luigi Guidiccioni, denn die Kirche und ihre Umgebung sind zu verschiedenen Zeiten erheblich umgebaut und restauriert worden. Doch das betreffende Grab ist ein Jahrhundert vor Guidiccionis Tod entstanden und so schön, daß es der Gestalt, »die selten ist unter den Menschen«, für die es vermutlich entworfen wurde, wahrlich würdig ist.

Nach einem anonymen Gedicht über Imperias Leben und Tod, das offenbar geschrieben worden war in der Hoffnung, ein reiches Geschenk von Agostino Chigi dafür zu erhalten, hat Imperia auf ihrem Sterbebett Chigi gebeten, dafür zu sorgen, daß ihre Tochter Lucrezia innerhalb von zehn Monaten angemessen verheiratet werde. Und es scheint, daß Chigi einen würdigen Mann für sie gefunden hat, den sie wirklich liebte. Denn am 3. Januar 1515 war Lucrezia bereits mit Archangelo Colonna verheiratet, einem Gewürzhändler aus Chigis Heimatstadt Siena, der zu jener Zeit in Rom lebte. Das Ehepaar hatte kein ganz leichtes Leben; denn jahrelang mußten Prozesse mit Imperias Mutter Diana und mit Paolo Trotti geführt werden, die versuchten, in den Besitz des Lucrezia hinterlassenen Vermögens zu gelangen. Offenbar war es dem niederträchtigen Paar gelungen, das Testament beiseite zu schaffen und Anspruch auf Imperias Vermögen zu erheben mit der Begründung, Lucrezia könne es nicht erben, weil sie unehelich sei, und deshalb gehöre es Imperias Mutter als nächster Anverwandter. Die Sache wurde 1521 endgültig geregelt, als der Richter in einem Musterprozeß (der später in juristischen Lehrbüchern zitiert wurde) befand, daß Lucrezia, da Imperia keine ehelichen Kinder gehabt hatte, ihre rechtmäßige Erbin sei; wohingegen die Tatsache, daß Imperia selbst unehelich gewesen war, den Anspruch ihrer Mutter unwirksam machte, denn wenn ihr das Vermögen zugesprochen worden wäre, hätte das die rechtliche Sanktionierung der Hurerei bedeutet.

Doch das Jahr 1522 brachte Lucrezia und Archangelo Colonna eine noch viel schrecklichere Prüfung. Im Januar rückte der tyrannische Herrscher von Siena, der berüchtigte Kardinal Raffaele Petrucci, mit einer großen Streitmacht in Montalcino ein, einer kleinen Stadt in der Toskana, in der Lucrezia und ihr Mann sich damals aufhielten. Lucrezia hatte offenbar Imperias Schönheit geerbt und war in der kleinen Stadt deswegen berühmt. Denn unter dem falschen Vorwand, er sei ein Rebell, hatte Petrucci Archangelo Colonna ins Gefängnis geworfen und dann einige seiner Leute zu Lucrezia geschickt, sie möge zu ihm kommen und den Fall ihres Mannes mit ihm besprechen. Lucrezia, die Petruccis Ruf kannte, war sich klar, daß die Verhaftung ihres Mannes und die Aufforderung, zu Petrucci zu kommen, nur ein Mittel waren, ihrer habhaft zu werden. Sie erklärte Petruccis Boten, sie wolle sich umziehen und die Haare kämmen, ging in ihr Schlafzimmer und nahm Gift. Nach einiger Zeit merkten Petruccis Leute, daß sich Lucrezia kaum so lange schönmachen konnte, gingen in ihr Zimmer und fanden sie sterbend und mit entsetzlich aufgetriebenem Leib auf dem Boden liegend, und sie ergriffen die Flucht. Voll Schrecken stürzten dann Lucrezias Bediente hinein und vermochten zum Glück, ihr Leben zu retten.

Die Geschichte von Lucrezias Mut machte die Runde in Italien. Die Tatsache, daß sie zwar die Tochter von Imperia war, der Kurtisane, die sich auch vergiftet hatte, daß Lucrezia es aber versucht hatte, um ihre Ehre zu retten, verlieh ihrer Tugend und Heldenhaftigkeit weiteren Glanz. Und Girolamo Negri, der Imperia sicherlich gekannt hatte, denn er war einer der Freunde, von denen Sadoleto erwähnt hatte, daß sie oft auf seinen und Coloccis Abendgesellschaften gewesen seien, schrieb an Marc' Antonio Micheli und berichtete ihm Lucrezias Geschichte, damit er sie in seine *Chronik denkwürdiger Taten* aufnehme.

Lucrezia hatte wirklich eine so stolze Haltung bewiesen wie ihre Namensschwester oder irgendeine römische Matrone, und die Nonnen von S. Maria in Campo Marzio waren gewiß erfreut über das Beispiel, das ihre frühere Schülerin damit gab, daß sie den Tod der Entehrung vorgezogen hatte. Imperia wird in diesem Zusammenhang gewöhnlich nur erwähnt, um den Gegensatz zwischen der Kurtisane und ihrer tugendhaften Tochter zu unterstreichen, doch wirft Lucrezias Verhalten ein interessantes Licht auf Imperias Charakter. Hätte Imperia wie andere Kurtisanen ihre schöne Tochter bei sich behalten und sie dazu erzogen, in ihre Fußstapfen zu treten, wie ihre Mutter es mit ihr gemacht hatte, um sich ein bequemes Leben zu sichern, wenn ihre eigene Schönheit verblaßte, dann wäre Lucrezias Geschichte wohl anders verlaufen. Doch als Lucrezia das Alter erreichte, in dem sie gemerkt hätte, was für ein Leben Imperia führte, und dadurch vielleicht hätte verdorben werden können, ganz zu schweigen davon, daß Imperias Situation gewiß verhindert hätte, Lucrezia gut zu verheiraten, da schickte Imperia sie in ein Kloster. Die zwar übliche, aber dennoch zutreffende Redewendung in Imperias Testament, Lucrezia sei eine »keusche und bescheidene Jungfrau«, ist ein Hinweis darauf, daß in Imperia die Mutter den Sieg davongetragen hatte über die normalerweise selbstsüchtige Kurtisane –

eine Einstellung, die ebenso ungewöhnlich ist wie das Verhalten einer Kurtisane, die sich aus Liebe umbringt. Und daran, daß sie das getan hat, kann kein Zweifel bestehen, da es Bandello und seinen Zuhörern im Salon der Gräfin von Gaiazzo bekannt war.

Zwanzig Jahre später sagte Ludovico stolz im *Dialog* von Zoppino und Ludovico: »Ich sah die herrliche Imperia, deren Ruhm noch fortlebt.« Es war mehr als nur ihre Schönheit, was Imperia selbst in einem Zeitalter, das Schönheit vergötterte, zu einer legendären Gestalt machte. Es war auch ein Zeitalter der uneingeschränkten Liebe, und Imperia, die ihre Tochter so sehr liebte, daß sie sich von ihr trennte, zog, als sie merkte, daß ihre Leidenschaft nicht länger erwidert wurde, den Tod einem Leben ohne Liebe vor. Das einzige Zeugnis für Imperias Schönheit, auf das wir uns heute stützen können, ist der Eindruck, den sie auf ihre Zeitgenossen machte. Doch das Ideal, das Imperia für sie darstellte – die Verkörperung von Schönheit und Leidenschaft –, lebt gewiß fort in Raffaels triumphierender Galatea in ihrem Muschelwagen, die in einer heidnischen Welt von »Wind und Träumen« über das schäumende Meer davonfährt.

Kurtisanen des Goldenen Zeitalters

Sechs Monate nachdem er Imperia auf ihrem Sterbebett seinen Segen erteilt hatte, starb Julius II. Obwohl er wußte, daß er den Karneval von 1513 vielleicht nicht erleben würde, bestand der alte Krieger-Papst bezeichnenderweise darauf, daß er mit besonderem Glanz gefeiert werden und ein Triumphzug wie diejenigen der alten Caesaren stattfinden sollte, um seine Siege zu feiern. Zwei Wochen danach war er tot, und die durch sein Hinscheiden und die Nachfolge von Giovanni de' Medici als Papst Leo X. bewirkte Veränderung wurde von Erasmus von Rotterdam begrüßt als »die plötzliche Verwandlung eines eisernen Zeitalters in ein goldenes«. Erasmus' Meinung über das Pontifikat von Julius II. war beeinflußt durch den Anblick des triumphierenden Papstes in der besiegten Stadt Bologna, der ihn ebenso empörte, wie ihn der kultivierte Giovanni de' Medici entzückte, als sie sich während der Reisen des jungen Kardinals nach der Vertreibung seiner Familie aus Florenz kennenlernten.

Es war nur natürlich, daß ein Mann wie Erasmus von Rotterdam entsetzt war über einen Stellvertreter Christi, der sein Heer in den Krieg führte, und daß jeder Humanist große Dinge von einem Papst erwartete, der Lorenzos des Prächtigen Sohn war. Doch war es die Festigung der weltlichen Macht im Kirchenstaat durch Julius, die es ermöglichte, daß Leos erfolgreiche Regierung den Humanisten als das Goldene Zeitalter in Erinnerung blieb. Und nicht nur den Humanisten, Künstlern und Schriftstellern, sondern auch den Kurtisanen. Zoppino der Zuhälter oder zumindest der Verfasser des Dialogs, der ihm die Worte in den Mund legte, sprach für sie und eine ganze Generation, als er später zu seinem jungen Freund Ludovico sagte: »Das waren andere Zeiten, als die Menschen mehr Geld ausgeben konnten und es auch gern taten. Alles war damals billiger, auch die Mieten, und die Leute konnten es sich leisten, Brokate zu zerreißen und sie wegzuwerfen wie Lumpen. Die Zeiten waren anders und die Lage besser, man brauchte nicht seine Seele zu verkaufen, um Geld zu bekommen ... Findest du nicht, daß die Welt ein trauriger Ort geworden ist, wenn der Steuereinnehmer in alles seine Nase steckt? Und die hohen Mieten, die sie bezahlen müssen, und die Diener, die nichts taugen und sich aufspielen, ich kann dir nur sagen, wenn du wüßtest, was sie sich alles gefallen lassen müssen, dann würden dir die Huren heute leid tun. Du kannst dir nicht vorstellen, wie viele von ihnen sich glücklich preisen, wenn sie zwei *giuli* bezahlt bekommen.« (Zehn *giuli* entsprachen einem *scudo*.)

Zoppinos Erinnerungen an die gute alte Zeit reichten zurück bis zur Herrschaft von Alexander VI., aber abgesehen von ein paar ruhmreichen Ausnahmen wie Fiammetta und Imperia hielt er offenbar die Tage von Leo X. für das Goldene Zeitalter der Kurtisanen. Denn unter den sechzig oder mehr Namen, die im Dialog mit Ludovico erwähnt werden – nicht gerechnet jene, die bloß »unbedeutende kleine Huren« waren –, hatte die Mehrzahl der bekanntesten Kurtisanen (deren Berühmtheit andere Quellen bestätigen) ihre Karriere tatsächlich in den halkyonischen Jahren zwischen 1513 und 1521 begonnen. Und die Kurtisanen, deren niedrige Abkunft und frühe Schicksale Zoppino mit besonderem Behagen berichtet, waren die berühmtesten von allen, und es ist unwahrscheinlich, daß er (oder vielmehr der Verfasser des Dialogs, ob es nun Aretino oder Delicado war) viel mehr tat, als die Wahrheit etwas boshaft auszuschmücken, denn die Tatsachen werden vielen seiner Zeitgenossen wohlbekannt gewesen sein.

So erfuhr Ludovico, daß die »edle Dame«, die ihre Briefe mit »Lucrezia Portia Patritia Romana« unterzeichnete, kein Mitglied der alten Familie Porcari und durch Not in ihre jetzige Lage geraten war, sondern die Tochter von Clarice, die in einer Bäckerei arbeitete, und daß die elegante Angela Greca ihre Laufbahn in einer Taverne in Campo di Fiori begonnen hatte. Und wenn Beatrice Spagnola auch Dichter zur Bewunderung hinriß, so war ihre Mutter doch nur eine arme Frau gewesen, die ihre drei Töchter aus Ferrara nach Rom gebracht hatte, damit sie Prostituierte werden sollten. Und was Tullia d'Aragona betraf, so war ihr einziger Anspruch auf Verwandtschaft mit dem Kardinal d'Aragona, »daß der Maulesel Seiner Eminenz von Zeit zu Zeit seine Notdurft in dem Hof des Hauses verrichtet haben mag, in dem Tullia geboren wurde.« Nicolosa tat Zoppino als unbedeutende kleine Jüdin ab, auch wenn sie die Aufmerksamkeit dadurch auf sich lenkte, daß sie sich in den Kirchen mit einem Gefolge von vier oder sechs Dienerinnen sehen ließ und, mit dem Fächer wedelnd, die Psalmen auf hebräisch rezitierte. Doch den unfreundlichsten Seitenhieb von allen versetzte Zoppino Camilla Pisana und Alessandra Fiorentina – sie seien so alt, sagte er, daß sie gar nicht mehr erwähnenswert seien.

Das Berufsleben der meisten Kurtisanen währte in der Tat nicht lange, und die Zeit des Erfolges war noch kürzer. Doch auf dem Gipfel ihrer Berühmtheit – zwischen 1515 und 1517 – waren Camilla Pisana und Alessandra Fiorentina die elegantesten Kurtisanen in Florenz und wohnten mit zwei jüngeren, Brigida und Beatrice (die später als Beatrice Ferrarese berühmt wurde) in einem luxuriösen Haus an einem Pio genannten Platz unmittelbar vor der Porta San Gallo. Die bloße Tatsache, daß das Haus von Rosso Fiorentino dekoriert worden war, beschwört die erotische Eleganz des Rahmens herauf, in dem der millionenschwere Bankier Filippo Strozzi sie untergebracht hatte, um ihn und seine Freunde zu ergötzen. Zu der Schar lebenslustiger junger Männer, die häufig dort waren, gehörten Lorenzo de' Medici, der dreiundzwanzigjährige Herrscher von Florenz, der Strozzis Schwager war, Francesco del Nero, ein Freund und Verwandter von Machiavelli, und Francesco degli Albizzi, ein Freund von Giovanni dalle Bande Nere.

Camilla, die Ranghöchste der Gruppe und berühmt wegen ihrer junonischen Schönheit und blitzenden Augen, war ziemlich lange Filippo Strozzis Mätresse. Einige ihrer Briefe sind erhalten, und darin erscheint Camilla als eine Frau von unerwarteter Würde, tüchtig und gutherzig. Sie war offenbar verantwortlich für die Führung des ziemlich großen Haushalts und bemüht, dafür zu sorgen, daß Strozzi und seinen Freunden, die zu dessen Unterhalt beitrugen, nicht unnötige Kosten entstanden; auch machte sie sich ernstlich Sorge über Beatrices häufige Fieberanfälle. Nur vier von Camillas erhaltenen Briefen waren an Filippo Strozzi selbst gerichtet, die meisten an Alessandras Liebhaber Francesco del Nero, dem Camilla ihre Sorgen anvertraute. Auch einige Briefe Alessandras an del Nero und von ihm an sie sind erhalten, und in Verbindung mit Camillas Briefen vermitteln sie ein sehr lebendiges Bild nicht nur vom täglichen Leben in diesem absonderlichen Haushalt, sondern auch von den Menschen, die sie geschrieben hatten – besonders den

Frauen. Tatsächlich offenbaren sie deutlicher als jedes andere Dokument jener Zeit, von wie verschiedener Art die Frauen waren, die aus eigenem Antrieb oder der Not gehorchend diesen einzigen Beruf ergriffen hatten, der ihnen offenstand, und wie beunruhigend und sogar beängstigend die Wechselfälle eines solchen Lebens sein konnten.

Von Beatrice und Brigida sind offenbar keine Briefe aus dieser Zeit erhalten, und infolgedessen erscheinen sie nur als schattenhafte Gestalten im Hintergrund. Anfänglich zeigen Alessandras Briefe sie als eine, wie man annehmen könnte, typische Kurtisane, die in einem abstoßend affektierten Stil über Trivialitäten an ihren Liebhaber schreibt, den sie mit Komplimenten und Koseworten in Küchenlatein überschüttet. Ihre Briefe sind wirklich äußerst banal, und selbst angenommen, Alessandra sei bemerkenswert schön gewesen, so erscheint es doch überraschend, daß ein so intelligenter Mann wie Francesco del Nero ihr offenbar zugetan war. Doch zu guter Letzt erweist sich dieses ganze Getändel als das, was es wirklich war – einfach ein Aspekt einer gewissermaßen gleichmütigen Haltung, die Alessandra als Teil ihres beruflichen Arsenals angenommen hatte. Nachdem sie davon überzeugt war, daß Francesco del Nero an dem grausamen Streich beteiligt war, den Filippo Strozzi Camilla zu spielen versuchte und der auch sie betroffen hatte, da schrieb Alessandra in knappem, bündigem Italienisch und erwies sich als Megäre.

Für Camilla Pisana war die Periode, in der diese Briefe geschrieben wurden, bestimmt die große emotionale Krise ihres Lebens. Es besteht kein Zweifel an ihrer innigen Liebe zu Filippo Strozzi, obwohl sie so realistisch war zu wissen, daß er die Beziehung zu ihr als bloße Bagatelle ansah. »Hol's der Teufel«, wetterte sie in einem ihrer Briefe an Francesco del Nero, »er (Filippo) hat genug Frauen, junge Männer, Jünglinge und kleine Jungen jeder Art, so daß man glauben könnte, er wäre tausendmal hintereinander befriedigt worden und würde nicht nach mehr suchen. Aber er ist wie eine Sirene, er hat kein Herz und behandelt sie alle gleich.« Es war offensichtlich, daß die arme Camilla für Strozzi nicht mehr so anziehend war. Aber in ergreifender Weise zeigen ihre Briefe, daß, je ausweichender Strozzi wurde, Camilla um so mehr an ihm hing. Selbst in dem affektierten Stil, dessen auch sie sich in ihren Liebesbriefen bedient – die an del Nero sind viel schlichter – wird Camillas aufrichtiger Wunsch, ihrem Geliebten gefällig und dienlich zu sein, unmißverständlich deutlich. Er wird durch rührende kleine Vorfälle veranschaulicht, zum Beispiel, daß sie Strozzi, dem reichsten Mann in Florenz, die zehn Dukaten zurückgab, die er ihr für zusätzliche Ausgaben geschickt hatte, und erklärte, sie brauche das Geld eigentlich nicht.

Aber Strozzis mangelndes Interesse an Camilla führte nicht dazu, daß er sie einfach gleichgültig behandelte. Offenbar machte es ihm Spaß, absichtlich grausam zu ihr zu sein und mit ihr wie die Katze mit der Maus zu spielen. Er hielt es wohl für einen Witz, daß er Camilla gegen ihren Wunsch für eine Nacht einigen seiner Freunde zur Verfügung stellte, und möglicherweise auch Alessandra. Worin Strozzis Plan eigentlich bestand, geht aus keinem der Briefe deutlich hervor, aber die darin enthaltenen gegenseitigen Behauptungen und Beschuldigungen lassen den Schluß zu, daß ein so verwickelter Knoten geschürzt wurde, wie man ihn sonst nur in einer zeitgenössischen italienischen Posse fand. Indes war Camilla zweifellos überzeugt, daß Strozzi durch einen Trick versucht hatte, sie »anderen als Beute zu überlassen«, und sie scheint gute Gründe für diese Annahme gehabt zu haben, da er es offenbar schon früher versucht hatte. Denn in demselben Brief an del Nero schreibt Camilla, da

Filippo »mich nicht mehr will, warum kann er mich nicht meinem Elend überlassen, statt mich an andere weiterzureichen? Ich bin frei geboren und nicht Dienerin oder Sklavin von irgend jemandem, und er weiß sehr gut, wie oft ich ihm gesagt habe, er solle sich nicht anmaßen, andere hier einzuführen (in Pio, wo sie mit Alessandra und den anderen lebte) oder mich ihnen als Beute zu überlassen. Aber ich glaube, er tut das alles aus Gehässigkeit und Verachtung, weil ich ihn liebe.«

Francesco del Nero war vermutlich von Strozzi beauftragt worden, Öl auf die Wogen zu gießen, denn er schrieb nicht nur an Camilla, sondern auch an Alessandra, und versuchte, die Angelegenheit ins reine zu bringen. Er gab Alessandra gegenüber zu, Strozzi habe Camilla einen Streich spielen wollen, er sei aber nicht so schlimm gewesen, wie Camilla glaubte, und Strozzi sei sehr verletzt durch Camillas Brief, in dem es hieß, sie wolle die Beziehung abbrechen. Aber es erforderte mehr als Beschwichtigungsversuche, um die Wunde zu heilen, die Strozzis verächtliche Drohung geschlagen hatte, er wolle Camilla ins »Spital« schicken, was bedeutete, dafür zu sorgen, daß sie – wie eine gewöhnliche Hure – dort mit Frauen eingesperrt werde, die an Geschlechtskrankheiten litten. Empört schrieb Camilla an del Nero: »Sage Filippo, es macht mir keinen Eindruck, was er über das Spital sagt, denn ich habe nie an irgend etwas dieser Art gelitten. Ich war ihm zu Dank verpflichtet für seine Freundlichkeit, aber wenn er glaubt, daß er mir deswegen ein Unrecht antun könne, dann irrt er sich. Ich habe die Mittel, um mich selbst zu erhalten, und wenn er möchte, daß ich ihm die kleinen Geschenke zurückgebe, die er mir gemacht hat, werde ich es gerne tun.« Im Jahre 1516 mußte jede Frau – aber insbesondere eine in Camillas Lage – sehr viel Mut haben, um eine solche Botschaft an den reichen und mächtigen Filippo Strozzi zu schicken, den Schwager von Lorenzo de' Medici, des Herrschers von Florenz.

Doch auf seine Schlichtungsversuche erhielt Francesco del Nero von Alessandra eine noch eisigere Antwort. Auf der Rückseite seines Briefes, in dem er angefragt hatte, ob er sie besuchen und ihr die Lage erklären könne, brachte die einstmals gleichmütige und liebevolle Alessandra ihre vernichtende Verachtung zum Ausdruck. Ihre Mitteilung endet mit den Worten: »Wir sind so behandelt worden, daß wir es für den Rest unseres Lebens nicht vergessen werden. Schadet uns, wie Ihr nur könnt; zeigt unsere Briefe allen auf der Piazza und sagt ihnen, daß wir von Euch nur Böses erwarten.« Alessandra, Camilla, Brigida und Beatrice zögerten nicht, den Staub von Florenz von den Füßen zu schütteln, denn 1517 waren sie bereits in Rom ansässig; die beiden Jüngeren wohnten im selben Haus wie Alessandra, und Camilla nicht weit entfernt.

Camillas verletzter Stolz hatte sie offenbar veranlaßt, etwas zu übertreiben, als sie Francesco del Nero erklärte, sie habe genug zum Leben, denn in Rom übte sie weiter ihr Gewerbe aus. Wenngleich sie auch für eine Kurtisane eine gute Adresse hatte – in einer Seitenstraße der eleganten Via Giulia –, so war das Haus des Kerzenmachers, in dem sie laut der Volkszählung von 1517 eine Wohnung hatte, kaum mit dem Luxus von Pio zu vergleichen. Auch scheint es, daß sich Camilla ihre Liebhaber nicht aussuchen konnte. Denn jetzt schreibt sie mit einemmal zärtliche Briefe an einen Mann, den sie früher gehaßt und verachtet hatte, Francesco degli Albizzi, von dem sie einmal zu Francesco del Nero gesagt hatte, er sei »unehrenhaft und das größte Klatschmaul von Florenz«. Doch ihr Brief an ihn läßt keinen Zweifel daran, daß Albizzi jetzt ihr Liebhaber war – oder zumindest einer von ihnen, denn er strotzt von der üblichen Schmeichelei und den Koseworten der Kurtisanen. Sie bittet Albizzi, an sie zu denken und bald wiederzukommen, »denn ich kann ohne Euch nicht leben«, wobei auffällig ist, daß sie ihn mit dem formellen *voi* und nicht mit dem vertraulichen *tu* anredet wie Strozzi und del Nero. Doch die freundliche, fast mütterliche Camilla war nicht ganz verschwunden, denn sie schreibt Albizzi, sie lasse seine Taschentücher machen, und sie seien fertig, wenn er wiederkomme.

Nach einer Weile faßte Camilla offenbar in literarischen Kreisen Fuß. Schon in Florenz hatte sich gezeigt, daß sie kultivierter war als die anderen in Pio, denn sie hatte Francesco del Nero einmal zu einem Hauskonzert eingeladen, bei dem sie zur Laute singen wollte, und sie bat ihn, ein von ihr geschriebenes Buch – wahrscheinlich Gedichte – zu korrigieren, damit sie sich dessen nicht »schämen« müßte. In Rom unterhielt sie vertraute, doch anscheinend weniger intellektuelle Beziehungen zu Pietro Aretino und dem Dichter Firenzuola. Jahre später gedachte Aretino in einem Brief an einen Freund eines turbulenten Abends in Camillas Haus. »Erinnerst Du Dich«, schrieb er, »an die alte Frau, die die Flucht ergriff, als Firenzuola ihr durchs Fenster Grobheiten zurief? Und daß ich nackt war, und er auch, bis auf sein Hemd. Und was für eine Prügelei es an dem Abend in Camilla Pisanas Haus gab, als sie mir erlaubte, mit ihr zu schlafen? Ich weiß noch, wie Bagnocavallo mich stumm und haßerfüllt ansah, und wie erstaunt er war, als er sah, daß der Tisch umgeworfen war.« Die arme, freundliche Camilla, ihr literarischer Abend scheint ein noch unerfreulicheres Ende genommen zu haben als ihre Affäre mit Filippo Strozzi. Sie war wohl für das Dasein einer Kurtisane nicht geschaffen, und man fragt sich, welche unbekannte Tragödie verhindert haben mag, daß sie die vortreffliche Ehefrau und Mutter wurde, die sie vielleicht hätte werden können.

Dasselbe kann man gewiß nicht von der jungen Beatrice sagen, die in Pio ihre Zeit bestimmt nicht verschwendet hatte, wenn Lorenzo de' Medici, der dann Herzog von Urbino wurde, dort hinkam. Während des Feldzugs, um Urbino einzunehmen, wurde der junge Lorenzo verwundet. Und unter den Briefen von einer Reihe Kurtisanen, die ihn zu seiner Wiederherstellung beglückwünschten, war einer aus Rom, unterzeichnet von Beatrice de Ferrara und datiert vom 23. April 1517. Er ist in einem sehr viel vertraulicheren Ton abgefaßt als die übrigen, die sich damit begnügen, dem Himmel für die Gesundung des Herzogs zu danken, zu schildern, wieviel Schmerz auch ihnen die Wunde des Herzogs bereitet habe, und der Hoffnung Ausdruck zu geben, daß »Ihr bald wieder zu mir nach Rom kommt«.

Beatrices Brief beginnt in hochtrabendem Stil mit »Erlauchtester und erhabenster Herr«, aber nach der Beteuerung, sie sei Seiner Exzellenz Dienerin und Magd, sinkt das Niveau von Stil und Inhalt betrüblich, doch gewährt der Brief – der freimütigste aller erhaltenen Briefe – einen faszinierenden Einblick in die außergewöhnliche Mischung von Sex und Religion, die ein wesentlicher Bestandteil des Kurtisanenlebens war. In einem Atemzug entschuldigt sich Beatrice, daß sie dem Herzog nicht früher habe schreiben können, denn die Zudringlichkeit ihrer anderen Kunden habe sie so angestrengt, »wenn ich Tag und Nacht Ihr wißt schon was …«, und im nächsten schildert sie ihr frommes Tun in der Karwoche, in der sie beschlossen habe, »mich ganz meiner Seele zu widmen«. Sie hatte alle ihre Liebhaber verständigt, daß sie solange warten müßten. Allerdings fährt Beatrice fort: »Nachdem ich einige Tage keusch gelebt hatte, holte ich dann mit meinem Liebsten alles Versäumte nach. Und so, halb reuig, beichtete ich bei unserem Priester in S. Agostiono. Ich sage ›unserem‹, weil alle Huren in Rom kamen, um ihn predigen zu hören. Und er, als er eine so bemerkenswerte Gemeinde sah, hoffte zumindest, uns alle zu bekehren. Oh, oh, oh, ein schwieriges Unterfangen! Um mich zu bekehren, hätte er hundert Jahre predigen müssen! Aber einen Erfolg hatte er, Gambiera ist Nonne geworden und wird sich Schwester Sophia nennen ... und Taddea hat dasselbe vor, und ich selbst hätte es vielleicht getan, aber jedesmal, wenn ich daran dachte, daß ich, wenn ich es täte, der Liebe entsagen müßte, kam es nicht in Frage. Dennoch habe ich, wie ich Euch sagte, bei dem Priester gebeichtet und ihm zwei Golddukaten gegeben. Gold sage ich, und jetzt bedaure ich es von ganzem Herzen. Gambiera und Taddea beichteten am selben Tag wie ich, wir alle eine nach der anderen. Denkt nur, Euer Exzellenz, was für eine Menge schöner Dinge er da auf einen Schlag gehört haben muß! Nachdem ich gebeichtet hatte, habe ich mich sofort geistigen Dingen hingegeben und für Euer Exzellenz zu Gott gebetet. Denn wenn ich auch eine Sünderin und Hure bin, wollte ich mehr als jeder anderen Gnade würdig sein, daß ... wenn ich Euer Exzellenz in wiederhergestellter Gesundheit wiedersehe. Und ich legte ein Gelübde ab, wenn mir das gewährt würde, daß ich eine Wallfahrt nach S. Maria di Loreto machen würde. Und nachdem ich mein Gelübde erfüllt habe, dachte ich, wenn es Euch nicht stört, daß ich bis nach Ancona kommen würde, um Euer Exzellenz Füße zu küssen. Acht Tage lang, erlauchtester Herr, bin ich im Stand der Heiligkeit ohne Sünde gewesen, und nie habe ich eine solche Qual erlebt! Ach! Acht Tage ohne Liebe kamen mir vor wie acht Jahre, und ich begann mich zu fragen, ob ich es überhaupt noch könnte, obwohl ich nie Zibet oder Aphrodisiaka gebraucht habe! Aber wenn ich acht Tage lang gefastet habe, dann habe ich es inzwischen nachgeholt.« Beatrice beendete ihren Brief mit römischem Klatsch und weiteren Wünschen für die Wiedererlangung der Manneskraft von Seiner Exzellenz, die auch für sie, worauf sie deutlich hinweist, von großer Bedeutung sei, und versichert, daß sie die ergebene Dienerin des Herzogs sei, Beatrice de Ferrara.

Der Brief war von einem Briefschreiber aufgezeichnet worden, was gewiß die ständige Wiederholung von »Euer Exzellenz« und den hochtrabenden Briefanfang erklärt, aber die Unterschrift und der Inhalt stammten zweifellos von Beatrice. Und unter den gegebenen Umständen braucht es keine Angabe gewesen zu sein, daß sie einen berufsmäßigen Briefschreiber beauftragt hatte, denn Beatrice (die eigentlich de Bonis hieß) hatte ebenso wie Beatrice Spagnola eine spanische Mutter, und es mag gut sein, daß sie einen langen Brief in korrektem Italienisch gar nicht schreiben konnte. Und ihre Interessen scheinen, gelinde gesagt, nicht gerade literarische gewesen zu sein. Dennoch besteht kein Zweifel, daß Beatrice eine der erfolgreichsten Kurtisanen ihrer Zeit wurde. Bei einer späteren Volkszählung im Jahre 1526 war sie eine aus der erlesenen Schar von *prima donne* unter den Kurtisanen, zu der auch Angela Greca und die berühmte Matrema non vole gehörten, die ebenfalls neben der Osteria dell'Orso wohnte, der damaligen Luxusherberge von Rom, in der jeder vornehme Reisende (und auch Montaigne) abstieg.

Beatrice war in der Tat so wohlbekannt, daß zwei lange Gedichte über sie geschrieben wurden (wahrscheinlich von Giambattista Verini). Das erste schildert sie in den Tagen ihres Glanzes und das zweite in ihrem tragischen Alter. Beide Gedichte sind in Ichform geschrieben, und im ersten, *Il Vanto della Cortigiana Ferrarese* (Der Ruhm der ferraresischen Kurtisane), wird Beatrice selbst, ihr Haus und all der Luxus, mit dem sie umgeben war, beschrieben. Was

109

über ihre Erscheinung gesagt wird, ist besonders interessant, da man weiß, daß Raffael ihr Porträt gemalt hat. Natürlich mißt *Il Vanto* Beatrice die übliche Liste von Reizen bei, die dem Schönheitsideal der Zeit entsprachen: korallenrote Lippen, alabasterner Hals, junge, feste Brüste – sie sagt, sie sei fünfzehn Jahre alt –, weiße Hände, kleine Füße und ein molliger, weicher und zur Lust geschaffener Körper. Aber eine Feststellung fehlt: die goldenen Flechten, die fast immer in Beschreibungen der berühmten Kurtisanen erwähnt werden und damals gleichsam ein »Muß« waren. Daraus kann wohl geschlossen werden, daß Beatrice ihr schwarzes Haar nicht bleichte. Ihre Augen werden, ziemlich unpoetisch, als »schwarz wie Krähen« bezeichnet, und auch ihre Augenbrauen werden ausführlich beschrieben: sie standen weit auseinander, waren länglich und fein gezeichnet – es scheint, als wären sie besonders charakteristisch, obwohl sie ihre Schönheit zum Teil wohl Kunstgriffen verdankten.

Diese Beschreibung von Beatrice entspricht, was Gesichtszüge und Farben betrifft, so genau Raffaels Aktbild einer Kurtisane in Halbfigur im Palazzo Barberini, das als *Fornarina* bekannt ist, daß es wahrscheinlich ein Porträt von Beatrice ist, denn der aufreizende Blick läßt auch auf einen Charakter schließen, der imstande ist, den eben zitierten Brief zu schreiben: in der Tat eine ganz andere Frau als das Modell der »Donna Velata« im Palazzo Pitti und die Gestalt rechts von der Santa Cecilia in Bologna, deren sanftere Züge gewöhnlich der *Fornarina* zugeschrieben werden, einer Bäckerstochter, die Raffaels Geliebte war. Jedenfalls war das Modell des Porträts in der Galerie Barberini, ob es nun Beatrice de Ferrara war oder nicht, gewiß eine Kurtisane, die Raffael und seinem Kreis gut bekannt war, denn einer seiner Schüler, Giulio Romano, malte ein Aktbild von ihr, *Dame bei der Toilette,* jetzt in Rußland, während ihr Kopf und der der *Donna Velata* auf den Porträts von zwei anderen Kurtisanen in der Villa Lante in Rom wieder vorkommen, und diese Bilder hängen in einem Raum, der traditionell »der Raum von Raffaels Geliebten« genannt wird. Die Villa, erbaut für Raffaels Gönner Baldassare Turini (Datar Leos X.), ist von Giulio Romano ausgemalt worden, und dort befindet sich auch ein Fresko-Porträt von Raffael selbst, das nicht lange vor seinem Tod im Jahre 1520 ausgeführt wurde.

Beatrice de Ferrara ist so häufig von Zeitgenossen erwähnt worden, daß sie unzweifelhaft eine der bekanntesten Kurtisanen in Rom gewesen sein muß. Deshalb und auch wegen des Werts ihrer Juwelen, Gewänder und anderer Besitztümer waren die Tür von Beatrices Haus und die anderer großer Kurtisanen, die in der Nähe des dell'Orso wohnten, aus Eisen — eine Vorsichtsmaßnahme, die, wäre sie schon eine Generation früher ergriffen worden, vielleicht verhindert hätte, daß La Grechettas Haus niederbrannte und Bernardo de' Sanguigni sein Leben verlor.

Aus der Beschreibung von Beatrices Haus — das als typisch für die Häuser wirklich erfolgreicher Kurtisanen angesehen werden kann — geht hervor, daß sich ein Einbruch wirklich gelohnt hätte. Denn in *Il Vanto* gibt Beatrice zu, oder brüstet sich vielmehr damit, daß sie sehr viel Geld dort habe und daß die goldene Kette, die sie gewöhnlich trug, allein zweihundert Dukaten wert sei. Sie erwähnt auch einen Schrank voller Silber und daß Wände, Tische, Kommoden und Bänke mit Teppichen bedeckt seien und ihre Kleider aus Goldstoff, Samt oder Seide, bestickt mit Perlen und Edelsteinen. Am ausführlichsten ist in *Il Vanto* von der Reichhaltigkeit und Qualität von Beatrices Haushaltsausstattung die Rede. Es gab Unmengen von Leinen, »zart und weiß wie Schnee«, und alles roch nach feinem Parfüm, Zibet und Moschus – »das Geschenk eines großen Herrn«. Und Beatrices Bettdecke war so prächtig, »daß kein Papst je eine besessen hat, die ihr gleichkäme«.

Aber Beatrices größter Stolz war die reichbesetzte Tafel, zu der sie viele Gäste bat und ihnen Wachteln, Kapaune, Rebhühner und Fasane, Hühner, Drosseln und Tauben mit köstlichen Saucen vorsetzen ließ, und auch in Likör eingelegte Früchte und andere Delikatessen. Dazu wurden die feinsten Rot- und Weißweine gereicht, und Trebbiano und Malvasier zu den Desserts aus Mandeln mit Zuckerguß, Nüssen und kandierten Früchten. Solche Speisen waren in damaliger Zeit ein großer Luxus, aber in dem Gedicht sagt Beatrice, daß auch die Diener und sogar die Hunde große Mengen davon aßen und sie im übrigen auch häufig zu Gesellschaften, Theateraufführungen und Konzerten ausgegangen sei. Diese Tatsache und die Beschreibung ihrer eigenen Abendgesellschaften, selbst wenn sie übertrieben ist, zeigen deutlich, daß die Fähigkeit, zu unterhalten und eine amüsante Gesellschafterin zu sein, im Leben einer Kurtisane eine große Rolle spielte.

Beatrice war offenbar auch eine begeisterte Reiterin, denn sie nahm an Stierkämpfen und Rennen teil (Betätigungen, vor denen Nanna ihre Tochter Pippa warnte, also gehörten sie wohl zum normalen Leben einer Kurtisane). Und Beatrice scheint auf ihr Rennpferd – »ein besseres gab es auf der ganzen Welt nicht« – stolzer gewesen zu sein als auf ihre sechsspännige Kutsche. Die Kutsche, ein großer Luxus zu jener Zeit, war geschnitzt und mit Gold und blauen und weißen Arabesken verziert, und die Pferde waren »weiß wie Schnee«. Es klingt nicht nach Übertreibung, wenn Beatrice sagt, daß sich die Menschen an den Fenstern und auf den Balkonen drängten, wenn sie vorbeifuhr. Oder daß ihre Liebhaber sich in ihrem Bett wie im Paradies fühlten und mit keinem Mann auf der Welt hätten tauschen wollen.

Gewiß erforderte es mehr als Schönheit und Sex-Appeal, eine erfolgreiche Kurtisane zu sein. Die Aura von Pracht und Glanz, mit der sie sich und ihre Kunden umgaben, trug sehr zu ihrer Faszination bei. Und sich angesichts der scharfen Konkurrenz um eine reiche und urteilsfähige Kundschaft hervorzutun, war eine wahre Kunst. Doch wie gut das einigen der raffiniertesten Kurtisanen gelang, geht aus einem Brief hervor, den ein Florentiner Sachkenner, Niccolo Martelli, an seinen Freund Bernardo Buongirolami schrieb. Martelli war ein Erforscher oder vielmehr Lehrmeister in der Kunst der Liebe, die er – wie so viele seiner Generation – für einen sowohl ästhetischen als auch sinnlichen Genuß hielt. Und gewiß wußte er, wovon er sprach, als er sagte, wenn man in guter Gesellschaft eine als Braut oder jungverheiratete Frau gekleidete Kurtisane treffe, dann falle man glatt darauf herein und erkenne sie nicht als das, was sie sei.

Aber daß die Kurtisanen es verstanden, ihren Kunden die mit ihnen verbrachte Zeit so angenehm zu machen, daß sie gern daran zurückdachten, nicht nur an die Freuden des Betts, sondern auch an die Atmosphäre von Luxus und Schönheit, in der die Kurtisanen lebten, machte sie vor allem für Männer wie Martelli so verführerisch. Wenn er in seinem Brief an Buongirolami erklärt, welche Faszination sie auf ihn ausübten, dann war das nicht nur seine Meinung, sondern auch die vieler seiner Zeitgenossen. »Bei den reichen und angesehenen Kurtisanen«, schreibt er, »sieht man sofort, was sie zu bieten haben, und da es ihr Beruf ist, Freude zu spenden, legen sie darauf großen Wert, auch weil sie ja nicht nur einen Geliebten haben und wissen, daß jeder Schnitzer sie teuer zu stehen käme.« Es war klar, daß die Kurtisane durch persönliche Empfehlungen ihren Weg machte, und die Pracht und der Glanz ihrer Kleidung und Umgebung spielten dabei eine große Rolle, denn Martelli fährt in seiner Lobrede wie folgt fort: »Und die königliche Art, wie sie einen behandeln, ihre anmutigen Manieren, ihre Höflichkeit und der Luxus, mit dem sie einen umgeben – in Karmesin und Gold gekleidet, parfümiert und mit erlesenen Schuhen –, und bei den Komplimenten, die sie einem machen, kommt man sich wie ein großer Herr vor und (hier wiederholte er Beatrices Behauptung) wenn man bei ihnen ist, beneidet man nicht einmal die Bewohner des Paradieses.«

Wieviel die Kunden für eine derart luxuriöse Bewirtung bezahlen mußten, darauf gibt es keinen wirklich verläßlichen Hinweis, aber für die Kurtisanen waren die Kosten unzweifelhaft hoch. Zoppino sagte darüber zu Ludovico: »Obwohl du siehst, daß sie (die Kurtisanen) viele Diener, Pagen, Affen und Pfauen haben mögen, so ist doch am Ende des Jahres wenig Geld übrig, und ihre Schulden sind größer als ihr Kapital.« Eine Kurtisane mußte kühl abwägen können und mehr Verstand besitzen als die meisten, um sich bei all ihrem Erfolg und den ihr entgegengebrachten Schmeicheleien darüber klar zu sein, daß die Goldgrube, auf die sie gestoßen war, unweigerlich eines Tages erschöpft wäre, wenn nämlich jüngere und unverbrauchtere Rivalinnen ihre Schönheit in den Schatten stellten. Abgesehen von Fiammetta und Imperia, konnte sich Ludovico tatsächlich nur an drei Kurtisanen erinnern, die »reich und angesehen« starben. Doch Zoppino wies gleich darauf hin, daß diese beiden »vor ihrer Zeit starben, ehe das Alter das Vermögen aufzehrte, das sie in der Jugend angesammelt hatten«.

Die arme Beatrice de Ferrara hatte dieses Glück nicht, und zu spät erkannte sie ihre Fehler. Der Bericht darüber in *Il Lamento della Cortigiana Ferrarese,* der ihr zugeschrieben wird, spiegelt zweifellos das tragische Schicksal vieler ihrer

114

Gefährtinnen wider. Wie kurz ihre Glanzzeit und wie jäh ihr Sturz sein konnte, läßt sich aus der Tatsache ersehen, daß das *Lamento* vermutlich etwa 1530 geschrieben wurde, also nur dreizehn Jahre nach Beatrices Ankunft in Rom und bloße vier Jahre nach der Volkszählung von 1526, laut der sie damals in der Nähe der eleganten Osteria dell'Orso wohnte. Die entsetzliche Plünderung der Stadt durch das kaiserliche Heer hatte allerdings in der Zwischenzeit stattgefunden, und zwar 1527, und es ist möglich, daß sich Beatrice damals die Syphilis zuzog, deren Schrecken sie im *Lamento* beschreibt und die sie, wie sie voraussah, bald ganz außer Gefecht setzen sollte. Aber da die Ausbreitung dieser Krankheit schon zu Beginn des Jahrhunderts in Europa epidemische Ausmaße angenommen hatte, war die Ansteckung ein Berufsrisiko für jede Kurtisane, und viele von ihnen teilten Beatrices Schicksal.

Doch selbst bei tadelloser Gesundheit sah sich eine Kurtisane, wenn sie nicht zu den ganz wenigen Ausnahmen gehörte, die vorgesorgt hatten, einer Katastrophe gegenüber, wenn ihre Schönheit verblaßte. Und in ihrem tiefsten Elend warnt Beatrice ihre Gefährtinnen davor, stolz zu sein und einfache Kunden zu verschmähen. Denn, sagt sie, »ich habe festgestellt, daß der arme Wasserträger ebensoviel bezahlt wie irgendein reicher Mann… Spielt nicht die große Dame, wie ich es tat, die ich jetzt nichts mehr wert bin. Die guten Zeiten währen nicht ewig, der Karneval und die Saison bringt euch nichts ein, oft ist kein Brot und nicht einmal Feuer im Haus, und das Mädchen und der Hausdiener verlassen euch. Bald müßt ihr eure Kleider und Juwelen zum Pfandleiher bringen, und dann werdet ihr ins Gefängnis geworfen, weil ihr die Steuern nicht bezahlen könnt.« Und dann beschreibt Beatrice die einzelnen Etappen auf ihrem Leidensweg, der sie und zweifellos auch andere in die bitterste Armut führte. Zuerst vermietete sie Zimmer, aber nach zwei Jahren war sie ruiniert. Als nächstes versuchte sie ihr Glück als Kupplerin, aber auch das klappte nicht. Eine Zeitlang war sie Waschfrau, dann Köchin in einer Taverne, aber beide Beschäftigungen brachten ihr nicht genug zum Leben ein. Doch der grausamste Schlag traf sie, als die Mönche ihr und ihresgleichen keine Kerzen mehr lieferten, die sie bisher mit einem kleinen Gewinn vor den Kirchen verkauft hatte. Danach blieben ihr nur noch die Bordelle vom Ponte Sisto, und wie es nicht anders sein konnte, endete Beatrice im Spital für Geschlechtskrankheiten.

Am Anfang des *Lamento* wandte sich Beatrice an die berühmtesten Kurtisanen jener Zeit: »O Matrema non vole, O Lorenzina, O Angela, O Cecilia, O Beatrice! Laßt euch mein Elend als Beispiel dienen.« Im Jahr 1526 war Lorenzina die unmittelbare Nachbarin von Beatrice am dell'Orso gewesen, und auch Angela und Matrema non vole hatten, wie die meisten eleganten Kurtisanen, irgendwann einmal dort gewohnt, und sie waren, wenn man Tullia d'Aragona hinzurechnet, wirklich die berühmtesten römischen Kurtisanen nach dem Tod von Imperia. Zoppino bezeichnete Lorenzina zwar als die gerissenste Kurtisane in Rom, die, wenn sie mit ihrem üblichen Gefolge von mindestens zwanzig Edelleuten in die Kirche ging, solche Aufmerksamkeit erregte, daß die Kirche die Menschenmassen kaum fassen konnte, aber sonst ist wenig von ihr bekannt. Die Schönheit, die Erfolge und Abenteuer von Matrema non vole, Beatrice Spagnola und Angela Greca wurden hingegen von Dichtern besungen, in den Berichten von Gesandten erwähnt und lieferten den römischen Klatschmäulern immer neuen Stoff. Angela Greca spielte in der Stadt sogar noch 1555 eine Rolle, als Brantôme dort eintraf, obwohl sie ihre

116

Laufbahn schon unter dem Pontifikat von Leo X. begonnen hatte.

Matrema hieß eigentlich Lucrezia da Clarice. Ihr Vater war unbekannt, so wurde, der Sitte ihrer Zeit entsprechend, ihrem Taufnamen da Clarice hinzugefügt, was bedeutete, daß sie die Tochter von Clarice, einer Hure, war, die, als Lucrezia ein kleines Mädchen war, in einem Bäckerladen arbeitete. Zoppino sagte, er habe das Kind oft barfuß herumlaufen sehen mit einer Schüssel Bratäpfel auf dem Kopf, die sie vermutlich auf der Straße verkaufte. Mutter und Tochter wurden dann für eine Weile Dienstmädchen und pflegten später durch die Tavernen zu ziehen und zu tanzen. Wahrscheinlich bekam Lucrezia zu dieser Zeit ihren Spitznamen Matrema non vole — im römischen Dialekt »meine Mutter will's nicht« –, ihre Antwort an einen unternehmungslustigen Jüngling, der mit ihr schlafen wollte. Unter den gegebenen Umständen war eine so sittsame Ablehnung derart ungewöhnlich, daß sie Aufsehen erregte und die Runde in der Stadt machte. Und Lucrezia war für den Rest ihres Lebens Matrema non vole, sogar in den Steuerregistern der Stadt Rom.

Zoppino erinnerte sich noch der Zeit, als Matrema in einem verfallenen Haus in der Nähe der Via de Coronari wohnte und ein schlampiges Mädchen war, das in einem schmutzigen alten Kleid herumlief. »Aber«, sagt er, »sie war immer ein bißchen verrückt und schlief mit einem Mann nach dem anderen, und deswegen (und weil es Eifersucht erregte) wurden ihr mehrere *trentuni* zuteil.« Bei einem hatte Zoppino selbst mitgemacht. Aber Matrema ließ sich durch all das nicht verdrießen und begann allmählich, sich einen Namen zu machen. Da sie hübsch und lebenslustig war, nahm Zoppino sie unter seine Fittiche, führte sie bei mehreren reichen Männern ein und förderte Schritt für Schritt

117

ihre Karriere. Allmählich wurde aus dem mageren, schmuddeligen Mädchen eine dralle junge Frau, die Erfolg zu haben begann. Sie wurde in die Häuser von Prälaten eingeladen, und da lernte sie, sich gut anzuziehen, und gleichzeitig, korrekt zu sprechen. Und damit war einer der größten Sterne am Kurtisanenhimmel lanciert, denn im Jahr 1519 war Matrema non vole als »eine der Ersten unter den Prostituierten in Rom« bekannt.

Der Gewährsmann dafür ist der Venezianer Marino Sanudo in seinen *Diarii*, einer der großen dokumentarischen Quellen der italienischen Geschichte, in die Sanudo, abgesehen von der chronologischen Aufzeichnung der Geschehnisse in seiner Vaterstadt, auch interessante Berichte und Briefe aus anderen Städten aufnahm. So erscheint hier der Brief des Sier Toma Lippomano aus Rom vom 13. März 1519 an Sier Bartolomeo von der Bank von Venedig, in dem er den römischen Karneval dieses Jahres beschrieb und wie sich der Papst und die verschiedenen Kardinäle in der Karnevalszeit belustigten. Das wichtigste Ereignis war die Aufführung von Ariosts Komödie *I Suppositi* im Palast eines päpstlichen Neffen, des Kardinals Cibo, und das Bühnenbild hatte Raffael entworfen. Leo X. war selbst anwesend und lachte lauthals an den unschicklichsten Stellen, was sogar die Franzosen unter den Zuschauern schockierte. Der Papst amüsierte sich offenbar großartig und stand sogar im Foyer des Theaters und erteilte den Zuschauern – nicht weniger als zweitausend Männer (Frauen waren nicht anwesend) – seinen Segen zum Zeichen, daß sie eintreten dürften. In den Pausen zwischen den Akten gab es musikalische Intermezzi, gespielt auf dem Dudelsack, Kornetts, Viola, Lauten und einer wundervollen Orgel, die der kürzlich verstorbene Kardinal d'Aragona dem Papst geschenkt hatte. Auch über die Stierkämpfe auf der Piazza vor der Peterskirche, bei der zwei Männer getötet und mehrere verwundet wurden, und über alle anderen Spiele und Rennen berichtete Sier Toma Lippomano pflichtschuldigst. Aber die bei weitem ausführlichste Beschreibung in seinem Brief gilt einem von Lorenzo Strozzi veranstalteten Abendessen.

»Ich kann es kaum erwarten, Euch von dem Bankett zu berichten, das Lorenzo Strozzi von der Bank, der Bruder des Schwagers des Herzogs von Urbino, gab«, schrieb er. »Eingeladen waren die vier Neffen des Papstes, die hochwürdigen Kardinäle Rossi, Cibo, Saviati und Ridolfi, einige andere Florentiner, zwei Hofnarren und drei Prostituierte. Es war eins der großartigsten Bankette in Rom, aber erschreckend, und es gefiel den Kardinälen nicht. Als sie Strozzis Haus betraten, war es nur mit einer jämmerlichen Kerze erleuchtet, und sie wurden eine Treppe hinaufgeführt, dann wieder hinunter und über einen Abgrund, und dann kamen sie zu einer schwarzen Tür.

Als sie geöffnet wurde, befanden sie sich in einem schwarz ausgeschlagenen Raum, und in den Wänden waren Löcher, gefüllt mit Totenschädeln. In den vier Ecken des Raums waren Gerippe aufgehängt, jedes mit einer kleinen Kerze dahinter, was eine schauerliche Wirkung hatte. In der Mitte des Raums stand ein Tisch, auch mit schwarzem Tuch bedeckt, in der Mitte ein Holzteller, auf dem ein weiterer Schädel und vier Knochen lagen, und ringsum standen vier Holzbecher, mit Wein gefüllt. Der Herr des Hauses sagte: ›Meine Herren, nehmt Euer Mittagsmahl zu Euch, denn nachher gehen wir zum Abendessen.‹ Aber keiner wollte essen, denn es war ein so schrecklicher Anblick. Dann begannen sich die Schädel zu drehen, und es kamen gekochte Fasanen aus ihnen heraus, und aus den Knochen große Würste. Einer der Gäste mit Namen Fra Mariano, der Hofnarr des Papstes ist, sagte zu Brandino (dem anderen Spaßmacher, der lange mit Marietta Tressa in Venedig war und den hier alle Cordiale nennen): ›Mein lieber Cordiale, wohin haben sie uns gebracht? Ich will nicht alles verlieren‹, also aßen sie einen Happen und tranken einen Schluck Wein.

Dann verließen sie diesen Raum und betraten eine große Halle, die sehr schön aussah, wie eine Sternenwelt, denn da waren so viele Lampen. Auch in diesem Raum stand ein Tisch mit dicken Decken, an den sie sich setzten. Sie waren insgesamt vierzehn. Plötzlich hörten sie ein Geräusch, und vierzehn Schalen mit Salat erschienen, vor jedem von ihnen eine. Dann wurden sie zum Trinken aufgefordert, und vierzehn Gläser erschienen, aber sie konnten nicht sehen, von wo sie unterhalb des Raums herkamen. Schließlich kamen Unmengen von Fasanen und Rebhühnern, und die Gäste wollten sich gerade daranmachen, sie zu essen, als es einen sehr lauten Knall gab und die ganze Welt sich zu drehen begann. Und ebenso, wie die Fasanen plötzlich erschienen waren, kamen jetzt andere Dinge, die nicht essenswert waren, und die Lampen gingen aus. Dann erschienen zwei Gestalten, angezogen wie Fra Mariano und Brandino, und der eine sagte: ›Ich bin Fra Mariano‹, und der andere: ›Ich bin Brandino, und ich will mehr zu essen haben.‹ Als der wirkliche Fra Mariano, der am Tisch saß, sie sah, sagte er zu Brandino: ›Mein lieber Cordiale, wir sind doch hier, ich weiß nicht, wer diese Leute sind.‹ Nach einer Weile beruhigte sich indes alles, und die beiden als Fra Mariano und Brandino Verkleideten gingen weg. Aber den Kardinälen wurde übel, und auch einigen der anderen – drei oder vier von ihnen, und auch einer der Prostituierten, eine unter den Ersten in Rom mit Namen Matrema non vole. Fast unmittelbar danach erschienen andere Speisen und Getränke, aber die Kardinäle wollten nicht länger bei Tisch bleiben, standen auf und gingen weg, obwohl das Diner noch nicht zu Ende war, nicht einmal der dritte Gang. Dennoch heißt es, es sei die großartigste Gesellschaft gewesen, die je in Rom gegeben wurde, und sie müßte eine Menge Geld gekostet haben; aber alle waren entsetzt. Ich wäre gern selbst dabei gewesen, auch wenn es mich ein paar Dukaten gekostet hätte; aber ich erfuhr erst hinterher davon.«

Dieses mißglückte Gastmahl, das in Rom so viel Aufsehen erregte, war eins der Art, wie sie in Florenz die große Mode waren. Ursprünglich waren solche Possen bei den Geselligkeiten in den Handwerkerinnungen gespielt worden, denn vermutlich waren einige ihrer Mitglieder bei der Herstellung der raffinierten Geräte behilflich, mit denen bei Theateraufführungen und Festlichkeiten szenische Effekte erzielt wurden. Bald wurde dieselbe Art von Schabernack der letzte Schrei in aristokratischen Häusern (möglicherweise waren die Strozzi die ersten, die sie in der feinen Gesellschaft einführten), und daher die Verwunderung und Angst, die Lorenzo Strozzis Gastmahl in Rom selbst bei Florentinern erregte. Denn offenbar hatten die Kardinäle und Matrema, die, nach ihrem Herkommen zu urteilen, wohl einiges vertragen konnte, nicht zuviel getrunken, sondern es war ihnen buchstäblich vor Angst übel geworden. Matremas Anwesenheit bei einer Gesellschaft, die für die vier päpstlichen Neffen im Kardinalsrang gegeben wurde und wohl eins der gesellschaftlichen Ereignisse in der Karnevalszeit sein sollte, gibt indes deutlicher als alles andere einen Hinweis darauf, daß Matrema jetzt wirklich »eine der Ersten unter den Prostituierten in Rom« war. Leider werden die Namen der beiden anderen Kurtisanen nicht erwähnt, aber höchstwahrscheinlich gehörten sie der Gruppe an, die später von der armen Beatrice angesprochen und von Zoppino beschrieben wurde.

Außerdem geht aus einem Ereignis im folgenden Jahr

deutlich hervor, daß Matrema mittlerweile in ganz Italien berühmt war. Denn im September 1520 hatte ein lebenslustiger junger Mann, Giovanni della Stufa, offenbar ein Zechbruder von Giovanni dalle Bande Nere, Matrema eingeladen, mit ihm den berühmten Jahrmarkt in Recanati in der Nähe der Adria zu besuchen. Giovanni dalle Bande Nere erfuhr davon und beschloß, Matrema seinerseits einzuladen, ohne daß sie davon wußte. Ein Brief von Giovanni dalle Bande Nere mit dem ausdrücklichen Befehl, Matrema zu entführen, ist erhalten. Er ist höchst formell als militärischer Befehl abgefaßt, doch war ihm eine persönliche Mitteilung an einen von Giovannis Offizieren beigefügt, der erkennen läßt, daß es sich um einen Streich handelte.

Der Offizier, Francesco Suasio, der in dem Begleitschreiben lediglich als Francesco erscheint, wird in dem Befehl in formvollendetem Latein als *Spectabilis Vir* angeredet und wie folgt instruiert: »Da ich gehört habe, daß Giovanni della Stufa mit Lucrezia (d. h. Matrema non vole), einer römischen Kurtisane, wie Ihr wißt, zu dem Jahrmarkt in Recanati kommt, wünsche ich, daß folgendermaßen verfahren wird. Besorgt Euch einen Spion oder schickt einen Mann speziell zu diesem Zweck nach Recanati, damit er es berichtet, wenn sie eingetroffen sind. Dann sollt Ihr zwanzig leichte Reiter von der Truppe, die Gianni nicht kennt, dort hinschicken.« (Hier stolpert die Formalität ein bißchen, denn nur von seinen Freunden wurde Giovanni della Stufa Gianni genannt.) »Schickt die Albanier und die anderen, die er nicht kennt, und sorgt dafür, daß sie nicht meine Livree tragen, und die Albanier auch nicht ihre Mützen. Und schickt sie unverzüglich dorthin, wo sie (Giovanni und Matrema) abgestiegen sind, und befehlt ihnen, die besagte Lucrezia gefangenzunehmen, und was ihn betrifft, ihn nackt im Bett liegen zu lassen. Und wenn seine Diener Widerstand leisten und kämpfen wollen, dann verprügelt sie und schickt die besagte Lucrezia hierher zu mir. Sagt den Leuten, sie können sich nehmen, was immer sie dort an persönlicher Habe finden, aber sie dürfen Gianni nicht verprügeln. Ich werde Hieronimo del'Agnolo schreiben, daß er tut, was Ihr ihm sagt, aber sonst nichts. Jetzt wißt Ihr, was Ihr zu tun habt, und macht es richtig. Laßt Romanello das Pferd behalten, das er hat, und schickt ihn als Spion. Unterlaßt nichts von alledem.« Der Brief endet formell: »Von Barco di Castel Durante, Johannes Medices«, doch mit einer bezeichnenden Nachschrift: »Tut das alles, wenn möglich, ohne daß Messer Paolo es erfährt.«

Die Eskapade beeinträchtigte offenbar die Beziehungen zwischen Giovanni dalle Bande Nere und Gianni della Stufa nicht lange. Ein paar Monate später schrieb Suasio seinem Herrn, sie hätten das Palio gewonnen – das berühmte Pferderennen – und Giovanni della Stufa habe dazu beigetragen. Auch hatte der Raub dieser modernen Lucrezia keine üblen Folgen für sie; er war eine ziemliche Sensation, und die Dame prahlte damit. Mit Waffengewalt von dem schneidigsten und attraktivsten Mann Italiens entführt zu werden, war für keine Kurtisane ein Ungemach. Und als Matrema nach Rom zurückkehrte, geriet sie gewiß nicht in Vergessenheit.

Der plötzliche Tod Leos X. am 30. November 1521 im Alter von sechsundvierzig Jahren rief in ganz Rom beträchtliche Unruhe hervor. Und das daraufhin erforderliche Konklave dauerte sehr lange wegen der Intrigen der Familie Medici, die, da Leo X. ja ein Medici gewesen war, jetzt viele der wichtigsten Kirchenämter innehatte. Indes war der Widerstand gegen einen weiteren Medici-Papst sowohl in der Kirche als auch unter den gekrönten Häuptern in Europa groß, und der Kampf zwischen den rivalisierenden Parteien zog sich in die Länge, sehr zum Mißvergnügen der Römer, die sich mit einer *sede vacante* (Sedisvakanz) niemals befreunden können, und wie gewöhnlich verlegten sie sich aufs Wetten über den Ausgang des Konklave. Es war nicht Matremas Art, sich eine Gelegenheit entgehen zu lassen, und als die Wetteinsätze immer höher wurden, beschloß sie, selbst eine Wette anzubieten. In Banchi, dem Handelszentrum von Rom, wurde eine Bekanntmachung angeschlagen, in der es hieß: »Signora Matrema non vole, Kurtisane, wohnhaft in der Nähe der Torre Sanguigna, wird gern mit demjenigen Mann schlafen und sich bereitwillig zu seiner Lust und Kurzweil zur Verfügung halten, der ihr als Sicherheit hundert Dukaten geben will für den Fall, daß der Kardinal, den sie vor der Wahl nennt, Papst wird. Wird er es nicht, wird sie ohne Bezahlung drei Nächte mit dem Mann schlafen, der die Wette eingeht.«

Ob einer oder viele Matremas Wette annahmen, wissen wir nicht, aber daß sie die Wette anbot, ist auch in den *Diarii* von Marin Sanudo vermerkt. Allerdings erwähnt Sanudo nicht, daß Matrema ein begründetes Interesse an dem Wahlausgang hatte, denn ihr wichtigster Verehrer zu jener Zeit war Kardinal Campeggi, Bischof von Bologna. Aber leider – oder vielleicht zum Glück für Matrema und Campeggi – wurde der sittenstrenge Adrian Dedel aus Utrecht zum Papst gewählt und nahm den Namen Hadrian VI. an. Und ein paar Jahre später erwähnt Gioviano Pontano, daß der leidenschaftliche Kardinal immer noch unter der Schar von Kavalieren auffiel, die an den Fenstern von Matrema und anderen berühmten Kurtisanen vorbeiritten, um ihnen den Hof zu machen. Und zweifellos wartete Matrema schon am Fenster, um Campeggi zu begrüßen, die Arme auf die mit Gold eingefaßten karmesinroten Samtkissen gestützt, die zu diesem Zweck dort hingelegt wurden.

Matremas Haus soll in der Via del Soldato gewesen sein, die von der Osteria dell'Orso zur Torre Sanguigna führte, wahrscheinlich an der Ecke gegenüber dem heutigen Palazzo Altemps. Und eine der *novelle* von Pietro Fortini aus Siena, der in der ersten Hälfte des 16. Jahrhunderts lebte, könnte ein autobiographischer Bericht über ein Abenteuer mit Matrema sein. Denn man weiß, daß seine *novelle* auf Wahrheit beruhen, und aus den topographischen Hinweisen in dieser *novella* und der Tatsache, daß der Autor die Dame als »eine berühmte Kurtisane, die Erste in Rom, reich und von Adel« beschrieb, kann der Schluß gezogen werden, daß es Matrema war. Denn wie ganz Rom wußte, gab sie sich als Aristokratin aus, und auch Zoppinos Freund Ludovico glaubte es, bis Zoppino ihn über Matremas Herkunft aufklärte.

In dieser Geschichte nennt Fortini den Helden Ippolito, einen jungen Sienesen, der sich eines Abends im Rom verirrte, als er von der Porta Pinciana zum Belvedere im Vatikan zurückging, wo er wohnte. Ippolito kam bis zur Via della Scrofa, aber dann wußte er den Weg nicht mehr. Da der Abend hereinbrach, machte er sich Sorgen, was er nun in der fremden Stadt machen sollte, als er zufällig ein junges Mädchen aus Siena traf, das er kannte und das Caterina hieß. Nach einer überschwenglichen Begrüßung berichtete Ippolito von seiner mißlichen Lage. Und Caterina erwiderte, sie sei das Mädchen einer berühmten Kurtisane, die in einem schönen und über und über bemalten Palast wohne, ganz in der Nähe vom dell'Orso. Und vom Haus ihrer Herrin könne Ippolito das Belvedere sehen und dann seinen Weg finden.

Nachdem sie ihre Herrin um Erlaubnis gebeten hatte, durfte Ippolito eintreten, Caterina führte ihn eine breite Treppe hinauf und in ein prächtig eingerichtetes Zimmer, von dessen Fenstern aus er das Belvedere und den ganzen Vatikan-Palast sehen konnte. Die Wände des Zimmers waren mit vergoldetem spanischem Leder und schönen Bildern bedeckt, und auf einem reich verzierten Sessel saß eine schöne und elegante junge Frau von etwa achtzehn Jahren in einem überaus prächtigen Kleid, mit Perlen und goldenen Ornamenten bestickt. Und Ippolito fand, sie sehe »mit ihrer bewundernswerten Schönheit, ihrem herrlichen Gewand, ihren Juwelen und goldenen Ketten wie eine strahlende Sonne aus. Und als ich sie sah, war ich einen Augenblick ganz verwirrt, wußte nicht, ob ich träume oder ob es wahr war, was ich sah, und ich war von ihrer Schönheit und Erscheinung, von der Ausschmückung des Zimmers, von den kostbaren Kleidern, die sie trug, und dem Glanz ihrer Juwelen so geblendet, daß ich sprachlos war. Und Caterina, die meine Verwunderung bemerkte, schwieg auch still.«

Die Kurtisane stand auf und ging Ippolito entgegen, um ihn zu begrüßen, und hieß ihn mit großer Anmut und freundlichen Worten willkommen. Nach einem Austausch von Komplimenten lud sie Ippolito zum Abendessen ein, »eine ganz schlichte, einfache Mahlzeit, ohne Umstände zu machen«, weil sie, wie sie sagte, Caterina, die schon vier Jahre bei ihr war, und allen Sienesen sehr zugetan sei. Natürlich nahm Ippolito die Einladung an, denn er war überzeugt, daß ihm ein Abenteuer bevorstand, das er »sein Lebtag nicht mehr vergäße«. Es gab ein köstliches Mahl, und wie nicht anders zu erwarten, fand sich Ippolito, der offenbar ein anziehender junger Mann war, danach im Schlafzimmer der Dame, die sich anschickte, sich bis auf ihr durchsichtiges Hemd zu entkleiden. In der Geschichte heißt es, Ippolito sei von der Schönheit der Kurtisane so überwältigt gewesen, daß er mitten im Zimmer stocksteif stehenblieb, bis Caterina kam und ihn bis auf sein Hemd auszog. Er wurde sich rasch darüber klar, daß die Kurtisane ihn nackt sehen wollte, ehe es weiterginge, damit sie sicher sein konnte, er habe kein Zeichen einer Geschlechtskrankheit oder einer anderen ansteckenden Krankheit. Und als er sein Hemd abstreifte, zog auch sie ihr Hemd aus, damit er sehen konnte, daß sie frei von Krankheit war. Dann stürzten sie auf das »weiche und köstliche Bett« und verloren bis Mitternacht die Welt aus den Augen.

Nach weiteren Ekstasen am nächsten Morgen erschien Caterina gegen Mittag mit einem *fiasco* Malvasier, gezukkerten Früchten und Nüssen, einem recht großen silbernen Becken und einem Krug mit parfümiertem Wasser, damit sie sich waschen konnten. Dann gab es einen Imbiß, und mit einemmal wurde Ippolito zu seinem Schrecken klar, daß er kein Geld bei sich hatte. Er hielt daher eine wohlgesetzte Rede, erklärte seine Lage und sagte, er werde wiederkommen und der Kurtisane ein Geschenk machen nach all den Freuden, die sie ihm gewährt habe. Worauf die Kurtisane in ebenso wohlgesetzten Worten erwiderte, wenn sie ein Geschenk erwartet hätte, dann wäre Ippolito von ihr nicht auf die Weise empfangen worden, wie sie es getan hatte. Darauf folgte ein weiterer Austausch von Komplimenten, dann stürzte Ippolito zu seinen Freunden zurück, die auch im Belvedere abgestiegen waren, um von seinem erstaunlichen Abenteuer zu berichten. Die anderen erkannten gleich, wer die Kurtisane war, und sagten, sie sei »sehr berühmt und sehr teuer«. Und Ippolito beschloß seine Erzählung mit der klugen Überlegung, er habe sich »dieser schönen Frau erfreuen können ohne Gefahr (einer Ansteckung) und sogar ohne sie zu bezahlen«, weil er »die Gelegenheit beim Schopf faßte«.

Anfang der zwanziger Jahre des 16. Jahrhunderts scheint Matrema wirklich die »Erste unter den Kurtisanen in Rom«

gewesen zu sein. Denn Aretino, der die Stadt 1524 verließ, beschreibt in den *Ragionamenti* die Scharen von Bewunderern, die berühmte Kurtisanen begleiteten, wenn sie zur Kirche gingen, und betont, daß Matrema entschieden das vornehmste Gefolge hatte. »Und wenn Matrema in die Kirche geht«, sagt er, »mit mehr als zehn Mägden und ebensoviel Pagen, wird sie von Fürsten, Marquis, Gesandten und Herzögen begleitet.« Aretinos Geschichten wurden beim Erzählen immer besser, und zweifellos hat er die Größe von Matremas Haushalt übertrieben, aber bei den anderen zwanzig Kurtisanen, die er erwähnt, ist von deren Dienstboten nicht die Rede, und ihre Kavaliere sind höchstens Adlige, Prälaten oder Bischöfe oder sogar bloß einfache Kaufleute.

Von der vornehmen Welt gesehen zu werden, war für eine Kurtisane natürlich als Reklame wesentlich, aber ebenso wichtig war es, immer zur Avantgarde zu gehören, und je weiter das Jahrhundert fortschritt, vor allem zur literarischen Avantgarde. So wird Matrema plötzlich eine Autorität für die italienische Sprache – ihren korrekten Stil und Gebrauch; das war in den zwanziger und dreißiger Jahren des 16. Jahrhunderts eine brennende Tagesfrage und wurde in den höchsten Kreisen debattiert. Angelo Colocci hörte bei einem Abendessen bei Kardinal Giulio de' Medici, dem zukünftigen Papst Klemens VII., den *Dialog* von Pietro Valeriani über dieses Thema, dessen Protagonisten der Dichter Claudio Tolomei, der Tragiker Allessandro de' Pazzi, der Klassiszist und Dichter Giangiorgio Trissino und Antonio Tebaldeo waren. Ein dermaßen modernes Thema zog Matrema unwiderstehlich an, zumal Bembo, der Arbiter elegantiarum, sich zum Verfechter des korrekten Sprechens aufwarf.

So wurde Matrema zu Aretinos spöttischer Belustigung eine Lehrmeisterin, und seine Hinweise darauf in den *Ra-*

gionamenti geben sich ein aufschlußreiches Bild davon, wie lächerlich sie sich gemacht haben muß, wenn sie »mit dieser neumodischen, durchdringenden Stimme« sprach und sogar ihrer alten Mutter – Clarice aus dem Bäckerladen – eintrichterte, sie dürfe nicht Tür, sondern müsse Ausgang sagen, und nicht prügeln, sondern schlagen. All das gab Clarice dann an Nanna und Antonia weiter, die herzlich lachten, und Nanna riet Pippa dringend, wie ihre Mutter zu reden und solchen Affektiertheiten keine Aufmerksamkeit zu schenken.

Doch trotz dieses hochtrabenden Gebarens blieb Matrema für die städtischen Behörden eine Kurtisane und war als solche verpflichtet, Steuern für das Pflastern der Straßen zu bezahlen. Im Steuerregister von 1524 ist erwähnt, daß sie ihren Beitrag für die von ihrem Haus zu der Piazza führenden Straße geleistet hatte, wo Fiammetta zwölf Jahre zuvor gestorben war. 1526 wohnte Matrema immer noch dort und wurde bei der Volkszählung dieses Jahres mit einem Haushalt von acht Personen, sie eingeschlossen, registriert. Eine stattliche Dienerschar, selbst für eine erfolgreiche Kurtisane, aber nichts im Vergleich zu den zwanzig oder mehr, die Aretino ein paar Jahre zuvor erwähnt hatte. Und bei derselben Volkszählung wurde der Geliebte der armen Imperia, Angelo del Bufalo, der kein reicher Mann war, mit einem Haushalt von dreiundzwanzig Bedienten registriert. Ein Jahr später wütete der Orkan der Plünderung in Rom. Angelo del Bufalo war einer der Vertreter der Stadt, die mit dem kaiserlichen Heer verhandeln sollten, vergeblich, aber er überlebte das Massensterben. Auch Matrema gelang das irgendwie, denn in dem etwa 1530 erschienenen *Lamento* der Beatrice Ferrarese wurde sie unter den führenden Kurtisanen an erster Stelle genannt, und offenbar war ihr Name noch wohlbekannt, als 1536 der zweite Teil von Aretinos *Ragionamenti* veröffentlicht wurde. Tatsächlich mag Matrema »reich und geehrt« gestorben sein, wie Zoppino es ausgedrückt hätte, aber Zoppino konnte die Tatsache nicht mehr bezeugen, denn er war schon tot, als es mit Beatrice Ferrarese bergab ging.

Sie und Beatrice Spagnola kommen in einer Schmähschrift vor, *Trionfo della lussuria* (Triumph der Wollust), einem Gedicht in Knittelversen, das 1537 in Venedig veröffentlicht wurde, also beträchtlich später. In dieser plumpen Nachahmung der *Trionfi* von Petrarca schildert der Verfasser einen Traum, in dem er in einer Reihe Wagen die Schatten derjenigen sieht, die sich zu ihren Lebzeiten der Ausschweifung hingegeben hatten. Die Frauen sind wohlbekannte Kurtisanen einer früheren Generation. Zu den Männern gehören Mastro Andrea Pittore, ein Zechkumpan von Strascino und Freund von Nanna, und auch Zoppino, der sagt, er bezahle jetzt für seine Sünden, die er während seines Lebens begangen habe. Offenbar verfolgte die Schmähschrift ein moralisierendes Ziel, denn sie ist ein Appell an die Sünder des Tages, sich das grausame Schicksal derjenigen, die vor ihnen auf dem Pfad der Lust wandelten, als warnendes Beispiel vor Augen zu halten. Aber wie alle Schmähschriften ist sie auch ein Angriff auf lebende Personen, denn in dem Gedicht wenden sich die toten Kurtisanen an die elegantesten der noch lebenden:

> O ihr unglücklichen und blinden Kurtisanen,
> Gründet eure Hoffnungen nicht auf eure Pracht und
> > Herrlichkeit,
> Denkt an euer Ende, die Zukunft und das Morgen...
> O ihr, die ihr heute so beliebt seid,
> O Tullia, o ihr beiden Beatrices,
> Denkt an das Ende, dem ihr jetzt so keck entgegenseht,

O ihr Göttinnen der Schönheit wie Fenice,
Und du, Flaminia, denkt darüber nach,
Damit euer Ende nicht elend und unglücklich sei.
O Faustina, o Portia,
Warum denkt ihr nicht an euer Ende...
O Angela del Moro, was tust du?
Und auch du, Constanza Piemontese?

Nach der Plünderung von Rom war Tullia d'Aragona der aufgehende Stern, aber als *Trionfo della lussuria* geschrieben wurde (gewiß mehrere Jahre vor der Veröffentlichung), behaupteten Beatrice Ferrarese und Beatrice Spagnola noch ihre Stellung, doch läßt die Erwähnung von Flaminia und Angela del Moro erkennen, daß bereits eine neue Generation von Kurtisanen die Leiter zum Ruhm erklomm.

Beatrice Spagnola, die in Wirklichkeit Pareggi hieß, war eine der wenigen Kurtisanen, für die Zoppino eine Schwäche hatte: er schilderte sie als eine der »reizvollsten und liebenswürdigsten in Rom«. Ihm zufolge war sie eine der drei Töchter einer Spanierin in Ferrara. Ihre Mutter brachte sie alle drei nach Rom, und es gelang ihr, eins der Mädchen mit einem Schneider zu verheiraten, aber Beatrice, die hübscheste und lebenslustigste, wurde Prostituierte. Zuerst war sie nicht erfolgreich, doch nach einiger Zeit wurde sie von einem Spanier entdeckt, Don Pedro di Bonadiglia, dessen Mätresse sie wurde, und er war so verliebt in sie, daß er ihr, ehe er nach Spanien zurückkehrte, zweihundert Dukaten schickte – ein Geschenk, das Zoppino als »die Tat eines Herrn, wie sie unter den Großen üblich war«, bezeichnete.

Es steht nicht fest, wann Beatrice ihre Affäre mit Don Pedro hatte. Doch da sie bei der Volkszählung von 1517 bereits in ihrem eigenen Haus und nicht in einer Mietwohnung lebte, ist in Anbetracht ihrer vorherigen Armut anzunehmen, daß sie diese zweihundert Dukaten schon erhalten hatte. Ein paar Jahre später verliebte sich der leichtfertige, aber begabte Dichter Francesco Maria Molza unsterblich in sie, und dieser Liebesaffäre und den Gedichten, die Molza ihr widmete, verdanken wir, daß wir etwas über Beatrices Leben wissen. Molza war 1489 in Modena als Sohn einer adligen Familie zur Welt gekommen und ließ bereits als Jüngling eine ungewöhnliche Intelligenz erkennen, denn schon ehe er mit siebzehn Jahren nach Rom kam, hatte er zusätzlich zu dem üblichen Studium der lateinischen Klassiker Griechisch und Hebräisch gelernt. In Rom ermöglichten ihm seine Begabungen, sich dem Kreis der geistreichen Männer anzuschließen, die Kardinal Alessandro Farnese umgaben, und so schloß er schon früh Freundschaft mit vielen Literaten der damaligen Zeit, auch mit Imperias Antonio Lelio Massimo und vielen ihrer anderen Liebhaber. Doch elterliche Mißbilligung des flotten Lebens, das er führte, zwang Molza, 1511 nach Modena zurückzukehren, wo er eiligst mit einer jungen Dame verheiratet wurde, die sein Vater ihm ausgesucht hatte. In den nächsten fünf Jahren gab es von Molza kaum mehr zu berichten, als daß er vier Kinder zeugte, ehe er nach Rom entfloh und dort fast sein ganzes weiteres Leben verbrachte.

Molza war bereits sehr bekannt in Italien, und zu seinem Freundeskreis in Rom gehörten Bembo, Sadoleto, Beroaldo, Angelo Colocci, Tebaldeo und Cristoforo Longolio (Christophe Longeuil). Doch seine Heldentaten, die in Longolios Briefen aufgezeichnet sind, waren keineswegs rein literarisch, und Molza und sein junger Freund aus Mantua, Gandolfo Porrino, standen bald in demselben Ruf wie Tebaldeo: »zu viel von der Liebe und zu wenig von der Poesie zu verstehen«. Molzas erste Liebste in Rom war eine Dame mit Namen Furnia, und er war so vernarrt in sie, daß seine Freunde ihm den Spitznamen Furnio gaben; doch bald verließ er Furnia um Beatrices willen. Aber auch diese Liebesaffäre sollte nicht reibungslos verlaufen, denn Beatrice verließ nun Molza um eines Spaniers willen – offenbar war es eben jener Pedro di Bonadiglia, der gewiß wohlhabender war als Molza. Der Dichter war verzweifelt und drohte, sich als Einsiedler in eine Höhle in den Wäldern nahe Mantua zurückzuziehen. Doch zögerte er seine Abreise hinaus, weil er immer noch die Hoffnung hegte, Beatrice zurückzugewinnen. Und er hatte vielleicht Grund dazu, denn die Eifersucht des Spaniers war erweckt, und eines Tages, als Molza sein Haus verließ, wahrscheinlich, um Beatrice zu besuchen, wurde er überfallen, erhielt einen Stich in die Brust und wurde für tot liegengelassen. Der Dolch des Angreifers hatte Molzas Zwerchfell durchbohrt, und jedermann glaubte, er werde sterben, aber Antonio Lelio Massimo, der ein guter Arzt war und ihm wochenlang nicht von der Seite wich, rettete ihn.

Molza war auf dem Wege der Besserung, als Hadrian VI. zum Papst gewählt wurde. Aber das Regime des neuen Papstes war sittenstreng, und als dazu noch die Pest ausbrach, schien es Molza, Rom sei nicht der richtige Ort für einen Mann in seinem Zustand und mit seinen Neigungen. Deshalb suchte er Zuflucht in Bologna. Dort öffneten ihm sein Charme und seine Bildung alle Türen, und Molza stand bald auf freundschaftlichem Fuße mit Camilla Gonzaga, der er verschiedene Gedichte widmete. Inzwischen war Beatrice indes anderen Sinnes geworden. Als Molza so knapp dem Tode entronnen war, erkannte sie wohl, daß sie ihn wirklich liebte, denn sie folgte ihm nach Bologna. Dort wurde sie schwer krank. Was immer es für eine Krankheit gewesen sein mag, jedenfalls scheint die arme Beatrice Kopfschmerzen und hohes Fieber gehabt zu haben, und eins der Heilmittel, die ihre Ärzte empfahlen, war, ihr Haar abzuschneiden − eine seltsame Behandlung nach heutiger Vorstellung, die aber in einigen Fällen noch im 19. Jahrhundert in England angewandt wurde.

Beatrice war natürlich verzweifelt, denn ihr langes blondes Haar war nicht nur ihr schönster Schmuck, sondern auch einer der Hauptreize einer Kurtisane. Molzas Verstimmung gab sich, und um Beatrice zu trösten, schrieb er eine vorzügliche lateinische Elegie, Beatrice Spagnola gewidmet, in der er ihre verlorenen Flechten beklagte. Das Gedicht ist wirklich schön und wurde allseits bewundert, sogar von einem Kenner wie Bembo, der Molza schrieb und ihm ein Kompliment machte. Die etwas preziöse, blaustrumpfige Vittoria Colonna reagierte ganz anders. In einem bissigen, kurzen Gedicht warf sie Molza vor, wenn er »seine Beatrice in den Himmel hebe«, dann tue er nichts als »Krähen weißwaschen und Tauben schwärzen«. Obwohl derlei poetische Seitenhiebe damals gang und gäbe waren, war Molza wütend und rächte sich mit einem kurzen Gedicht, in dem er der edlen Frau unter anderem mangelndes Urteilsvermögen vorwarf.

Molza war deshalb so wütend, weil er wieder einmal bis über die Ohren in Beatrice verliebt war und sie ein Kind von ihm erwartete. Aus einem anderen, ihr gewidmeten Gedicht geht hervor, daß die Geburt des Kindes kurz bevorstand und Beatrice niedergeschlagen war und große Angst hatte. Molza war nicht dafür geschaffen, treu zu sein, aber wenn er liebte, dann liebte er wirklich, und in dem Gedicht ist er voller Zärtlichkeit, tröstet Beatrice in ihrer Angst und redet ihr gut zu, sie werde die Schmerzen schon überstehen und später viel Freude an dem Kind haben. Man kann nicht umhin, sich zu fragen, ob Molza, als er diese Zeilen schrieb, auch nur einen einzigen Gedanken an seine anderen Kinder und seine unglückliche Frau verschwendete, die er seit sechs Jahren nicht gesehen hatte. Dennoch hatte er recht, was Beatrice betrifft, denn sie erwies sich als eine vortreffliche Mutter.

Molza und Beatrice kehrten 1526 nach Rom zurück, und Beatrice fand ein neues Haus in der Nähe der schönen Kirche S. Salvatore in Lauro, nicht weit vom Tiber. Bei der Volkszählung Ende des Jahres wurde sie mit einem Haushalt von drei Personen registriert, also scheint es ihr ganz gut gegangen zu sein. Das Viertel von Rom, in dem sie wohnte, wurde bei der Plünderung im folgenden Jahr schwer mitgenommen, aber Beatrice überlebte sie und war – nach dem *Trionfo della lussuria* zu urteilen – auch nachher noch eine der erfolgreichsten Kurtisanen in Rom. Wie lange ihre Affäre mit Molza dauerte, ist nicht bekannt, ebensowenig, ob er der Vater aller ihrer Kinder war. Tatsächlich weiß man über Beatrice Spagnola weiter nichts mehr, als daß Molza sie verlassen hatte, kurz bevor sie 1539 einen Tag nach Weihnachten starb und in der Kirche S. Agostino bestattet wurde. Die Inschrift auf ihrem Grabmal bezeugte, daß sie eine »vortreffliche und höchst fürsorgliche Mutter« gewesen sei, die »ihre Kinder untröstlich zurückließ, als sie in der Blüte ihrer Jugend starb«.

Molzas neue Flamme, Faustina Mancina (linkshändige Faustina), für die er *La Ninfa Teverina* – eins seiner bekanntesten Gedichte – schrieb, starb ebenfalls jung. Molzas Freund Gandolfo Porrino hatte sie auch geliebt und bat nach ihrem Tod Michelangelo, ein Bildnis von ihr anzufertigen. Der große Künstler lehnte das mit der Begründung ab, Faustinas Gestalt, die Porrino so geliebt habe, sei allein Gottes Werk; deshalb könne er, Michelangelo, sie nicht nachbilden. Doch verfaßte Michelangelo für Faustina den eindringlichsten und schönsten Epitaph, der je für eine Kurtisane geschrieben wurde:

> In noi vive, e qui giace la divina
> Beltà da morte anz' il suo tempo offesa.
> Se con diritta ma facé difesa
> Campava; onde non fe, ch' era Mancina.

(In uns lebt und hier liegt die göttliche Schönheit, niedergestreckt vom Tod vor ihrer Zeit. Hätte sie sich mit der Rechten verteidigt, wäre sie noch am Leben; sie tat es nicht, sie war linkshändig.)

Beatrice Spagnola und Faustina waren offenbar ein Opfer der Verhältnisse geworden, unter denen sie geboren wurden, und auch ein Opfer ihrer Schönheit, die die Rettung vor einem jämmerlichen Sklavendasein zu bieten schien. Und in der Hoffnung, daß sie viel Geld verdienen und die Stütze ihrer Verwandtschaft sein würden, hatten die Familien sie zweifellos dazu gedrängt, den Pfad der Sünde einzuschlagen. Aber beide waren sie wohl nicht aus genügend hartem Holz geschnitzt, um das Leben einer wirklich erfolgreichen Kurtisane führen zu können – junge Dichter wie Molza und Gandolfo Porrino waren schön und gut, sie verewigten ihre Liebsten in der Poesie und weinten um sie, wenn sie tragisch jung starben. Aber hätte der Tod nicht eingegriffen, ist es in Faustinas Fall sehr fraglich, ob es lange gedauert hätte, bis bei Molza und Porrino die alte Liebe einer neuen gewichen wäre. Die ganze Tragödie des Lebens von Beatrice und Faustina und vieler anderer Kurtisanen ist zusammengefaßt in den beiden letzten Zeilen von Michelangelos Epitaph für Faustina. Denn sein Wortspiel mit *mancina* (linkshändig) sollte bedeuten, daß Faustina, hätte sie sich mit der rechten Hand verteidigt – also den rechten Weg eingeschlagen –, am Leben geblieben wäre. Doch sie war linkshändig, sie schlug den falschen Weg ein und starb deshalb vor ihrer Zeit.

Von ganz anderer Art und in der Tat aus so hartem Holz geschnitzt, wie eine Kurtisane nur sein konnte, war Angela Greca, die von Zoppino zusammen mit Matrema, Lorenzina und Tullia als eine der durchtriebensten Kurtisanen in Rom erwähnt wurde. Er sagte, sie sei während des Pontifikats von Leo X. dort hingekommen, und bei der Volkszählung von 1517 ist Angela Greca bereits registriert worden. Aus einer der *novelle* von Giovanni Battista Giraldi geht hervor, daß La Greca, wie sie oft genannt wurde, aus Zypern stammte. Jedenfalls bezeichnet er ihre Mutter als Zypriotin und sagt, sie sei die verschlagenste alte Frau gewesen, die die Welt je gesehen habe. Und wie Angela Grecas spätere Karriere zeigte, war der Apfel nicht weit vom Stamm gefallen. Angela war in einer verzweifelten Lage, als sie in Rom eintraf: auf dem Weg durch Italien war sie von Schurken beraubt und wahrscheinlich vergewaltigt worden, denn sie litt an einer leichten Geschlechtskrankheit, und nachdem die Wegelagerer alles von ihr bekommen hatten, was sie kriegen konnten, ließen sie Angela in einer Taverne in Campo di Fiori sitzen.

Bitterarm, krank und als Ausländerin begann Angela also ihre Laufbahn in Rom. Aber wie dreißig Jahre früher ihre Landsmännin La Grechetta, deren Geistesgegenwart in den Trümmern ihres brennenden Hauses sie gerettet hatte, besaß Angela offenbar außer der ihr von Zoppino zugeschriebenen Schönheit und Anmut auch Mut und Intelligenz. Denn mit der Zeit fand auch sie einen spanischen Geliebten, und er besorgte ihr ein Haus in der kleinen Querstraße der Via Giulia, die heute Vicolo Cellini heißt. Zu Angelas Zeit hieß die

Gasse Via Calabraga (Zieh die Hosen aus) und war eine gute Adresse für Kurtisanen; Angelas Haus soll dasjenige gewesen sein, das heute die Nummer 31 trägt. Es ist ein reizendes dreistöckiges Gebäude mit bogenförmigen Fenstern und Türen, und die ganze Fassade ist bemalt. Zwischen den Fenstern des ersten Stocks befindet sich ein von Sirenen gehaltenes Medaillon, in dem eine Kampfszene von Rittern dargestellt ist – ein sehr passendes Motiv für das Haus einer Kurtisane.

All dieser Großartigkeit entsprechend, nannte sich Angela (wie sie wahrscheinlich auch nicht hieß) jetzt Signora Hortensia Greca. Unter diesem hochtönenden Namen widmete ihr Beccuti, als »Il Coppetta« bekannt, ein Gedicht, in dem er ihr Lob sang und sagte, ihre Augen seien »strahlender als die Sonne«, ihre Schönheit »übermenschlich«, und sie sei »eine der Ersten unter den Kurtisanen in Rom« – was laut Beccuti verständlich war wegen »ihrer ungewöhnlichen exotischen Schönheit und des einer Königin angemessenen Hauses«, in dem seine »Angioletta Greca in einer der schicksten Straßen von Rom« lebte. Aus dieser seltsamen Zusammenstellung von Merkmalen, die Beccuti offenbar besonders schmeichelhaft fand, läßt sich schließen, daß er damals noch ein junger Mann war. Auch war er bestimmt eifersüchtig auf Angelas spanische Verehrer, denn er sagt, er könne sich nicht rühmen, ein »Ritter von Alcantara, der Rose oder von Calatrava« zu sein. Tatsächlich entstammte Beccuti einer angesehenen Familie in Perugia und wurde später Statthalter von Norcia und Foligno und einer der besten italienischen Dichter seiner Zeit. Sein bezauberndes Gedicht über eine verlaufene Katze ist sehr bekannt, aber seine anderen, Kurtisanen und jungen Männern gewidmeten Liebesgedichte sind weniger reizvoll, und der bittere Haß, der in einem Angela nach ihrer Trennung gewidmeten Gedicht zum Ausdruck kommt, findet in der Poesie wohl kaum seinesgleichen. Indes enthält es die am häufigsten zitierten Zeilen der Kurtisanenliteratur. Beccuti macht sich über Angelas ungeschickte Versuche lustig, sich weibliche Schicklichkeit anzueignen, und fährt dann fort: *E far la donzelletta, e persuadersi di pisciar acqua nanfa, e far de l'oro.* (Und das junge Mädchen spielen und sich einreden, Zitronenwasser zu pissen und Gold zu machen.)

Angela hatte Beccuti zweifellos um eines reicheren Mannes willen verlassen, und gewiß gehörte sie 1524 zur Spitzengruppe der Kurtisanen, denn sie wohnte wie Matrema, Lorenzina und Beatrice Spagnola in der Nähe des dell'Orso, und auch ihr Haus war mit einer eisernen Tür gesichert – eine notwendige Vorsichtsmaßnahme für den Fall, daß sie sich unter ihren abgelegten Liebhabern noch mehr so bösartige Feinde wie Beccuti gemacht haben sollte. Tatsächlich scheint Angela ihr Talent, Eifersucht unter ihren Liebhabern zu erzeugen, besonders gepflegt zu haben, und bei anderen Gelegenheiten fuhr sie offenbar sehr gut dabei. Nanna, die nicht gerade dazu neigte, ihre Kolleginnen zu loben, hatte in dieser Beziehung eine große Hochachtung vor Angelas beruflicher Tüchtigkeit und sagte zu Pippa, sie solle diese Kunst entwickeln, denn »sie kann Wunder wirken, solange sie anhält; Angela Greca kann das beschwören, denn sie hat guten Gebrauch davon gemacht, um die Füße aus dem Bett zu bekommen.«

Offenbar hatte Angela Greca auch genug Verstand, um den kommenden Sturm zu wittern, als das kaiserliche Heer in Italien vorrückte. Denn Ende 1526 hatte sie Rom verlassen – bei der Volkszählung Ende dieses Jahres wird sie nicht aufgeführt – und war damit der Plünderung entgangen. Vielleicht war sie damals zu ihrer Reise nach Frankreich aufgebrochen – einer sehr erfolgreichen, wie es scheint, denn Brantôme, der Angela kennenlernte, als er dreißig Jahre später in Rom war, berichtet, sie sei »von einem französischen Grandseigneur« ausgehalten worden. Auch habe sie das Geld für ihre Reise irgendwie einem »Seigneur Bonsivi de Lucca« abgeluchst, »einem reichen Mann, der eine Bank in Lyon hatte«, und Angela habe sogar »verkleidet« dessen Frau einen Besuch abgestattet, vermutlich gab sie sich für eine in Not geratene Dame oder dergleichen aus. Zwei Jahre später war Angela wieder in Italien, in der Toskana, im Begriff, das Bravourstück ihres Lebens zu vollbringen, denn Graf Ercole Rangoni hatte ihr die Ehe versprochen.

Aber in diesen zwei Jahren war das Rom des Goldenen Zeitalters dahingeschwunden, und viele der Dichter, Humanisten und Kurtisanen, die die Stadt – zu ihrem Nutzen oder Schaden – zu dem gemacht hatten, was sie war, verloren während des *sacco di Roma* ihr Leben. Einer der Überlebenden, Angelo Colocci, mußte mit ansehen, wie seine Häuser niedergebrannt, seine Schätze geraubt oder zerstört wurden, und er wurde zweimal bis zur Zahlung eines Lösegeldes gefangengehalten, doch dann gelang es ihm schließlich, in seine Heimatstadt Jesi zu entkommen. Domenico Lelio verlor alle Bücher und Schriften, die er besessen hatte, mit Ausnahme eines schmalen Bandes von Gedichten seines Freundes Beroaldo, die er später veröffentlichte, und darunter befand sich Beroaldos Beschreibung von Imperia und ihren Geburtstagsgeschenken. Welche Verluste an Leben und an Werken der Kunst entstanden, ist unermeßlich. Beobachtern auf den Mauern des belagerten Castel S. Angelo, der Engelsburg, kam es so vor, als ob die Stadtviertel jenseits des Tiber mitten im Mai unter einer dichten Schneedecke lägen – alles war mit Papieren aus Banken, Geschäftshäusern, Bibliotheken und Kirchen übersät. Doch inmitten dieses Chaos und dieser Hölle bot eine Kurtisane, Caterina Padovana – Zoppino erwähnt sie und daß sie beim Kirchgang immer von Bankiers und Buchhaltern umgeben war –, den schrecklichen Landsknechten des kaiserlichen Heers die Stirn und zahlte ihnen sechs Dukaten, um die Schriften ihres Freundes Pietro Paolo Paris zu retten, eines Dozenten an der Universität von Padua. Nichts weiß man sonst von Caterina, nur daß sie kurz nach der Plünderung starb und in ihrem Testament ersuchte, die Papiere ihrem Eigentümer zurückzugeben, und rührenderweise darum bat, ihrem Nachlaß die sechs Dukaten zu erstatten – nach der Plünderung wird sie wohl sonst kaum etwas zu hinterlassen gehabt haben. Doch der Mut, den Caterina bewies, als sie die Schriften ihres gelehrten Freundes rettete – vielleicht die Frucht lebenslänglicher Studien –, beantwortet eindeutig die Frage, die in intellektuellen Kreisen zu diskutieren damals Mode war: Ist eine Kurtisane wahrer Liebe fähig? Caterina war es gewiß.

Tullia d'Aragona,
die intellektuelle Kurtisane

Neun Monate lang hielt das kaiserliche Heer Rom besetzt – oder gab sich vielmehr dem Plündern hin – und wurde erst durch die Pest vertrieben. Papst Klemens VII. hatte die Stadt schon lange verlassen, denn als Hausierer verkleidet war ihm im Dezember 1527 die Flucht aus der Engelsburg gelungen. In Schutt und Asche, sich selbst überlassen und von Krankheit geplagt, kehrte Rom nach der schwersten Plünderung in seiner Geschichte mühsam wieder ins Leben zurück. Aber es war ein völlig anderes Rom, das sich aus der Asche erhob. Das hedonistische Zeitalter Leos X. war für immer vergangen – jene Zeit, die Zoppino so anschaulich geschildert hatte, als er sagte: »Damals konnten die Leute es sich leisten, Brokate zu zerreißen und sie wegzuwerfen wie Lumpen«. Für ihn und viele andere, vor allem aber für die Kurtisanen war die Welt ein trauriger Ort geworden, »wo der Steuereinnehmer in alles seine Nase steckt«.

Wie nicht anders zu erwarten, spiegelten die Kurtisanen dieses neuen Zeitalters die Interessen und Verhaltensweisen der Epoche wider, in der sie lebten. Sie ähnelten nicht mehr der lebenslustigen, sorglosen Imperia, der Agostino Chigi einen blumenbekränzten Fisch geschickt hatte, oder Rennpferdbesitzerinnen wie Beatrice Ferrarese. Matrema hatte in der Tat den Wandel vorausgeahnt, als sie sich zur Verfechterin des korrekten Italienisch machte. Aber selbst sie wurde bald in den Schatten gestellt von Tullia d'Aragona, der intellektuellen Königin eines literarischen Salons.

Tullia scheint ihre Laufbahn nicht so früh begonnen zu haben wie die meisten Kurtisanen, oder sie erregte zuerst nicht so viel Aufsehen. Die Art ihrer Schönheit und des Reizes, den sie persönlich ausübte, mag dabei eine Rolle gespielt haben. Tullia besaß offenbar nicht die klassische Schönheit der Italienerin, die schon in jungen Jahren üppige Formen aufweist. Sie war groß, was man zu jener Zeit bei Frauen nicht bewundernswert fand, und obwohl ihr Haar lang und blond war, wie es die Mode erforderte, entsprachen doch ihre Züge nicht den damaligen Schönheitsmaßstäben. Ihre Feinde zögerten nicht, darauf hinzuweisen, daß ihre Nase zu lang sei, obwohl sie zugeben mußten, Tullia habe wundervolle Augen, lebhaft und funkelnd und so ausdrucksvoll, daß sie die Herzen aller entflammten, die sie sahen. Und nicht einmal ihre Verleumder, zu denen der stimmgewaltige Aretino und seine Freunde gehörten, konnten bestreiten, daß Tullia musikalisch begabt war, eine bezaubernde Stimme hatte und vorzüglich Laute spielte. Das Reizvolle an ihr scheint mehr ihr Wesen und ihre Geistigkeit gewesen zu sein denn offenkundige sinnliche Schönheit, aber gewiß beherrschte sie die Kunst, Männer anzulocken und sie buchstäblich nach ihrer Pfeife tanzen und dann zappeln zu lassen. Sonderbar war, daß mit Ausnahme des sehr weltmännischen und individualistischen Filippo Strozzi die Mehrzahl von Tullias Verehrern entweder ganz junge Männer, fast Knaben, oder reife und gebildete Männer waren und nur ganz selten typische Lebemänner.

Wahrscheinlich waren die Reize und Methoden, mit denen Tullia ihre Liebhaber umgarnte, das Ergebnis einer wohlerwogenen Strategie, die darauf abzielte, ihre natürlichen Gaben voll auszuschöpfen, aber ihre eigenen Gefühle dabei auszuschalten, und das änderte sich erst gegen Ende ihrer Laufbahn. Abgesehen davon, daß Aretino intellektuelle Affektiertheit verabscheute, haßte er Tullia vor allem deswegen, weil sie nicht die geborene Hure von der Art war, wie er sie schätzte, sondern das, was ein moderner Dichter einmal die »kalten Huren des Geistes« nannte. Unter diesen Umständen ist es verständlich, daß es einige Zeit dauerte, bis sich Tullia zu einer richtigen Kurtisane entwickelt hatte. So erscheint sie zwar im Jahre 1536 in amtlichen Urkunden bereits als Tullia d'Aragona, Kurtisane, doch bei der Volkszählung wird sie nicht erfaßt. Sie gehörte einfach zum Haushalt ihrer Mutter Giulia Campana oder Giulia Ferrarese, Kurtisane, der aus sieben Personen bestand.

Da sie sechs Dienstboten hatte, scheint es Giulia recht gut gegangen zu sein, doch möglicherweise war dieser Anschein von Luxus und Wohlhabenheit nur Angabe, weil es eben wichtig war. Zweifellos kannte Giulia alle Schliche ihres Gewerbes, und aus der Rolle, die sie in Tullias Leben spielte, geht eindeutig hervor, daß sie eine geschäftstüchtige Frau war. Auch war sie sehr schlagfertig. Einmal ging sie über die Via del Populo (die gerade auf Kosten der Kurtisanen neu gepflastert worden war, denen man zu diesem Behufe eine Sondersteuer auferlegt hatte), als sie mit einer Dame zusammenstieß, die sich umdrehte und sie beleidigte – zweifellos nannte sie Giulia eine Prostituierte. Giulia reagierte mit einer vollendeten Retourkutsche: »Entschuldigen Sie, gnädige Frau«, sagte sie. »Ich weiß sehr wohl, daß Sie mehr Recht haben als ich, auf dieser Straße zu sein.«

Soviel man weiß, hat Giulia zwischen 1505 und 1515 eine Zeitlang ein Verhältnis mit Kardinal Aragon gehabt, und möglicherweise sogar länger. Doch auf ihrem Höhepunkt scheint die Beziehung im Jahre 1508 gewesen zu sein, denn der modenaische Gesandte in Rom berichtete seiner Regierung am 13. Februar, der Kardinal habe angeblich eine Dienstreise nach Gallese (einer kleinen Stadt in der Nähe von Viterbo) gemacht, sich in Wirklichkeit aber woanders mit einer Frau getroffen, die er liebte. Zwischen 1517 und 1518 war der Kardinal nicht in Italien, sondern hielt sich in der Schweiz, Frankreich und Flandern auf, und entweder damals oder nach seinem Tod im Jahre 1519 verließ Giulia Rom und ging mit Tullia nach Siena, wo sie einige Zeit blieb. Zumindest einen Teil ihrer Entwicklungsjahre verbrachte Tullia also in der Toskana, denn sie sprach Italienisch mit dem hochgeschätzten toskanischen Akzent.

Zoppino zufolge ist Giulia mit einem ihrer Liebhaber in die Toskana gegangen, der dort irgendwelche Gelder einzutreiben hatte und einen Teil davon auch erhielt. Vermutlich fiel auch für Giulia etwas ab, und sie konnte eine Zeitlang davon in Siena leben. Doch als Tullia alt genug war, um ihre Laufbahn zu beginnen, kehrte Giulia in die sehr viel ergiebigere *terra da donne* zurück und nahm sich ein Haus in dem eleganten römischen Viertel Torre Sanguigna, nicht weit von Matrema entfernt. Aber mittlerweile werden Giulias Reize wohl im Schwinden gewesen sein, und ebenso, wie andere Kurtisanen sich auf ihre Töchter verließen, zählte auch sie darauf, daß Tullias Einkommen für sie beide reichen würde. Die elegante Unterkunft und sechs Bediente waren erforderlich, wenn Tullia rasch über die Schar der »unbedeutenden kleinen Huren«, wie Zoppino sie nannte, hinauswachsen sollte. Natürlich kostete das Geld, aber bei weitem nicht so viel wie eine solide Mitgift an Grundbesitz, die es allein ermöglicht hätte, daß Tullia, die Tochter einer Kurtisane, eine respektable Ehe einging. Und vermutlich sprach Tullia die Wahrheit, als sie zu einem späteren Zeitpunkt sagte, sie sei aus Geldnot Kurtisane geworden.

1526 muß Tullia etwa achtzehn Jahre alt gewesen sein; um diese Zeit ist sie zum erstenmal in einer zeitgenössischen Klatschspalte erwähnt worden, und zwar in Zoppinos Aufzählung der bekannten Kurtisanen und der sie beim Kirchgang begleitenden Verehrer. Gewiß hätte Zoppino sie nicht angeführt, wenn sie nicht schon die Aufmerksamkeit auf sich gezogen hätte, doch scheint sie noch nicht zur Spitzenklasse der Kurtisanen gehört zu haben. Denn während er bei Angela Greca und den beiden Beatrices betont, daß sie von Adligen und Prälaten umgeben waren, haben sich um Tullia nur »bartlose Jünglinge« geschart, obwohl, wie sich später ergab, einige von ihnen den vornehmsten römischen Familien angehörten. Zwar billigte Zoppino Tullia berufliche Gewandtheit zu, denn er stellte sie auf gleiche Stufe mit Matrema und Angela Greca, doch war das möglicherweise eine Feststellung, die er im nachhinein traf.

Die Plünderung Roms forderte ihren Tribut von den Vermögen aller Einwohner. Die Besatzer kassierten allein an Bargeld eine Million Dukaten, aber gewiß ebensoviel erhielten sie durch Erpressung und Plünderungen. Unter der Folter gestanden die unglücklichen Bürger, wo sie etwaige wertvolle Besitztümer versteckt hatten, und reiche Männer wie Colocci wurden unter Umständen dreimal hintereinander bis zur Zahlung eines Lösegeldes gefangengehalten. Giulia und Tullia erging es gewiß nicht besser als allen anderen, und sie büßten alle Juwelen oder Ersparnisse ein, die sie gehabt hatten. Doch in den schwierigen Jahren unmittelbar nach dem *sacco di Roma* – zwischen 1527 und 1531 – setzte sich Tullia in ihrem Beruf durch. Wie groß ihr Erfolg war, läßt sich daran ermessen, daß ihre außerordentliche Anziehungskraft, die sie auf jung und alt gleichermaßen ausübte, von einem ihrer Erzfeinde in einer *novella* geschildert wurde.

Als Einleitung zu einer schlüpfrigen Geschichte über Tullia berichtet Giovanni Battista Giraldi, daß Tullia »indem sie sich Männern verkaufte und literarische Gaben und intellektuelle Interessen vortäuschte, nicht nur junge, sondern auch gelehrte Männer reifen Alters anzog und verführte«. Und ohne einen Funken Humor schildert Giraldi voll Abscheu, daß sie gegen das Versprechen, mit ihnen zu schlafen, ältere Männer und würdige Intellektuelle dazu gebracht habe, Pavane, *rosina* und jeden anderen Tanz, den sie wollte, zu ihrer Belustigung zu tanzen, während sie die Tänze auf der Laute begleitete. Und das tollste war, daß die Verführerin dann ihr Versprechen nicht hielt und sich weigerte, mit den Männern ins Bett zu gehen. Offenbar hatte Tullia etwas von einer Circe an sich, aber mit einem sarkastischen Humor.

Dagegen beschreibt Ludovico Domenichi, ein zeitgenössischer Autor und Verleger, einen Abend in Tullias Haus, an dem sich einige Männer dort eingefunden hatten und die Unterhaltung zu einer ernsthaften Diskussion wurde. Es ging um die Frage, ob Petrarca seine Themen den Werken der alten provençalischen und toskanischen Dichter entlehnt habe. Es wurden von zwei annähernd gleich großen Gruppen unter den Gesprächspartnern unterschiedliche Meinungen vertreten, so daß die Debatte einige Zeit fortgeführt wurde, ohne zu einem Abschluß zu kommen. Doch dann kam noch ein Gast, Umore di Bologna, der, obwohl er als Spaßvogel bekannt war, dennoch den Streit beendete. Petrarca, sagte er, sei nicht nur klug, sondern auch erfinderisch gewesen; zwar habe er sich bei seinen Versen auf die alten Dichter gestützt – wie die Spanier, die sich des Nachts gegenseitig ihre Umhänge stehlen –, aber das Gestohlene mit neuen Verzierungen versehen, so daß er nicht erwischt wurde. In der Gesellschaft befand sich ein Spanier, was

Umore nicht wußte, der gleich beleidgt war, aber da er den Sinn des Gespräches nicht ganz verstanden hatte, fragte er die anderen, was Umore von Spaniern gesagt habe. Und um die Sache leicht abzutun, sagte Umore einem der Diener, er solle seinen Umhang nehmen und den Spanier einwickeln.

Solche Diskussionen waren natürlich der letzte Schrei zu einer Zeit, in der Castigliones *Cortigiano* das Vorbild für die feine Gesellschaft war, und die Tatsache, daß Tullias Haus ein anerkannter Treffpunkt für solche Zusammenkünfte war, trug beträchtlich zu ihrem Prestige bei. Aretino und die anderen mochten hohnlächeln über Tullias intellektuelle Ambitionen, aber es besteht kein Zweifel, daß sie als Gastgeberin eines Salons dieser Art sehr erfolgreich war. Besonders in Rom waren die Anwesenden bei solchen Gelegenheiten nicht nur ausschließlich Männer, sondern auch vorwiegend Kleriker, und aus eben diesem Grunde wußten sie eine Kennerin der Literatur um so mehr zu schätzen, die außerdem in der Kunst der Liebe wohlbewandert war – und daher war Tullia als »intellektuelle Kurtisane« so bemerkenswert erfolgreich.

Doch Anfang 1531 ging ihr ein viel größerer und wichtigerer Fisch ins Netz: Filippo Strozzi, der fünfzehn Jahre zuvor der Liebhaber der armen Camilla Pisana gewesen war. Mit dreiundvierzig Jahren war Filippo unverändert, noch immer war er der reichste und eleganteste Mann in Florenz mit einer Schwäche für die beliebtesten Kurtisanen. Und die Tatsache, daß Papst Klemens VII. ihn nach Rom gerufen hatte, um an dem geheimsten und abgefeimtesten Projekt mitzuwirken, das dieses besonders abgefeimte Mitglied der Familie Medici je ersonnen hatte, hinderte Filippo nicht daran, sich gleichzeitig zu amüsieren. Vorgeblich war er, der große Bankier, nach Rom zitiert worden, um finanzielle Dinge zu besprechen, doch der wahre Grund für seinen Besuch war, daß der Papst ihn als Florentiner Mitbürger über seine Pläne für die Regierung ihrer beider Heimatstadt konsultieren wollte.

1527, als der Papst in der Engelsburg belagert wurde, hatten die Florentiner noch einmal das Joch der Medici abgeschüttelt, die ganze Familie verbannt und die Republik wiederhergestellt. Nach der Plünderung Roms war es Klemens VII. gelungen, mit Kaiser Karl V. Frieden zu schließen und sogar sein Verbündeter zu werden, indem er dem Kaiser heimlich seine Unterstützung gegen Franz I. zusagte. Karl wiederum versprach dem Papst militärische Unterstützung in Italien. (Die Feindseligkeiten zwischen dem Kaiser und Franz I. waren 1529 mit dem Vertrag von Cambrai beendet worden, bei dem Franz sämtlichen französischen Ansprüchen auf Italien entsagte, und für Klemens VII. war das die einzig wichtige Bestimmung des Vertrages.)

Klemens war jetzt bereit, Rache zu nehmen; mit Hilfe der kaiserlichen Streitkräfte wurde Florenz belagert, und im August 1530 kapitulierte die Stadt. Obwohl Florenz jetzt machtlos war, wagte nicht einmal Klemens, sofort seine Karten aufzudecken, sondern setzte erst einmal einen Statthalter ein, dessen Macht auf der Unterstützung durch die kaiserliche Garnison beruhte. Während dieser Zeit, im Februar 1531, wurde Filippo Strozzi nach Rom gerufen, um mit dem Papst darüber zu reden, wie der nächste von ihm geplante Schritt unternommen werden sollte. Klemens beabsichtigte, in Florenz eine Regierung einzusetzen, die den Anschein erwecken sollte, als sei alles wieder normal. Aber in Wirklichkeit sollten die Ratsherren bloße Galionsfiguren sein und die wirkliche Macht in den Händen von Alessandro de' Medici liegen – angeblich ein unehelicher Sohn von Lorenzo, Herzog von Urbino, aber möglicherweise Klemens' eigener Bastard.

Zu der Zeit, als Strozzi in Rom weilte, wurde Florenz tatsächlich durch die dort stationierte Garnison des Kaisers beherrscht, der jetzt ganz offenkundig Freund und Verbündeter des Papstes war. Deshalb war es für Strozzi in seinem eigenen Interesse wichtig, sehr vorsichtig zu lavieren, insbesondere weil er, als die Medici 1527 verbannt wurden, die republikanische Partei unterstützt hatte. Außerdem hatte der Papst noch andere Florentiner Berater: die Kardinäle Salviati und Ridolfi sowie Iacopo Salviati und Roberto Pucci, die natürlich bestens informiert waren über seine Tätigkeit in Florenz. Geld war sein einziger Pluspunkt, und Geld brauchte der Papst – Geld, um eine Festung für die Garnison zu bauen, auf der Alessandro de' Medicis Macht in Wirklichkeit beruhen würde; und Strozzi erklärte sich bereit, einen Großteil der Kosten für die Festung zu übernehmen, die heute Fortezza da Basso heißt.

Bei all seinen Problemen hatte sich Filippo Strozzi um Rat an den Florentiner Diplomaten und Historiker Francesco Vettori gewandt. Und aus einem von Vettoris Briefen vom 14. Februar 1531 erfahren wir nicht nur von Strozzis Problemen, sondern auch eine ganze Menge über seinen Charakter. Selbst bei all diesen gefährlichen Verhandlungen ließ er sein Vergnügen nicht zu kurz kommen, und er besaß eine derartig arrogante Selbstsicherheit, daß er sich nicht im mindesten in acht nahm. Tatsächlich verbrachte er seine ganze freie Zeit mit Tullia. Während er Sonette für sie schrieb oder auch höchst vertrauliche Briefe an Vettori, schaute sie ihm über die Schulter, und was noch schlimmer war, er ließ sie höchstwahrscheinlich Vettoris Briefe lesen, in denen ihm Ratschläge für seine Verhandlungen und Auskünfte über die beteiligten Persönlichkeiten erteilt wurden. Aus den Vorwürfen, die Vettori ihm macht, geht hervor, daß Strozzi nichts geheimgehalten hat und Vettori fürchtete,

Tullia könnte eben den Männern im Vatikan, mit denen Filippo zu tun hatte, berichten, was er und Vettori über sie gesagt und was für Pläne sie hatten. Vettoris Brief läßt auch keinen Zweifel daran, daß er Tullia gut kannte und sich darüber klar war, sie kenne die Männer persönlich, mit denen Strozzi verhandelte. Denn da heißt es: »Warum schreibst Du mir, wenn Tullia neben Dir sitzt? Und ich möchte auch nicht, daß Du meine Briefe liest, wenn sie dabei ist. Denn da Du sie liebst, wegen ihres Geistes, denn ihre Schönheit allein würde es nicht rechtfertigen, möchte ich nicht, daß Du mich in eine Lage bringst, in der sie mir bei den von mir erwähnten Leuten schaden kann.«

Dieser Brief von Vettori, dem klugen und erfahrenen Diplomaten, ist die einzige wirklich scharfsinnige und unparteiische zeitgenössische Meinungsäußerung über Tullia, die erhalten ist. Und es ist beachtenswert, daß Vettori zwar von ihrem Äußeren nicht sehr viel hielt, aber Tullias Geist und Intelligenz bewunderte. Gewiß war er überzeugt, daß sie nicht flatterhaft war, nicht nur an ihren Liebhabern und ihrer Erscheinung interessiert, und Verstand genug besaß, um die politische Bedeutung seiner Briefe zu erkennen. Und wie er unverblümt sagte, fürchtete er, daß sie bei den hochgestellten Männern in Rom, die sie kannte, zu seinem und Strozzis Nachteil von ihrem Wissen Gebrauch machen könnte. Vettori war sich auch darüber klar, daß Filippo zwar ein notorischer Schürzenjäger war, aber an Tullia wirklich hing und sie offenbar mehr Einfluß auf ihn ausübte als seine anderen Mätressen – in ihrem Fall konnte man geradezu sagen: gleich und gleich gesellt sich gern. Die arme Camilla hatte ihren Filippo als »eine Sirene« bezeichnet, »er hat kein Herz«, und später wurde Tullia von einem ihrer Liebhaber »ein Ungeheuer, ein Wunder, eine Sibylle« genannt. Und obwohl Tullia damals Strozzis Angelegenheiten für sich behielt, scheint sie später die Herzlosigkeit einer Sirene an den Tag gelegt zu haben, nachdem Strozzi sein tragisches Geschick ereilt hatte.

Ein gemeinsames Band, das Tullia und Strozzi vereinte, war die Musik. Filippo und sein Bruder Lorenzo (der Gastgeber der makabren Gesellschaft, zu der Matrema eingeladen war) hatten beide sehr schöne Stimmen, und in der Karwoche pflegten sie sich den Florentiner Chören anzuschließen, die öffentlich die Passionsgeschichte sangen, und auch während des Karnevals sangen sie in der Öffentlichkeit, was weniger überraschend ist. Tullias Stimme und musikalische Begabung müssen wirklich beachtlich gewesen sein, wenn sie, die nicht besonders schön war, dennoch den Musik- und Frauenkenner Filippo Strozzi so fesseln konnte, daß er in einer Stadt wie Rom, in der an schönen Kurtisanen kein Mangel herrschte, so viel Zeit mit ihr verbrachte. Die Leidenschaft dieses dreiundvierzigjährigen Lebemannes für sie zeigte sich nicht nur darin, daß er sie an Staatsgeheimnissen teilhaben ließ – Vettori fand auch, Strozzi mache sich in aller Öffentlichkeit lächerlich. In demselben Brief hatte Vettori ihm taktvoll darüber geschrieben: »Mir steht es nicht zu, Filippo Strozzi zu belehren ... aber ich habe ein Gerücht gehört, daß gewisse Schriften in Umlauf sind und gewisse Herausforderungen gemacht werden, die mich bestürzen, wenn ich daran denke, daß jemand wie Du, ein Mann von dreiundvierzig Jahren, um eine Frau kämpfen will. Und obwohl ich glaube, daß Du mit Waffen ebensogut umgehen kannst wie mit der Feder und in der Tat alles erreichst, was Du Dir vornimmst, wäre es mir doch lieber, Du würdest Dich nicht der Gefahr aussetzen, für eine so unwichtige Sache zu kämpfen. Und ich möchte Dich daran erinnern, daß sehr wenige Männer wie Du in irgendeinem Jahrhundert geboren werden, und das sage ich nicht, um Dir zu schmeicheln. Regle Deine Angelegenheiten und komme zurück.« Strozzi nahm sich Vettoris Rat offenbar zu Herzen. Denn als 1531 sechs Männer (alle sehr viel jünger als er) eine Herausforderung unterzeichneten, daß sie mit jedermann auf der Welt kämpfen würden, um »zu verfechten, daß ihre Herrin und Gönnerin, die erlauchteste Signora Tullia d' Aragona ... nicht ihresgleichen hat in der Vergangenheit und in zukünftigen Jahrhunderten nicht haben wird«, da erschien Filippo Strozzis Name nicht unter den Unterschriften der Herausforderung.

Im Jahre 1531 war Tullia in der Tat die tonangebende Kurtisane in Rom, und die Zahl ihrer Verehrer war Legion; zu ihnen gehörten nicht nur ein millionenschwerer Bankier und sechs junge Haudegen, die um ihretwillen die Welt zum Kampf herausfordern wollten, sondern auch der gebildete und urteilsfähige Ippolito de' Medici. In dem reizenden Sonett, das er ihr widmete, pries Ippolito natürlich das leuchtende Gold von Tullias Haar und das Funkeln ihrer strahlenden Augen – kein *cortigiano* hätte es anders machen können –, doch hatte ihn offenbar Tullias charmantes Wesen am meisten für sie eingenommen. Denn zu seinen weniger abgedroschenen Lobpreisungen von Tullias Tugenden gehörten der Hinweis auf ihre Sanftheit, die »den Sturm des Himmels beschwichtigen« könne, und ihr besonders reizvolles Lachen. Ippolito war ein Jahr jünger als Tullia, und als er das Sonett schrieb, war er ein lebenslustiger junger Mann, der Soldat werden wollte, aber wie seine tragische und hoffnungslose Liebe zu der keuschen und edlen Giulia Gonzaga später zeigte, war er nicht der Typ, der sich für alltägliche Frauen begeisterte.

Zu Tullias jungen Verehrern in Rom gehörte auch Paolo Emilio Orsini – sein Name stand an erster Stelle auf der Liste der sechs Kämpen, die Tullia zu Ehren die Welt herausforderten –, und er schien von derselben Art zu sein wie Ippolito de' Medici. Denn in einer seiner *novelle* beschreibt Giovanni Battista Giraldi den jungen Orsini (unter dem Pseudonym Sauli) als »einen sehr gut aussehenden, sehr höflichen jungen Mann, der ein großes Vermögen besaß«. Und Giraldi verwunderte sich höchlich, daß es Tullia, die er wenig schmeichelhaft als hochgewachsen mit einem großen, schmallippigen Mund und einer Hakennase schildert, gelungen war, ihren Liebhaber blind zu machen gegen all ihre Mängel, zumal Tullia, »obwohl er (Orsini) viel Geld für sie ausgab, ein unbarmherziges Spiel mit ihm trieb, als ob sie ihn verachtete, und sich ihm nie hingab, ohne ihn vorher tausend Prüfungen zu unterwerfen«. Die Darstellung ist natürlich übertrieben, und außerdem hat Giraldi die *novella* geschrieben, nachdem sich Tullia sogar in den Augen der römischen Halbwelt entehrt hatte. Immerhin erfahren wir daraus, daß Tullia nicht eine Kurtisane von der üblichen Art war, die durch Schönheit und Sinnlichkeit auf die meisten Männer verführerisch wirkte, sondern daß sie einen ungewöhnlichen Einfluß auf intellektuelle und besonders junge Männer ausübte.

Tatsächlich wirkte Tullia auf diese Sorte von Männern so faszinierend, daß in jenem abergläubischen Zeitalter angenommen wurde, sie bediene sich der Zauberei und Magie, um ihre Ziele zu erreichen. Und wenn wir Firenzuola glauben sollen, dann beschränkten sich ihre Ziele nicht darauf, Männer in sie verliebt zu machen. Da Firenzuola ein Freund von Aretino war, kann man ihn kaum als unparteiisch ansehen, aber er war auch nicht etwa ein gewöhnlicher Zuhälter wie Zoppino, sondern ein gebildeter Mann, literarisch bewandert und Mönch in Vallombrosa. Dennoch spottet Firenzuola in einem Sonett nicht nur darüber, daß sich Tullia »widerrechtlich den königlichen Namen Aragon angeeignet« habe, sondern bezeichnet ihre Mutter und sie als »die alte Frau, die ein gottloses Leben führt, und ihre sündige Tochter«. Und dann berichtet er ausführlich über die Zauberformel, mit der Tullia angeblich ihre Opfer vernichtete. Tullia trage ein schwarzes Kleid, habe ein scharlachrotes Band um den Kopf gewunden und wasche sich dreimal die Hände in klarem Wasser, dann nehme sie zwei Händevoll Salz, werfe eine aufs Feuer und sage: »So wird Mottas Herz verbrannt und in seiner Brust zerstört«, und streue die andere Handvoll auf die Straße mit den Worten: »So werden die Flammen den jungen Mann erreichen, um das gemeine Volk zu täuschen und uns Gewinn und Lust zu bringen.« In keiner anderen Quelle wird Mottas Name unter Tullias bekannten Liebhabern oder Feinden erwähnt, doch mag er der junge Mann sein, der aus Torheit in eine von ihr gestellte Falle geriet und fast das Leben eingebüßt hätte. Doch ist es ebenso möglich, daß die Beschuldigung in dem Sonett nicht aus einem bestimmten Vorfall herrührt, der einen derartigen Verdacht aufkommen lassen könnte, sondern aus dem Haß und dem Mißtrauen derjenigen, die nicht verstanden, warum Tullia eine so außerordentliche Anziehungskraft und solchen Erfolg hatte.

Es ist auffällig, daß Tullias Mutter Giulia in Firenzuolas Sonett als ihre Spießgesellin bei der Schwarzen Magie erscheint. Tatsächlich waren die beiden nicht nur unzertrennliche, lebenslängliche Gefährtinnen, sondern Giulia spielte offenbar – als Kupplerin für ihre Tochter – die dominierende Rolle bei ihren Unternehmungen, und Tullia scheint ihr bedingungslos gehorcht zu haben. Giulia gehörte einer anderen Generation von Kurtisanen an, die sich vielleicht als literaturbegeistert aufspielte, wie Nanna es der Pippa empfahl, doch scheint sie dieses damenhafte Getue mit einem literarischen Salon als Zeitverschwendung angesehen zu haben, weil es nicht genug klingende Münze einbrachte. Und das Geldverdienen war für Giulia eben die Hauptsache. Als daher ein schmutziger und widerwärtiger, aber sehr reicher Deutscher (der aber auch Schweizer oder Holländer gewesen sein mochte, so feine Unterschiede machte man damals nicht) an Giulia herantrat, sie möge eine Zusammenkunft mit ihrer Tochter arrangieren, da machte sich Giulia unverzüglich ans Werk. Sie vereinbarte mit ihm, Tullia werde eine Woche lang jede Nacht ihm gehören, wofür er die phantastische Summe von hundert *scudi* pro Nacht bezahlen sollte. (Wie erinnerlich, hatte Matrema bei ihrer Wette angeboten, drei Nächte mit einem Mann für hundert Dukaten zu schlafen. Dukaten und *scudi* hatten etwa den gleichen Wert, und obwohl die Kaufkraft in den dazwischenliegenden zwölf Jahren etwas gesunken sein mochte, sollte Tullia also dreimal soviel bezahlt bekommen wie die berühmte Matrema.)

Vielleicht hatte der Deutsche vorher mit dem Stelldichein geprotzt oder Tullia möglicherweise nachher beschimpft, weil sie sich nicht an die Abmachungen halten wollte, denn wie Giraldi empört berichtete, weigerte sie sich nach der ersten Nacht, noch weitere mit dem Deutschen zu verbringen. Jedenfalls machte binnen kurzem die Geschichte in ganz Rom die Runde, daß die arrogante Tullia, die Königin eines literarischen Salons, die so raffiniert und schlau war, daß sie mit den jungen Aristokraten in Rom Katze und Maus spielen konnte, sich an einen widerwärtigen Deutschen verkauft hatte. Und der Abscheu von Orsini und seinen Freunden war so groß, daß keiner von ihnen mehr mit Tullia zu tun haben wollte. Tatsächlich herrschte eine solche Feindseligkeit gegen sie und ihre Mutter, daß es fast auf ein Scherbengericht hinauslief, und den beiden blieb nichts anderes übrig, als die Stadt zu verlassen.

Wann genau das geschah, weiß man nicht, doch muß es zwischen 1532 und 1535 gewesen sein; denn in dem erstgenannten Jahr haben Tullia und ihre Mutter nach vorliegenden Protokollen noch in Rom Grundbesitz gekauft, unter anderem eine *vigna,* und 1535 wurde Penelope geboren, angeblich Tullias Schwester, aber möglicherweise ihre Tochter. Höchstwahrscheinlich verließen sie die Stadt 1534, denn wie aus einer Schmähschrift hervorgeht, die damals auf den Straßen Roms verkauft wurde, versuchten Tullia und Giulia, ihre Spuren zu verwischen, indem sie erklärten, sie würden nach Bologna gehen. Tatsächlich begaben sie sich in Giulias Geburtsort Adria in der Nähe der Pomündung, und dort kam auch Penelope zur Welt. Das Geheimnis, mit dem diese Reise umgeben wurde, könnte durch die Tatsache erklärt werden, daß Penelope wirklich Tullias Kind war und Tullia in Anbetracht der feindseligen Stimmung in Rom die Stadt verließ, ehe ihre Schwangerschaft offenkundig wurde. Da Penelope etwa sechsundzwanzig Jahre jünger war als Tullia und Giulia damals schon gut über vierzig gewesen sein mußte, ist das die wahrscheinlichste Interpretation, zumal Tullias Liebe zu Penelope zeit ihres Lebens sehr auffällig war. Vermutlich, um Penelope zusätzlich zu ihrem Taufnamen einen Namen zu geben, verständigten sich Giulia und Tullia, das kleine Mädchen als Giulias Kind auszugeben – ebenso, wie Imperia in amtlichen Urkunden als Tochter ihres Großvaters mütterlicherseits bezeichnet wurde. Daß einem Kind, das sechzehn Jahre nach dem Tod von Tullias mutmaßlichem Vater, Kardinal Luigi d'Aragona, geboren wurde, der königliche Name Aragon zugebilligt wurde, erregte erhebliche Verblüffung – und Spott – unter den Historikern, bis Ende des 19. Jahrhunderts in Siena Urkunden aufgefunden wurden, unter anderem Tullias Trauschein. Aus ihnen geht hervor, daß

157

Tullia rechtlich anerkannt war als Tochter eines Mannes mit Namen Costanzo Palmieri d'Aragona, mit dem ihre Mutter vermutlich verheiratet gewesen war, und daß die Bezeichnung d'Aragona im übrigen nicht einfach ein Hinweis auf Palmieris Geburtsort war, sondern daß er — möglicherweise als anerkannter Bastard eines Mitglieds dieser berühmten Familie — berechtigt war, den Namen d'Aragona zu führen. Diese Entdeckung, fast vier Jahrhunderte nach Tullias Geburt, läßt es keineswegs so lächerlich erscheinen, wie es auf den ersten Blick wirken könnte, daß sich Tullia auf ihr königliches Blut berief. Es konnte gut sein, daß Luigi d'Aragona, der selbst der Sohn eines königlichen Bastards war, seine Mätresse Giulia mit einem ebenfalls unehelichen armen Verwandten verheiratete, um seiner Tochter einen Namen zu verschaffen.

Giulia und ihre Familie hielten sich nicht lange in dem Provinzstädtchen Adria auf, das kein ausreichendes Betätigungsfeld für Tullias Talente bot, und übersiedelten nach Venedig, wo die diesbezüglichen Möglichkeiten fast so gut waren wie in Rom. In Venedig scheint Tullia unverzüglich einen Kreis erlesener Geister um sich geschart zu haben. Als der hervorragende Historiker und Klassizist Iacopo Nardi im folgenden Jahr seine Übersetzung von Marcus Tullius Ciceros *De oratore* veröffentlichte, wird Tullia in der Widmung als »die alleinige und einzige Erbin der Tullier-Eloquenz« bezeichnet. Zweifellos hatte Nardi diesen schmeichelhaften Passus Tullia vorgelesen, ehe sein Buch erschien. Aber selbst eine derart überschwengliche Bewunderung durch einen so berühmten Mann konnte für Tullia kein großer Trost sein, als im August 1535 noch vor Nardis Buch ein weiteres Werk in Venedig erschien — *La Tariffa delle puttane di Venetia,* als dessen Verfasser entweder Aretino oder sein Freund Lorenzo Veniero galten;

denn in diesem in *terze rime* geschriebenen Dialog zwischen einem fremden Reisenden und einem über die Qualitäten und Eigentümlichkeiten der Kurtisanen in Venedig bestens unterrichteten Venezianer wird Tullia als die »verworfenste der Huren« hingestellt.

Doch die Stunde der Rache kam für Tullia, als Sperone Speroni, der hochgeschätzte Schriftsteller und Dramatiker, sie zur Hauptfigur in seinem *Dialogo dell'Amore* machte. Wie man von ihm selbst weiß, hatte er einen Rohentwurf des Dialogs schon 1528 begonnen, aber aus irgendeinem Grunde nicht weiterbearbeitet. Möglicherweise war es die Ankunft einer so berühmten – und sogar berüchtigten – Person, zu der Tullia mittlerweile geworden war, in Venedig, die Speroni veranlaßte, 1536 oder Anfang 1537 sein Werk zu überarbeiten und fertigzustellen. Solche Dialoge waren damals die große Mode – der zweite Teil von Aretinos *Ragionamenti* war ein Jahr zuvor veröffentlicht worden, und in dem Gespräch zwischen Nanna und Pippa war ein offener Angriff auf Tullia enthalten, wenn sie auch nicht namentlich genannt wurde. Pippa fragte ihre Mutter, warum eine gewisse Dame bei den Venezianern keinen Erfolg habe, und Nanna erwiderte, sie haben nun einmal ihren eigenen Geschmack und mögen »ein Hinterteil, Brüste und einen Körper, die fest und weich sind, etwa fünfzehn bis sechzehn Jahre alt oder zumindest nicht über zwanzig, und keinen affektierten Petrarca-Quatsch«. Petrarca war natürlich der Dichter der idealen Liebe, deren Hauptverfechterin, wenigstens scheinbar, Tullia war, und keinem ihrer Zeitgenossen konnte entgehen, daß Nanna sie gemeint hatte.

Unter diesen Umständen – besonders nach der *Tariffa*-Episode – wird Tullia Speronis Plan, sie zur Protagonistin in seinem Dialog über die Liebe zu machen, wohl freudig begrüßt haben. Um so mehr, als Tullias Gesprächspartner ihr neuer Liebhaber Bernardo Tasso war und die beiden anderen Teilnehmer die bekannten Literaten Niccolò Grazia und Francesco Maria Molza; und nach seinen Erfahrungen mit Furnia, Beatrice Spagnola, Faustina und möglicherweise auch schon Tullia selbst konnte Molza wohl als ein Fachmann auf diesem Gebiet angesehen werden.

Ob der Dialog gemeinsam mit den Protagonisten oder zumindest nach Beratungen mit ihnen geschrieben wurde, läßt sich heute nicht mehr feststellen. Aber höchstwahrscheinlich wurde ihre Zustimmung eingeholt, ehe Grazia am 6. Juni 1537 den Dialog in seinem Haus einem Zuhörerkreis vorlas, zu dem auch Aretino gehörte, während das Buch selbst erst 1542 veröffentlicht wurde.

Der vorgebliche Anlaß für den Dialog war die mißliche Lage von Tullia und Bernardo Tasso, die sich leidenschaftlich liebten und einer Trennung entgegensahen, weil Tasso Venedig verlassen und sich an den Hof des Fürsten von Salerno, Antonello Sanseverino, begeben mußte, dessen Sekretär er war. Zu guter Letzt reiste Tasso sehr viel weiter, und zwar nach Spanien, um mit den Ministern von Kaiser Karl V. über die Freilassung eines anderen Geliebten von Tullia zu verhandeln, Filippo Strozzi, den sie vielleicht sogar wiedergesehen hatte, als sie nach Venedig kam. Denn zusammen mit anderen Florentinern war Strozzi vor der Tyrannei des ausschweifenden Alessandro de' Medici, dem er zur Macht verholfen hatte, dorthin geflohen. Bei der Schlacht von Montemurlo am 1. August 1537 geriet Strozzi in Gefangenschaft, als Alessandros Nachfolger, Giovanni dalle Bande Neres Sohn Cosimo (der spätere Großherzog der Toskana) die Florentiner besiegte, die sich seiner Machtergreifung widersetzten. Ebenso wie Cosimos übrige Gefangene wurde Strozzi gefoltert, aber weil die kaiserlichen

Truppen ihn gleichfalls als Gefangenen beanspruchten, wurde er nicht sofort hingerichtet, sondern in der Fortezza da Basso, der mit seinem Geld erbauten Festung, eingekerkert. Tassos Mission war nicht erfolgreich, und Strozzi, der lebenslustige, herzlose Filippo, starb, wahrscheinlich von eigener Hand, im Dezember 1538 in der Fortezza da Basso.

Da Speronis Dialog schon vor dem 6. Juni 1537 vollendet war, war Tassos bevorstehende Abreise aus Venedig nicht auf so tragische Weise dringlich wie später sein Auftrag in Spanien, es war einfach eine dienstliche Angelegenheit, nicht eine Frage von Leben oder Tod, was die Liebenden trennte. Die Aussprache über das Verhältnis der beiden und die dadurch aufgeworfenen Probleme war offen und ungehemmt, so ungehemmt sogar, daß später, etwa 1575, die kirchlichen Behörden darauf bestanden, Speroni müsse eine »Rede gegen die Kurtisanen« schreiben und den Dialog abschwächen. Denn darin trug Tullia infolge der für sie höchst ungewöhnlichen Offenheit einen glänzenden Sieg davon. »Ich weiß sehr wohl«, sagt sie, »daß die Glückseligkeit der Liebe nicht vollkommen sein kann, wenn nicht alle Sinne beteiligt sind.« Sie gibt auch zu, daß sie nicht ohne Eifersucht lieben könne. Sie sei eifersüchtig, weil sie fürchte, den Geliebten zu verlieren. Tatsächlich fürchte sie, »eine andere Frau, verwegener als ich« könnte ihr Tasso abspenstig machen, ebenso wie sie ihn seinen früheren Mätressen abspenstig gemacht hatte. Für Tasso dagegen ist »Liebe nichts als der Wunsch nach etwas, das für den Betrachter wirklich wünschenswert ist oder zu sein scheint.« Doch später schlägt Tullia einen moralischen Ton an und sagt Tasso, wenn er sie liebe, wie er behaupte, dann täusche er sich selbst, »denn ich weiß, was ich bin, und ich weiß, was ich sein sollte, um deiner würdig zu sein. Aber ich werde

161

meinen Lebenswandel ändern und eine Frau der Art werden, wie ich gern wäre, oder bei dem Versuch sterben.«

An diesem Punkt versucht Niccolò Grazia sie zu trösten, indem er sagt: »Faßt Mut, Signora Tullia, in den letzten Tagen habe ich eine Rede von Brocardo zum Lobe der Kurtisanen gelesen. Sie werden darin so sehr gepriesen, daß Lucrezia, kehrte sie auf die Erde zurück und hörte es, keine andere Lebensweise wählen würde. Unter anderem hat Brocardo dargelegt, daß es ganz natürlich für eine Frau sei, ein Kurtisanenleben zu führen, und daß diejenigen, die es nicht tun, den Gesetzen der Natur, die sie erschaffen hat, zuwiderhandeln. Er führt auch den Beweis, daß die Sitten und Bräuche der Kurtisanen, wenn sie richtig verstanden werden, der Weg sind, der zum Verständnis Gottes führt.«

Aber Tullia war nicht in der Stimmung, ein Lob dieser Art gutzuheißen, und erwiderte scharf: »Lassen wir die Poesie beiseite. Wenn Ihr über die Unterwürfigkeit, die Schändlichkeit, die Abgründe und Unbeständigkeit eines solchen Lebens Bescheid wüßtet, würdet Ihr jedem, wenn es ihn wirklich gibt, der sagt, das sei ein gutes Leben, und es verteidigt, Vorwürfe machen. Und jeder, der einem jungen Mädchen, das so töricht war, sich in ein solches Leben drängen zu lassen, behilflich ist, es aufzugeben, errettet es aus Elend und Not. Entweder hat Brocardo das gesagt, weil er eine Kurtisane liebte, oder um sich als geistreich aufzuspielen.« Tullia hatte recht mit ihrer Vermutung. Antonio Brocardo, der jung starb, liebte eine venezianische Kurtisane mit Namen Marietta Mirtilla, der er einige reizende Gedichte widmete. Sein Talent war nicht groß, doch scheint er, obwohl er rebellisch und exzentrisch war – in der Tat ein zorniger junger Mann –, bei allen beliebt gewesen zu sein, die ihn kannten. Er war befreundet mit Bernardo Tasso, Aretino und auch Speroni, und Tasso und Aretino schrieben für Marietta Mirtilla Gedichte, um sie nach dem Tod ihres Liebsten zu trösten.

Indes war Niccolò Grazia nicht beeindruckt von Tullias frommer Haltung – die Zeit, da es Mode war, daß bekannte Kurtisanen öffentlich Buße taten und sich bekehrten, war noch nicht gekommen –, denn er erwiderte barsch: »Weder schändlich noch gemein, würde ich sagen, unterwürfig und unbeständig ist eine Kurtisane vielleicht ... aber Sappho war auch eine und ebenso Diotima, von der der weise und gute Sokrates lernte, was Liebe ist, und sich dessen rühmte. Wollt Ihr Euch nicht herablassen, die Dritte im Bunde zu sein? Und laßt uns die Liebesgöttin anflehen, daß sie unseren Dialog berühmt mache, in dem Euer Name so angesehen sein wird wie der von Diotima in Platons Dialog.«

Wenn sie auch vielleicht das Niveau von Sappho und Diotima nicht erreichte, so trug es doch sehr zu Tullias Ruf bei, daß sie an einem Dialog teilgenommen hatte, von dem Aretino sagte, er könne »wegen der Kunstfertigkeit, mit der er aufgebaut wurde«, mit dem Pantheon in Rom verglichen werden. Für seine Verhältnisse war es auch ein hohes Lob, das er Tullias Rolle spendete. In seinem Brief vom 6. Juni 1537 an Speroni schrieb Aretino: »Tullia hat einen solchen Schatz für sich angelegt, daß sie ihn, gleichgültig, wieviel sie davon ausgeben mag, niemals erschöpfen wird. Und ihre Unzüchtigkeit gereicht ihr so zur Ehre, daß sie beneidet werden mag von den Keuschesten und Glücklichsten.«

Aretino hatte keine Gelegenheit, Tullia ein mündliches Kompliment zu machen, denn als er die Vorlesung des Dialogs hörte, hatte sie sich bereits in Ferrara niedergelassen, der lebenslustigen Hauptstadt der Herzöge von Este, einem Zentrum der feinen Lebensart, der Kultur und der Künste. In der Tat ein vollendeter Rahmen – und welch ein Jagdrevier – für Tullia, die offenbar vorhatte, Ferrara im Sturm zu nehmen. Wie gut es ihr gelungen war, geht aus einem Brief hervor, den Battista Stambellino am 13. Juni 1537 an Isabella Gonzaga in Mantua schrieb, denn unter dem Pseudonym Apollo pflegte er die Markgräfin über alles zu unterrichten, was in ihrer Heimatstadt vorging. Stambellino schreibt, Tullia, eine charmante römische Kurtisane, sei kürzlich in Ferrara eingetroffen und wolle sich einige Monate hier aufhalten. Er schildert sie in leuchtenden Farben als »überaus entzückend, taktvoll und intelligent und auch mit vorzüglichen und ›göttlichen‹ Manieren begabt; sie kann auf Anhieb jede Motette und jedes Lied singen. Bei der Unterhaltung hat sie eine Stimme von einzigartigem Charme, und ihr Benehmen ist so gut, daß kein Mann und keine Frau hierzulande ihr gleichkommen. Obwohl die vortreffliche und erlauchte Frau Markgräfin von Pescara (Vittoria Colonna) hier ist, wie Euer Exzellenz wissen. Sie (Tullia) beweist, daß sie über alles Bescheid weiß, und kann über alles sprechen, was einen interessiert. Ihr Haus ist immer ein Treffpunkt der Kunstliebhaber, und sie empfängt jeden. Sie ist reich an Geld und Schmuck – Halsketten, Ringe und andere bemerkenswerte Dinge – kurz und gut, mit allem wohlversorgt.«

Stambellino schrieb das im Juni, aber Tullia mußte schon einige Zeit in Ferrara gewesen sein, um einen solchen Eindruck zu machen und einen Salon von Kuntliebhabern um sich zu scharen. Und es scheint, als habe sie ihren Auftritt in Ferrara sehr sorgfältig geplant, sonst wäre sie nicht so begeistert aufgenommen worden, wie sie es laut Stambellino wurde. Rom war weit weg, und seit dem Vorfall mit dem ekelhaften Deutschen waren mehrere Jahre vergangen, so daß die Ferraresen möglicherweise entweder nichts davon gehört oder ein kurzes Gedächtnis hatten. Doch Venedig war nicht so weit entfernt, und zumindest einige der gebildeteren Bewohner der Stadt werden wohl von der infamen *Tariffa* haben läuten hören, und diese Schmach war noch nicht getilgt durch Tullias Erfolg in Speronis Dialog, weil die öffentliche Lesung ja erst nach Tullias Ankunft in Ferrara stattfand, und gedruckt erschien er sogar erst drei Jahre später. Jedenfalls wollte Tullia in Ferrara wohl kein Risiko eingehen, daher die betonte Zurschaustellung von Schmuck, Bildung und tadellosen Manieren, vor allem aber von Reichtum. Auch eine intellektuelle Kurtisane brauchte Geld, um sich von einer gewöhnlichen Hure zu unterscheiden.

Aber nicht allein auf diese Hilfsmittel hatte Tullia sich verlassen. Ebenso wie Vittoria Colonna hatte sie es so eingerichtet, daß ihr Erscheinen in Ferrara mit dem dortigen Aufenthalt des berühmten Franziskanermönchs Bernardino Ochino zusammenfiel, dessen feurige Predigten während der Fastenzeit riesige Menschenmengen anlockten, und bei diesen Gelegenheiten sorgte Tullia dafür, daß sie, mit einem Büßergewand bekleidet, ebenfalls gesehen wurde. Und um auch jedermann kund und zu wissen zu tun, daß sie den Predigten aufmerksam gelauscht hatte, richtete sie ein Gedicht an Ochino. Darin griff sie seine Sticheleien über Musik und Tanz an mit der Begründung, er beraube damit in anmaßender Weise die Menschen ihres freien Willens, »der eine der wichtigsten und größten Gaben Gottes ist«. Daß Tullia religiöse Gefühle von so unbestrittener Rechtgläubigkeit zur Verteidigung eines in der fröhlichen Stadt Ferrara sehr beliebten Zeitvertreibs zum Ausdruck brachte, hat ihr zweifellos die Sympathien der Bevölkerung eingetragen – oder zumindest von deren sinnenfreudigem männlichen Teil, an dem Tullia natürlich am meisten interessiert war.

Doch auch wenn die Ferraresen niemals Giraldis *novella* über Tullia und den abscheulichen Deutschen gelesen oder von dem Vorfall gehört hatten, so hatte Tullia ihn gewiß niemals vergessen. Und hier in Ferrara erkannte sie, daß sich ihr eine prächtige Gelegenheit bot, die ganze unerquickliche Episode ein für allemal Lügen zu strafen. Wie sie das machte, kann man unschwer zwischen den Zeilen von Stambellinos Brief an Isabella Gonzaga lesen.

Er berichtet darin, daß sich unter Tullias zahlreichen Verehrern in Ferrara ein junger Mann befand, der so vernarrt in sie war, daß er durch ihre wiederholten Zurückweisungen (obwohl seine Liebesbeteuerungen von wertvollen Geschenken begleitet waren) völlig den Kopf verlor. Als alles andere nichts half, machte der Unglückliche Tullia einen Heiratsantrag, worauf er die kühle Antwort erhielt, sie sei »nicht nach Ferrara gekommen, um sich einen Ehemann zu suchen, sondern einfach, um ein paar Monate Urlaub zu machen vor der Rückkehr nach Rom«. Als Tullias Freier das hörte, war es ganz um ihn geschehen, und nun plante er eine List, um sein Ziel zu erreichen, nachdem alle anderen Mittel versagt hatten. Er fragte Tullia, ob sie mit zwei Damen zur Nacht essen wolle, seiner Schwester und einer anderen Verwandten, beide mit vornehmen anderen Verwandten von ihm verheiratet, die gern Tullias Bekanntschaft machen würden. Tullia, die durch solche einfältigen, provinziellen Ränke wohl kaum hinters Licht geführt werden konnte, erklärte sich feierlich bereit, die beiden Damen zu empfangen.

Am verabredeten Tag erschien in Tullias Wohnung ein Koch mit einer gewaltigen Menge von Vorräten, um das Abendessen zu bereiten. Die Zeit verging, und niemand kam. Dann, spät am Abend, erschien der junge Mann mit einem Freund und stammelte Entschuldigungen. Schließlich tat er so, als habe er sich endlich dazu durchgerungen, die Wahrheit zu sagen, und »gab zu«, daß die Ehemänner der beiden Damen nicht erlaubt hatten, daß sie herkämen. Dann schlug er vor, sie sollten doch wenigstens gemeinsam das

Abendessen verzehren, das so sorgfältig vorbereitet worden war. Nach der Mahlzeit wurde noch eine Weile höflich geplaudert, aber nach dem Abendläuten gab Tullia dem jungen Mann zu verstehen, es sei jetzt Zeit, daß er gehe. Mit einer dramatischen Geste zog der unwillkommene Gast eine prachtvolle Perlenkette (mindestens hundert *scudi* wert) aus der Brusttasche seines Wamses und erklärte, er traue sich nicht, so spät in der Nacht nach Hause zu gehen, weil er fürchte, von seinen Feinden angegriffen zu werden. Er wiederholte sein Versprechen, Tullia zu heiraten, wenn sie ihn die Nacht dableiben ließe. Dann holte er mit einer noch theatralischeren Geste zwei Ringe heraus und erklärte, Tullia könne wen immer sie wolle als Zeugen rufen, daß er sie heiraten werde. Indes bat er gleichzeitig seinen Gefährten, nach Hause zu gehen.

Voll empörter Würde erklärte Tullia dem jungen Mann unverzüglich, er solle das Haus verlassen und seine Perlenkette mitnehmen, und sie sagte: »Ich will Euch nicht heiraten, und wie ich schon gesagt habe, bin ich nicht nach Ferrara gekommen, um mir einen Ehemann zu suchen.« Vergeblich bat und bettelte der junge Mann. Tullia sagte keinen Ton mehr, stand still und stumm wie eine Statue da und wartete darauf, daß er gehe. Ihr Liebhaber wurde immer verzweifelter, verfluchte sich und sein Geschick und zerriß sogar seine Kleider. Dann zog er plötzlich einen Dolch hervor und stach ihn sich in den Leib. Zum Glück traf er nicht richtig und brachte sich nur eine Fleischwunde bei; doch infolge des Lärms kamen die Mägde angerannt, um zu sehen, was los war, und mit ihnen kam »ein Mann, der zufällig im Haus war« – zweifellos Tullias Leibwächter. Gemeinsam versuchten sie, den Jüngling zu überreden, daß er zu einem Arzt gehen und seine Wunde versorgen lassen solle, aber er faselte immer noch vom Heiraten und wollte nicht weichen. Schließlich sagte Tullia: »Wenn Ihr gegen meinen Willen in meinem Haus bleibt, werde ich morgen zum Gericht des Herzogs gehen und Klage gegen Euch einreichen.« Immer noch weigerte sich der junge Mann zu gehen, und so beschlossen sie, ihn in dem Zimmer zu lassen und eine Wache vor der Tür aufzustellen. Tullia schickte dann nach »einem tapferen Soldaten, der ein Freund von ihr war, er kam mit zwei Freunden, und sie blieben alle da, um Tullia bis zum Morgen zu beschützen«. Im Morgengrauen gingen sie auf den Rat des Soldaten in das Zimmer, wo der junge Mann war, und »fanden ihn halb tot vor Blutverlust, schickten ihn nach Hause zu seiner Familie, und er mußte viele Tage das Bett hüten und hätte seine Torheit fast mit dem Leben bezahlt«. Gewiß war der Jüngling ein Narr, aber ebenso gewiß war Tullia eine erfahrene »Animierdame«, die durch ihr Verhalten, wenn auch nicht ausdrücklich mit Worten ihr Opfer dazu gebracht hatte, einen ganz anderen Empfang zu erwarten. Möglicherweise war er der Motta in Firenzuolas Sonett. Aber Tullia und ihre faszinierende Wirkung auf bartlose Jünglinge waren in Ferrara nicht so stadtbekannt wie in Rom. Und für die Ferraresen war es jetzt eine feststehende Tatsache, daß Tullia eine angesehene und wohlhabende Frau sei – warum hätte sie sonst den Heiratsantrag abgelehnt, ganz zu schweigen von der Perlenkette im Wert von hundert *scudi*?

Unter diesen Umständen ist es nicht überraschend, daß Tullia rasch jeden in Frage kommenden Mann an sich zog. Und tatsächlich gelang es ihr in sehr kurzer Zeit, zwei der hervorragendsten Literaten einzufangen. Der eine war Girolamo Muzio, Dichter und Hofmann im Dienste des Herzogs. Der andere war Ercole Bentivoglio, Sohn des letzten *signore* von Bologna, auch er ein Dichter, aber außerdem ein beachtlicher Satiriker. Obwohl Muzio ein gebildeter Mann

von vierzig Jahren und an allen italienischen und europä-
ischen Höfen wohlbekannt war, verliebte er sich unsterblich in Tullia. Er scheint sie nicht nur aufrichtig geliebt
zu haben, sondern auch derjenige gewesen zu sein, den
Tullia mehr liebte als jeden anderen. Zwar hatte Muzio
nach ihrer Trennung natürlich noch andere Liebschaften,
doch als Tullia sechs Jahre später heiratete, gedachte er
ihrer in einem Passus seines Traktats über den Ehestand in
rührender und herzlicher Weise. Wie sehr Muzio sie geliebt
hat, geht indes vor allem aus der Tatsache hervor, daß er
Tullia einige seiner schönsten Hirtengedichte unter dem
Titel *Le Amorose* gewidmet hat und zehn Gedichte aus seinen *Rime*, die unter dem Titel *Bella Donna* erschienen.

Tatsächlich verdanken wir es Muzios Gedichten und seiner Liebe zu ihr, daß Tullia niemals in Vergessenheit geriet.
Auch der größte Teil von dem, was wir heute von Tullias
Lebensgeschichte wissen, geht auf die Hirtengedichte zurück, die Muzio ihr unter ihrem eigenen Namen widmete.
Doch in den Gedichten selbst verbarg Muzio Tullias Identität zunächst unter dem Pseudonym Tirrenia, und in den
ersten drei Gedichten erscheint sie unter diesem Namen,
während Muzio darin als Mopsa auftritt. Wahrscheinlich,
weil ihr nicht daran liegen konnte, daß ihre Identität in
einem so schmeichelhaften Zusammenhang im dunkeln
blieb, bat Tullia Muzio indes, sie Thalia zu nennen, und so
wurde sie leichter als die Heldin erkennbar; das vierte
Hirtengedicht ist ihr also als Thalia gewidmet, und unter
diesem Namen erscheint sie auch in den Versen. Die
»Tirrenia«-Eklogen – vor allem die erste – scheinen im
ersten Liebesüberschwang geschrieben worden zu sein, vielleicht aber auch erst nach der Trennung der Liebenden.
Denn das Gefühl, das Tullia in der Zeit ihres Zusammen-
seins in Muzio erweckt hatte, blieb für ihn offenbar die

große Liebe seines Lebens. Das kommt nicht nur in den »Tirrenia«-Eklogen zum Ausdruck, sondern auch in der Wiedergabe von Tullias Lebensgeschichte in Muzios anderen Gedichten und in dem Porträt, das er von ihr als *bella Donna* in den *Rime diverse* zeichnet.

Muzios Eklogen sind in fünf Bücher unterteilt: das erste ist Tullia gewidmet, das zweite der Marchesa del Vasto, Donna Maria d'Aragona, und ihrem verstorbenen Mann, dem Marchese del Vasto, das dritte berühmten Personen im allgemeinen, das vierte Molzas verstorbenen Freunden und das letzte verschiedenen prominenten Persönlichkeiten. Und es ist beachtenswert, daß Donna Maria d'Aragona, die eine Prinzessin aus diesem königlichen Hause und zu ihrer Zeit ebenso berühmt war wie Vittoria Colonna, es ruhig hinnahm, daß Tullia sich ihres Familiennamens bediente. Auch haben weder sie noch die anderen Adligen, denen die Eklogen gewidmet waren, offenbar etwas dagegen einzuwenden gehabt, daß ihre Namen zusammen mit dem einer allbekannten Kurtisane in einem Buch erschienen.

Aber ihre Einstellung und die des Zeitalters, in dem sie lebten, begreift man vielleicht am besten, wenn man sich vor Augen führt, daß Muzio am Schluß der ersten »Tirrenia«-Ekloge Tullia mit Zeilen wie den folgenden ansprechen konnte:

> Vien, Ninfa bella, e fra le molle braccia
> Raccogli quel che, con braccia aperte,
> Disioso t'aspetta, e nel tuo grembo
> Ricevi, lieta l'infocato amante:
> Stringi'l bramoso amante: e stretta aggiungi
> Le labbra a le sue labbra: e'l vivo spirto
> Suggi de l'alma amato: e del tuo spirto
> Il vivo fiore inspira le sue brame ...

(Komm, schöne Nymphe, und nimm ihn in deine weichen Arme, der dich mit offenen Armen und voll Begehren erwartet, und heiße voll Freude deinen leidenschaftlichen Liebsten in deinem Leib willkommen: Drücke deinen sehnsüchtigen Liebsten an dich und presse deine Lippen auf seine. Schlürfe den Lebensgeist aus der Seele des Geliebten: Und mit deinem Hauch belebe die lebendige Blüte seines Begehrens.)

Außerdem ist es unwahrscheinlich, daß das Gedicht zu jener Zeit ein Geheimnis zwischen den Liebenden blieb. Gedichte wie dieses konnten damals, ohne daß es unschicklich war, im Salon der Herzogin Renée von Ferrara, der Tochter Ludwigs II. von Frankreich, und in Gegenwart ihrer Freundin, der untadeligen Vittoria Colonna, vorgelesen werden.

Ende Juni 1537 verließ Muzio Ferrara mit einem diplomatischen Auftrag des Herzogs, der weite Reisen zur Folge hatte, so daß er erst am 28. Mai 1538 nach Ferrara zurückkehrte. Derweil tröstete sich Tullia in der Gesellschaft von Ercole Bentivoglio, dem Sohn von Annibale II. Bentivoglio, Herrscher von Bologna. Auch er spielte am Hof eine Rolle, war aber zudem ein vorzüglicher Satiriker und, wie es nicht anders sein konnte, besang er seine Liebe zu Tullia in Versen. In einem Gedicht schildert Bentivoglio ihre Zusammenkünfte in modischer pastoraler Umgebung zwischen den Pappeln am Ufer des Po. Die Bäume, sagt er, werden ewig von seiner Liebe zu Tullia zeugen, denn er schnitt ihren Namen in alle Stämme ein. Die Pappeln werden es vielleicht nicht vergessen haben, aber Tullia, und höchstwahrscheinlich der satirische Ercole auch, waren nicht so beständig in ihrer Liebe.

Im Mai 1538 kehrte Muzio also nach Ferrara zurück und

blieb dort bis 1541 – drei Jahre, in denen seine Liebe zu Tullia Blüten und Früchte trug in den Gedichten, die er in späteren Jahren schrieb. Das erste hat den Titel *Lontananza* (Ferne), und er schrieb es, nachdem sie sich neuerlich getrennt hatten. Muzio war nach Mailand gegangen, wo er blieb, bis er schließlich in den Dienst des Marchese del Vasto trat. In diesem Gedicht klagt Muzio, er sei fern von dem, was er liebe: Istrien, die Halbinsel in der Adria, von der seine Familie stammt, und er fragt sich, ob er sie wohl je wiedersehen werde, und Thalia (Tullia), die er »meine Heimat und meinen Frieden« nennt. Mit der Zeit hat sich Muzio natürlich getröstet – mit Chiara, die als Clori die Heldin eines Gedichtes wurde, in dem Muzio ebenfalls vorkam, diesmal nicht als Mopsa, sondern als Egone. Obwohl Chiara zwei Söhne von Muzio hatte, vermochte sie Tullia nicht aus seinen Gedanken zu verbannen, und sechs Jahre später schloß sich Muzio wieder dem Kreis ihrer Verehrer in Florenz an.

Es scheint kein Zweifel zu bestehen, daß Muzio Tullia liebte, aber liebte Tullia ihn? War eine Kurtisane überhaupt der Liebe fähig? Es ist bezeichnend, daß das eine damals viel diskutierte Frage war, die durch Imperias Tod und Caterina Padovanas Mut während des *sacco di Roma* bejahend beantwortet werden muß. Aber Tullia? Ihre Lebensgeschichte scheint anzudeuten, daß in den dreiunddreißig Jahren ihres Lebens weder die Liebe der »bartlosen Jünglinge« noch der Männer mittleren Alters, die nach ihrer Melodie barfuß die Pavane tanzten, ihr Herz hatte rühren können. Und auch nicht Filippo Strozzi, obwohl sie so viel gemein hatten und zusammen das Leben genossen. Unter den zahlreichen Gedichten, die Tullia an berühmte Männer richtete, ist nicht eines, das auch nur in einer Zeile Filippos tragisches Ende beklagt oder daran erinnert. Und wenn Tullia auch Muzio schmeichelte und viel Wesens um ihn machte, scheint er doch keine tieferen Gefühle als die anderen bei ihr erweckt zu haben.

Muzio überlebte Tullia um mehr als zwanzig Jahre, er starb mit achtzig. Und es war noch kein Menschenalter seit seinem Tod vergangen, da erschien ein seltsames Buch unter dem Titel *La Lucerna* (Die Laterne), in dem der Autor, Francesco Pona, die Abenteuer einer berühmten Kurtisane der Vergangenheit beschreibt, wie ihr Geist sie ihm berichtet hat. Die Geschichte, die auf Tullias Leben zu beruhen scheint, enthält ein lebenswahres Porträt von Muzio. Im Verlauf seiner Erinnerungen sagt der Geist der Kurtisane, sie habe nur zwei Männer ohne Bezahlung in ihrem Haus empfangen. Der eine sei ein junger Draufgänger gewesen, der ihr Leibwächter war, der andere ein Dichter, der »im Gespräch so lustig und unterhaltend war und so zu Scherzen bereit, daß es ein Vergnügen war, ihm zuzuhören. Und im Nu konnte er ein Sonett oder Madrigal mir zu Ehren hinkritzeln. Sie waren so albern, daß ich darüber lachte, obwohl er einer der verwegensten Schriftsteller seiner Zeit war«. Dann erklärte die Kurtisane, daß sie manchmal mit dem Dichter umsonst ins Bett ging, wenn sie sich mit einem ihrer anderen Liebhaber (die bezahlten) gekabbelt hatte, denn sogar sie konnte von ihm eine Menge über die Kunst der Liebe lernen, »so einzigartige und wunderbare Dinge, wie Ihr es Euch nicht vorstellen könnt«, die ihr für ihre Karriere nützlich waren. Aber der Hauptgrund, warum sie ihn als Liebhaber akzeptierte, war, daß er sonst schreckliche Dinge über sie geschrieben hätte. »Schriftsteller sind nun mal so«, sagt sie, »es macht ihnen Spaß, Weiß schwarz zu malen und die Menschen in einem ungünstigen Licht zu zeigen, nicht, weil sie es verdienen, sondern zur eigenen Belustigung oder aus Eigennutz.« Ob die in *La Lucerna* geschilderte Kurtisane und ihr Dichterfreund nun ein getreues Bild von Tullia und Muzio vermitteln sollten oder nicht, jedenfalls legt die Ähnlichkeit der Ansichten dieser Kurtisane mit denen Nannas die Vermutung nahe, daß alle Kurtisanen Hintergedanken hatten, wenn sie die Beziehungen zu Literaten pflegten, und wahrscheinlich verdankte es Muzio eher seiner Feder als Tullias Gefühlen, daß sie ihm ihre Gunst schenkte.

Wie richtig Kurtisanen den Wert ihrer literarischen Freunde als Werbeagenten beurteilten, wird durch die Tatsache veranschaulicht, daß kein Bericht über Tullias Tun und Lassen in Ferrara, nachdem Muzio die Stadt endgültig verlassen hatte, erhalten ist. Natürlich ist es möglich und sogar wahrscheinlich, daß auch Tullia kurz danach abreiste, denn sie hatte sich nun schon über vier Jahre in Ferrara aufgehalten. Und wie Nanna scharfsinnig bemerkte, hielten die Herren, die mit Kurtisanen Umgang hatten, immer nach etwas Neuem Ausschau, und daher waren diese Damen ständig auf der Wanderschaft. Jedenfalls gibt es jetzt eine Lücke von fast zwei Jahren in Tullias Lebensgeschichte, und es läßt sich nicht feststellen, wo sie in dieser Zeit war oder was sie tat. Zwei verschiedene Anhaltspunkte weisen indes auf die Möglichkeit hin, daß Tullia diese Zeit mit einem Liebhaber verbrachte, in der Provinz Lunigiana, wo die Toskana an das gebirgige Hinterland von La Spezia grenzt. In einer seiner Eklogen erwähnt Muzio, daß Penelope dort gewesen sei, und soweit bekannt, hat sich Tullia nie von ihr getrennt. Auch hat Tullia wahrscheinlich etwa zu dieser Zeit einen Sohn bekommen, obwohl man nicht genau weiß, wo und wann, dessen Vater unbekannt ist und dessen Namen überhaupt erst in ihrem Testament auftaucht.

Entweder die Geburt dieses Kindes oder irgendein anderer Umstand scheint Tullias Zutrauen zu ihrer Fähigkeit, ihr Leben allein weiterzuführen, erschüttert zu haben, denn nach ihrer Ankunft in Siena heiratete sie – ein Schritt, den sie in ihren erfolgreichen Tagen in Ferrara verächtlich von sich gewiesen hatte. Tullias Trauschein vom 8. Januar 1543 ist in Siena erhalten, und es heißt darin, daß an diesem Tage Silvestro de' Guicciardi aus Ferrara mit Donna Tullia Palmieri d'Aragona die Ehe schloß. Es gibt keinen Hinweis darauf, wer oder was Guicciardi war, aber gewiß gehörte er nicht zu Tullias vornehmen Liebhabern in Ferrara, sonst wäre er irgendwo erwähnt worden. Doch war er Ferrarese, und sie heirateten in Siena – das weit weg liegt; diese Kombination von Umständen deutet darauf hin, daß Guicciardi ein ergebener Verehrer war, der, als Tullia (die jetzt fünfunddreißig oder noch älter war) das Gefühl hatte, sie brauche die Unterstützung durch einen Ehemann, auf ihren Ruf hin kam.

Ein Jahr später hatte Tullia allen Grund, Guicciardi dankbar zu sein. Denn Anfang 1544 wurde sie bei den Behörden angezeigt: sie sei eine Prostituierte, die gegen das Gesetz verstoße, denn sie wohne nicht im Prostituiertenviertel der Stadt und befolge die für Huren vorgeschriebene Kleiderordnung nicht. In dem von den Richtern verkündeten Urteil wurde indes festgestellt, daß »die adlige Dame Tullia, Tochter des verstorbenen Costanzo Palmieri d'Aragona und Ehefrau von Silvestro de' Guicciardi aus Ferrara ... zu Unrecht verleumdet wurde ... sie ist berechtigt, sich zu kleiden und zu leben, wie es sich für eine ehrbare und edle Frau geziemt.« Tullia war vermutlich nach Siena zurückgekehrt, weil sie dort noch Freunde aus der Kindheit hatte, aber gewiß hatte sie sich auch Feinde gemacht. Am 23. August desselben Jahres wurde wiederum eine anonyme Anzeige gegen sie mit derselben Begründung erstattet, aber unter Hinweis auf den vorherigen Freispruch niedergeschlagen.

Guicciardi hatte seinen Zweck erfüllt, und nichts hörte man mehr von ihm außer Sticheleien von Tullias Feinden. Firenzuola zum Beispiel fügte in seine italienische Übersetzung der Werke von Apuleius einen Hinweis auf Tullia ein, sie habe sich »mit Ehebruch gemästet und ihren Mann verhungern lassen«. Guicciardi war also vermutlich alt oder krank oder beides, und da er nie wieder erwähnt wird, wird er wohl kurz danach eines natürlichen Todes gestorben sein. Jedenfalls trennten sich Mann und Frau bald, sei es durch Tod oder wegen Unverträglichkeit, denn im Winter 1545– 46 ging Tullia mit ihrer Mutter und Penelope nach Florenz, aber Guicciardi begleitete sie bestimmt nicht. Der Grund für Tullias Abreise war verständlich, denn Siena war kein friedlicher Ort mehr. Nach der Einnahme von Florenz im Jahre 1530 hatten die kaiserlichen Truppen Siena besetzt und eine Regierungsform eingeführt, die das Volk als ungerecht empfand, weil sie die reichen Kaufleute begünstigte. Die Unzufriedenheit des Volkes erreichte den Siedepunkt, und im Februar 1546 kam es zu heftigen Aufständen, bei denen der Bruder von Tullias Liebhaber, Emilio Tondi, getötet wurde.

Tatsächlich mußten viele von Tullias Freunden Siena verlassen, weil die Volkspartei die Oberhand gewann. Tullia selbst muß auch in Gefahr gewesen sein und Vermögen eingebüßt haben – daher ihre Abreise nach Florenz.

Die Umstände, die Tullias Ankunft in Florenz begleiteten, unterschieden sich stark vom Beginn ihres Aufenthalts in Ferrara acht Jahre zuvor; diesmal konnten keine Briefe geschrieben werden, in denen ihre erfreuliche Lage, ihr Schmuck und ihr Reichtum geschildert wurden. Tullia und die anderen Flüchtlinge wurden in Florenz willkommen geheißen, weil sie aus Siena von einer Partei vertrieben worden waren, die gegen die vom Kaiser eingesetzte Regierung rebelliert hatte, und der Kaiser war der Suzerän von Cosimo de' Medici, jetzt Herzog von Florenz von eigenen Gnaden. Aber die freundliche Aufnahme schloß keine finanzielle Unterstützung der Flüchtlinge ein. Tullias Sieneser Liebhaber Emilio Tondi war vermutlich nicht mehr in der Lage, eine kostspielige Mätresse auszuhalten, und Tullia, die für ihre Mutter und Penelope zu sorgen hatte, mußte sich um neue Kundschaft kümmern.

Was sie zu diesem Behufe am dringendsten gebraucht hätte, war ein literarischer Verehrer, der gleichzeitig für sie die Werbetrommel rührte, wie Muzio es so erfolgreich in Ferrara getan hatte.

Aber Tullia hätte den Ruf, in dem sie stand, zu Unrecht besessen, wenn sie nicht schon jemanden für diese wichtige Rolle im Sinn gehabt hätte. Ihr Auserwählter war Benedetto Varchi, der von der ihm zugedachten Ehre keine Ahnung hatte, bis Tullia begann, ihn mit selbstverfaßten schmeichelhaften Gedichten zu bombardieren. Mit Varchi hatte sie in der Tat eine vorzügliche Wahl getroffen, denn er war ein berühmter Literat, der sich selbst als Philosophen bezeichnete, und etwa fünf Jahre älter als Tullia, die sich nun den Vierzig näherte. Außerdem war Varchi damals in einer mißlichen Lage, und Tullias Schmeicheleien werden ihm daher doppelt willkommen gewesen sein. Aber begreiflicherweise hatte Varchi einige Zweifel, ob es ratsam sei, gerade jetzt die Beziehung zu jemand so Berüchtigtem wie Tullia aufzunehmen. Im Jahr zuvor war Varchi angezeigt und verurteilt worden wegen der Vergewaltigung eines neunjährigen Mädchens und hatte neun Monate im Bargello eingesessen, bis er gegen Zahlung einer sehr hohen Geldstrafe freigelassen wurde. Seine Freunde, die geltend machten, das Kind sei von einem jungen Mann vergewaltigt worden, der zu der Zeit Varchis Gast war, baten indes alle prominenten Männer in ganz Italien um Unterstützung. Und sie waren insofern erfolgreich, als Herzog Cosimo zwar darauf bestand, daß Varchi sich des Verbrechens schuldig bekenne, damit die Richter nicht in ein falsches Licht gerieten, aber gleichzeitig verlangte, Varchi solle die *Storia fiorentina* schreiben, wofür ihm der Herzog eine monatliche Rente von fünfzehn Dukaten aussetzte. Dennoch hegte Varchi Zweifel, ob er die ländliche Einsamkeit, in die er sich geflüchtet hatte, verlassen und nach Florenz zurückkehren sollte, wo ihm vielleicht ein feindseliger Empfang bereitet würde. Vergeblich deutete Tullia in einem ihrer Gedichte an, daß sie vielleicht sein Exil teilen würde. Varchi war nicht zu verlocken – zumindest noch nicht.

Jetzt verstärkte Tullia ihre Bemühungen, ihn zu verführen. In einem Gedicht nach dem anderen sang sie sein Lob und sprach ihn an: »Varchi, dessen einzigartige und unsterbliche Bedeutung sofort jede edle Seele mit Begehren erfüllt«, und klagend fragte sich Tullia, warum sie, die es sich so sehr wünschte, ihr »Herz nicht mit deiner hohen Weisheit erfüllen« könnte. Schließlich, als Tullia schon verzweifelte, entschlüpfte ihr die Wahrheit – wenn Varchi sie schon nicht sehen wollte, ob er nicht »wenigstens mit deiner Feder meinen Namen aus der Reichweite der Klauen des vorzeitigen Todes herausheben« wolle. Und dieser wahrlich wundervolle Euphemismus für das, was Tullia wirklich von Varchi wollte, nämlich Gedichte, die sie zu einer Persönlichkeit in der intellektuellen Welt von Florenz stempelten, brachte endlich das gewünschte Ergebnis. Varchi richtete ein Gedicht an Tullia, in dem er sagte: »Auf den Fittichen der Liebe fliege ich; diese Gabe kommt allein von dir, Tullia, deren Glanz ich nur widerspiegele.«

Tullia hatte zu guter Letzt eine Schlacht gewonnen, keine sehr schwierige, zugegebenermaßen, denn Varchi war weder ein Einsiedler noch in irgendeiner Hinsicht ein Frauenfeind. Einer von Tullias Biographen, Guido Biagi, hat ihn in *Un Etera Romana, Tullia d'Aragona* (1886 in Florenz erschienen) sehr treffend geschildert als »einen wirklich typischen Literaten des *cinquecento*, immer zwischen Laster und Tugend schwankend«. Nach Monaten der Verbannung und Langeweile auf dem Lande, des Klatsches, der Fröhlichkeit und Gesellschaft hübscher Frauen beraubt, an die er gewöhnt gewesen war, kehrte Varchi etwas befangen nach Florenz zurück, denn schließlich kannten er und Tullia sich nicht, und im Alter von dreiundvierzig Jahren flog er nun zu ihr »auf den Fittichen der Liebe« und, schlimmer noch, mit ergrautem Haar. Er und noch ein Verehrer von Tullia, Niccolò Martelli, waren anscheinend Ausnahmen unter den »alternden Kriegern der Liebe«, denn sie färbten sich nicht die Haare. Varchi hätte sich keine Sorgen zu machen brauchen, aber die bloße Tatsache, daß er es tat, ist ein Hinweis darauf, daß er Tullia nicht gewachsen war. Und Tullia, die endlich bekommen hatte, was sie wollte und brauchte, wenn sie in Florenz die Rolle spielen sollte, die sie sich vorgenommen hatte, sorgte dafür, daß sich Varchi auf der Stelle ernstlich in sie verliebte.

Diese idyllische Periode ihrer Verbindung fand ihren Niederschlag, wie es zu jener Zeit nicht anders sein konnte, in einem Austausch von Hirtengedichten, in denen Varchi als Damon und Tullia als Filli auftraten. Indes gab es in der Beziehung einiges Auf und Ab, wie unter den Umständen nicht anders zu erwarten war, denn Varchi war keineswegs Tullias einziger Verehrer, und er scheint es nicht so gleichmütig hingenommen zu haben wie Muzio. Dennoch hätte Tullia, wäre sie dazu gedrängt worden, fast gewiß jeden anderen Liebhaber (mit einer Ausnahme in einem späteren Lebensabschnitt) Varchi zuliebe aufgegeben. Und der Grund dafür geht deutlich aus einem Brief hervor, den Tullia schon am 28. Januar 1546 an Varchi schrieb. Obwohl sie ihn darin bezichtigt, sie völlig vergessen zu haben, und ihre eigene Zuneigung beteuert, bedient sie sich als Vorwand für den Brief ihrer Hoffnung, daß er sich ihrer erinnern werde, wenn er »etwas von mir« sehe. Dieses »etwas« war die Rohfassung eines Sonetts, das sie geschrieben hatte, und sie bat Varchi, »mit der Liebenswürdigkeit, die Du immer mir gegenüber bewiesen hast, dem Sonett die Vollkommenheit zu verleihen, die ihm fehlt« und ihr dann das Gedicht gleich zurückzuschicken. Mochten sich die Gefühle auch zeitweilig abgekühlt haben – der Brief ist erstaunlich formell im Vergleich zum Überschwang des früheren Verhältnisses von Damon und Filli –, auf Varchis Beistand konnte Tullia nicht verzichten, wenn es sich um ihre literarischen Werke handelte. Und nach der Rohfassung zu urteilen, die von einem ihrer späteren Gedichte erhalten ist, war das wahrscheinlich oft eine sehr vernünftige Vorsichtsmaßnahme Tullias. Wie einige scharfzüngige Florentiner sagten, verdankte sie Varchi ein gut Teil ihres Rufs als Dichterin. Wahrscheinlich war sie sich im Grunde ihres Herzens ihrer literarischen Unzulänglichkeit bewußt, aber die intellektuelle Rolle, die sie sich zugewiesen hatte, war – abgesehen von den beruflichen Vorteilen – wirklich der Ausdruck von Tullias insgeheimer Sehnsucht, mehr zu sein als eine gescheite Kurtisane. Außerdem hoffte sie, diese Rolle böte ihr eine Möglichkeit, ihren Lebensunterhalt zu erwerben, wenn ihre körperlichen Reize dahinschwanden.

Zurzeit mangelte es Tullia indes nicht an Verehrern. Der als Don Juan bekannte Niccolò Martelli, der zur gleichen Zeit eine Affäre mit der »göttlichen« Maddalena Saltarelli hatte, begrüßte Tullia bei ihrer Ankunft in Florenz mit einem Sonett, in dem er sie mit der »Aprilsonne, die die Eisblumen des Winters schmelzen läßt« vergleicht. Und am 6. März 1546 sandte Martelli (der noch fünf Tage zuvor schwärmerisch an seine Maddalena geschrieben hatte) auch Tullia einen Brief. Er war natürlich die Frucht jahrelanger Erfahrungen in der Kunst des Briefschreibens und ist ein bemerkenswertes Beispiel dafür, mit welchem Eröffnungszug ein Experte auf diesem Gebiet sich an eine berühmte Kurtisane wendet. Martellis Brief war einfach an »Signora Tullia d'Aragona« gerichtet und lautete wie folgt: »Anmut und Tugend, edle Frau, sind, da sie Gaben und Reichtümer der Seele sind und mehr Göttliches als Menschliches an sich haben, nicht der Gewalttätigkeit der Jahre unterworfen. Da Ihr noch jung und schön seid, in der Tat so schön, daß die Zartheit Eures Gesichts der des ersten Engels ähnelt und bis zur letzten Stunde ähneln wird, und auch weil diese Schönheit, mit der Euch der Himmel so großzügig bedacht hat, unendlich ist, vermag die Zeit sie Euch nicht zu rauben. Noch kann sie die Weiße Eures Fleisches ändern, die Alabaster und reinen Schnee übertrifft. Es hat diese Frische bewahrt, weil Ihr in Eurer Ernährung wie bei all Eurem Tun so mäßig und enthaltsam seid, daß Ihr in den Augen anderer noch mit dem anmutigen Gesicht der Liebesgöttin erscheint. Und das ist die geringste Eurer Schönheiten im Vergleich mit jenen Talenten, die Euch hervorheben und als überragend zeigen und diejenigen in Erstaunen setzen, die Euch lieblich singen und mit dieser weißen und schönen Hand so herrlich jedes Instrument spielen hören, an dem Ihr Gefallen findet. Derweil lassen Eure bezaubernde, mit so viel Bescheidenheit verschönte Unterhaltung und Euer liebenswürdiges Wesen alle vor keuschem Begehren seufzen.

Von Eurer Beredsamkeit im kleinen Kreise und in der Öffentlichkeit will ich nicht sprechen. Denn wenn es einst einen Tullio (Marcus Tullius Cicero) aus Arpinum gab, einen Tullio (Marcus Tullius Cicero) aus Arpinum gab, dann ist heute eine Tullia d'Aragona auf der Welt, die man ebenso aufrichtig verehren kann, und in der sich die Seele der Poesie und der Adel der Philosophie in himmlischer Gemeinsamkeit vereinen, die, wenn sie durch Eure Feder dargelegt werden, das Papier entzücken müssen, auf dem Eure begnadete Hand geschrieben hat. Nicht einmal Sappho, Corinna und andere berühmte Frauen übertrafen Euch an Liebenswürdigkeit und vornehmer Gesinnung, die alle überragen, die in unserem Jahrhundert verehrt und gepriesen wurden. Da also Eure vornehme Gesinnung unsterblich ist, sind Lobpreisungen des menschlichen Intellekts einem so erhabenen Gegenstand nicht angemessen. Daher ist es besser, wenn ich schweige, weil ich fürchte, daß bei meinem Verlangen, Euch zu ehren, zu rühmen und zu preisen, meine Unwissenheit zutage treten könnte. Und indem ich demütig Eure weiße Hand küsse, mit der Ihr ein Beispiel himmlischer Tugenden gebt, weihe ich mich Euch ewiglich. Möge der Herr in seiner Güte Euch so schön erhalten, wie Ihr seid. Florenz, den 6. März im Jahre des Herrn 1546, Niccolò Martelli.«

Trotz der dick aufgetragenen Schmeichelei werden wohl die Hinweise auf die *dauerhafte* Eigenschaft ihrer Schönheit nicht ganz nach Tullias Geschmack gewesen sein, eine unbehagliche Mahnung an das Alter. Aber das Loblied ihrer künstlerischen Errungenschaften wird ihr gewiß wohlgetan haben. Denn als Königin eines literarischen Salons – nach Art von Coloccis Römischer Akademie – hoffte Tullia (auch finanziell) in Florenz Fuß zu fassen. Und obwohl in der Stadt die ganze Familie Martelli – mit einiger Berechtigung – als ein wenig übergeschnappt angesehen wurde, war sie doch wohlbekannt, und mehrere Familienmitglieder waren berühmte Literaten. Deshalb antwortete Tullia auf Niccolò Martellis Avancen mit ebenso schmeichelhaften

Versen; in einem von ihnen heißt es, daß ein »Chor von Musen voll Freude den Kopf neigt, um Euch zu ehren«. Auch arbeitete ihr das Schicksal in die Hände; Ende November starb Martellis »innig geliebte Maddalena«. Und obwohl der galante Niccolò »vor allem den Verlust des sinnlichen Genusses« beklagte, den Maddalena ihm verschafft hatte, und der von der Art war, daß er »kein Verlangen nach dem Paradies« hatte, fand er jetzt in Tullias Armen Trost.

Doch war es Tullia schon lange vorher gelungen, enge Beziehungen zu Varchi anzuknüpfen. Ein Brief, den sie ihm im August 1546 aus einer Villa auf dem Lande schrieb, wo sie die Sommermonate verbrachte, war voller Liebesbeteuerungen und Klagen über ihre Trennung infolge seiner Unpäßlichkeit. Tullia dankte ihm für kleine Geschenke, zum Beispiel einen Korb Pflaumen, und mußte ihm die traurige Mitteilung machen, daß zwei Tauben — ebenfalls ein Geschenk von ihm für Penelope — leider zu Penelopes Kummer auf der Reise von Florenz gestorben waren. Tullias Mutter liege mit hohem Fieber darnieder, was ihr beträchtliche Sorge bereite, und zweierlei, sagte Tullia, wünsche sie sich um alles in der Welt: daß ihre Mutter gesund werde und sie Varchi wiedersehe. Aber all ihre Sorgen um ihre Mutter und Varchis Gesundheitszustand hinderten Tullia nicht, ihre unentwegten literarischen Ambitionen zu verfolgen. Nicht weniger als fünf Sonette lagen dem Brief bei, und Tullia erklärte, sie sei überzeugt, daß Varchi »für sie sorgen« werde, wie er es schon für andere getan habe, denn »sie seien in Wirklichkeit seine Kinder«. Bei ihrem Bestreben, Varchi zu schmeicheln, ist sich Tullia gar nicht darüber klar gewesen, daß sie nie ein wahreres Wort über ihre literarischen Erzeugnisse gesagt hatte. Die »Sorge«, die Varchi dafür aufwandte, konnte bedeuten, daß er Tullias ganzen amateurhaften Entwurf umschrieb.

Indes läßt sich nicht leugnen, daß Tullia ein gewisses Talent besaß – nämlich Literaten an sich zu ziehen. In dem Brief an Varchi berichtete sie ihm auch, daß Alessandro Arrighi sie besucht habe. Arrighi war ein recht bedeutender Dichter, und er kargte nicht mit Lob, was Tullia betraf. Möglicherweise war es bei dieser Gelegenheit, daß Arrighi das Gedicht schrieb, in dem er von Tullias »seltener Schönheit, der nichts auf der Welt gleichkommt« und »dem Leuchten dieser Augen, die zur Liebe verlocken« sprach. Zu Tullias literarischen Gästen gehörte auch Dr. Lattanzio Benucci, auf den sie ebenso faszinierend gewirkt haben muß, denn er war später einer der Gesprächspartner bei Tullias Dialog über »Die Unendlichkeit der Liebe« – ein Thema, über das zu sprechen sie und ihre Liebhaber wohl die erforderliche Sachkenntnis hatten.

Im Herbst 1546 kehrte Tullia von ihrem Landaufenthalt nach Florenz zurück, und ihr Salon oder ihre literarische Akademie – das Ziel all ihrer Machenschaften – wurde endlich eine Tatsache. Tullias Haus war zum Treffpunkt vieler namhafter Florentiner geworden. Es kamen nicht nur alte, treue Freunde wie Varchi, Benucci, Arrighi und Niccolò Martelli, sondern auch neue Gesichter. Antonio Francesco Grazzini, als *il Lasca* bekannt, war ein recht berühmter Dichter, aber nach seinen literarischen Erzeugnissen zu urteilen, war er auch empfänglich für die Reize von bloß tändelnden Kurtisanen wie Nannina Zinzera. Simone Porzio, Professor der Philosophie in Pisa, der die Dame des Hauses als »Tullia, Mostro, Miracolo, Sibilla« ansprach, und Ugolino Martelli, Bischof von Glandeva, waren gleichfalls häufig zu Gast, ebenso wie eine große Zahl von Offizieren. Zu ihnen gehörten Cuppano di Montefalco – den Tullia in ihm gewidmeten Gedichten als Colonello Luca Antonio ansprach –, Rodolfo Baglione und Giovanbattista

Savello. Auch der Bruder der Herzogin von Florenz, Don Luigi de Toledo, und sein Sohn Don Pedro beehrten Tullias Salon mit ihrer Gegenwart. Und dann war immer eine Schar junger Männer aus bekannten Florentiner Familien da, darunter ein weiterer Filippo Strozzi, ein Neffe von Tullias früherem Liebhaber, und der zweiundzwanzigjährige Pietro Martelli.

Anfang 1547 kam Muzio mit einem politischen Auftrag nach Florenz und wurde natürlich von Tullia willkommen geheißen und mit einem Sonett begrüßt, in dem sie sagte, sie hoffe, daß »die Liebesflamme, die am Ufer des Po so hell brannte, nicht erloschen ist«. Und Muzio versicherte ihr selbstverständlich, sie brenne so hell wie eh und je. Aber abgesehen von poetischen Komplimenten, verdanken wir es Muzios Anwesenheit in Florenz, daß wir etwas darüber wissen, wie es in Tullias literarischer Akademie zuging. Im Grunde scheinen die Zusammenkünfte nicht viel anders gewesen zu sein als die zwanglosen Treffen vor dreizehn Jahren in ihrem Haus in Rom, nur etwas förmlicher. Die Herren, die sich bei ihr versammelten, stellten in Diskussionen über literarische Themen ihren Geist und ihre Gelehrsamkeit zur Schau und hofften dabei zweifellos, auf Tullia Eindruck zu machen.

Der Kampf um die Reinheit der italienischen Sprache, dem sich Matrema vor Jahren verschrieben hatte, tobte immer noch. Und Muzio, der die Lombardei als die Wiege des perfekten Italienisch ansah, geriet in Wut, als einige Florentiner in seiner Gegenwart sagten, wer nicht in der Toskana geboren sei, könne kein korrektes Italienisch schreiben. In Tullias Akademie scheint es üblich gewesen zu sein, das für einen bestimmten Tag vorgesehene Diskussionsthema vorher bekanntzugeben. Denn bei dieser Gelegenheit las Muzio als Erwiderung auf die Behauptung seiner Gegner ein Gedicht vor, das er mitgebracht hatte. Offenbar wurde Tullia auch bis zu einem gewissen Grad, zumindest aus Höflichkeit, als Diskussionsleiterin angesehen, und möglicherweise hat sie auch die Protagonisten ausgewählt. Denn Muzio beginnt sein Gedicht mit folgenden Worten: »Herrin, der zu Ehren brennende Strahlen mein Herz entflammen und die mich zum Reden aufgefordert hat, da meine Feder anderen unwillkommen zu sein scheint«. Doch nach dieser höflichen Einleitung zog Muzio gegen seine Widersacher vom Leder, die »uns, solange wir leben mit rasender Eifersucht und Giftzähnen angreifen«. Und dann erklärte er, das Urteil späterer Generationen werde beweisen, daß sie unrecht hätten. »Dann werden diese unwissenden Geister in den Schatten begraben sein, und unser Ansehen wird makellos und ewig leben.«

An diesem Abend war kein Umore di Bologna da, um Öl auf die Wogen zu gießen. Offenbar haben die Toskaner, die immer für ihre spitzen Zungen bekannt waren, die Debatten in Tullias Florentiner Akademie so vergiftet, wie es in ihrem Haus in Rom nicht üblich gewesen war. Auch dort hatte sie natürlich Kritiker gehabt, etwa Giraldi, aber seine *novella* war erst nach Tullias offenkundigem Lapsus geschrieben worden, der sie ganz allgemein unbeliebt gemacht hatte.

In Florenz scheinen die Verleumder unter Führung des Lästermauls Alfonso de' Pazzi unbarmherzig gewesen zu sein. Ihre Angriffe erstreckten sich auch auf Varchi, der als verliebter Greis hingestellt wurde, während Tullia »Kurtisane der Akademiker« tituliert wurde. Aber ihre Feinde ließen es dabei nicht bewenden, sondern behaupteten, Tullia bediene sich Penelopes und anderer kleiner Mädchen, um Männer in ihr Haus zu locken. Schließlich konnte Varchi es nicht mehr aushalten; er verließ Florenz und wies in einem Abschiedsgedicht an Tullia auf die »eifersüchtige Bande« hin, deren Schmähungen er nicht mehr ertragen könne.

Aber war es wirklich nur die »eifersüchtige Bande« und nicht einfach normale, männliche Eifersucht auf einen anderen, viel jüngeren Mann, die Varchi aus Florenz vertrieb? Zum erstenmal in ihrem Leben hatte sich Tullia leidenschaftlich verliebt, und zwar in einen Vierundzwanzigjährigen. Der sehr gut aussehende junge Mann entstammte einer adligen Familie und hieß Piero Mannelli. Die arme Tullia, Siegerin in so vielen Liebesschlachten, die seit ihrer frühesten Jugend mit allen Schindluder getrieben hatte — weil ihr Herz niemals beteiligt gewesen war —, bot jetzt den rührend komischen Anblick einer Frau in mittleren Jahren, die in einen Jüngling verliebt ist. Zweifellos war Mannelli zuerst geschmeichelt, daß eine berühmte Kurtisane ihn so anziehend fand, aber der Reiz der Neuheit verlor sich bald. Und mit vierundzwanzig Jahren war es wohl verzeihlich, wenn ein junger Mann mit der »Kurtisane der Akademiker« tändelte, aber manchmal die Gesellschaft von »Totta, Fioretta und Nannina« vorzog. Nannina war Nannina Zinzerna, die Favoritin von Lasca, zu deren Ruhm er ein Gedicht geschrieben und darin mit der für die damalige Zeit typischen außerordentlichen Offenherzigkeit ihre höchst intimen körperlichen Reize geschildert hatte.

Tullias Gefühle unter diesen Umständen kann man sich vorstellen. Erste Liebe ist selten ungetrübt, und erste Liebe mit fast vierzig Jahren zu einem verwöhnten jungen Mann, für den sie einfach eine von vielen Frauen war, muß eine Qual für sie gewesen sein. Aber Piero Mannelli leistete Tullia einen großen Dienst. Ihre schmerzliche Liebe zu ihm machte sie zur Dichterin, hob sie hinaus über die modischen, dilettantischen Lobeshymnen auf berühmte Männer, die erst durch Varchi oder einen anderen befreundeten Literaten ihre konventionelle Form erhielten. Wäre alles andere in Vergessenheit geraten, so hätte der Name Tullia d'Aragona, der in vielen Anthologien italienischer Poesie auftaucht, allein wegen dieses einen Sonetts fortgelebt:

Qual vaga Filomela che fuggita
E da l'odiata gabbia, ed in superba
Vista sen va tra gli arboscelli e l'erba
Tornata in liberta e in lieta vita;
Er' io dagli amorosi lacci uscita,
Schermando ogni martire e pena acerba
De l'incredibil, ch'in se riserba
Qual ha per troppo amar l'alma smarrita
Ben avev'io ritolte (ahi Stella fera)
Dal tempio di Ciprigna le mie spoglie,
E di lor pregio me n'andava altera:
Quand'a me Amor: le tue ritrose voglie
Mutero, disse: e femmi prigionera
Di tua virtu, per rinnovar mie doglie.

(Wie die liebliche Nachtigall (Philomele), dem Käfig entronnen, stolz zwischen Bäumen und Gras dahinfliegt und zur Freiheit und Lebensfreude zurückkehrt, so war ich, als sich die Bande der Liebe lösten und ich befreit war von der unvorstellbaren Qual und dem Schmerz, der denen bestimmt ist, die ihre Seelen verloren haben, weil sie zuviel liebten. Wie es mein Recht war, hatte ich (O stolzer Stern!) meine Siegesbeute aus dem Tempel der Venus zurückgeholt und sie, voll Stolz auf ihren Wert, fortgetragen, als Amor zu mir sagte: ich will dein launisches Gemüt verwandeln; so machte er mich zur Gefangenen in deiner Gewalt und erneuerte meinen Kummer.)

In diesem und einigen ihrer anderen Gedichte, die Piero Mannelli gewidmet waren, kam ihr zum ersten und einzigen Mal während ihrer ganzen Laufbahn als intellektuelle Kurtisane das, was sie schrieb, von Herzen, dem gequälten Herzen einer Frau, die nach dem Leben, das sie geführt hatte, unweigerlich erkennen mußte, wie verzweifelt ihre Lage war, nicht nur in bezug auf die Liebe, sondern auch auf das, was die Zukunft ihr bringen würde.

Denn ihren Erfolg hatte Tullia nicht leicht errungen; ihre Hauptstützen waren ihre herrlichen Augen, ein Talent für Musik und Konversation – und ihre Intelligenz, die sie aus dem Kreis ihrer Konkurrentinnen heraushob und zur berühmtesten Kurtisane von allen machte. Und das war um so erstaunlicher in einem Zeitalter, das die niedlichen, sinnlichen Frauen vom Schlag der Nannas und Nanninas bewunderte, deren »Künstlernamen« schon auf ihren püppchenhaften Charme hinweisen. Tullia war das ganze Gegenteil, und sie machte es dadurch wett, daß sie sich als Idealgestalt der intellektuellen Mode präsentierte. Daher ihre Versessenheit auf literarische Prominenz, Salons und Poesie und ihre Jagd auf berühmte Männer aus allen Lebensbereichen, an die sie viele ihrer Gedichte richtete und die sie unbarmherzig ausnützte. Jahrelang hatte Tullia mit der Liebe anderer gespielt und möglichst viele Vorteile dabei für sich herausgeschlagen, aber ihr Erfolg hatte sie nicht ihres Urteilsvermögens beraubt. Sie war sich gewiß der Tatsache bewußt (die ihr Erlebnis mit Piero Mannelli wohl noch bekräftigt hatte), daß sie zwar Männer mittleren Alters wie Varchi und Niccolò Martelli noch fesseln konnte, daß sie aber in naher Zukunft für ihren Lebensunterhalt auf andere Reize als körperliche angewiesen wäre.

Das war der Grund, warum Tullia die Gründung ihrer Akademie plante. Offenbar hoffte sie, wenn sie interessante

Diskussionen veranstaltete und ihre Gäste selbst mit Musikdarbietungen unterhielt, könne sie zu dem Einkommen aus ihrem römischen Grundbesitz noch etwas dazuverdienen. Wahrscheinlich waren diese Einkünfte nicht hoch, aber während ihres Aufenthalts in Siena hatte Tullia am 5. Mai 1543 einen neuen Verwalter eingesetzt, Marcello de' Santi, der sie in Rom »bei Prozessen vertreten und ihre Geschäfte führen« sollte. Über die finanzielle Seite von Tullias Akademie wissen wir nichts. Doch da sie die Männer bewirtete, die sich bei ihr trafen, ist anzunehmen, daß sie zu den Unterhaltskosten – und auch zu ihren – durch Geldgeschenke beitrugen. Wie immer es bewerkstelligt wurde, jedenfalls beweisen die Männer, die ihre Gäste waren, besonders die Verwandten der aristokratischen und sehr reichen Eleonora de Toledo, Herzogin von Florenz, daß Tullias Akademie ein Erfolg war. Später sagte Benucci überdies im »Dialog über die Unendlichkeit der Liebe«, es habe sehr wenige berühmte Männer gegeben, seien es Offiziere, Gelehrte oder Angehörige anderer Berufe, die Tullia nicht geliebt oder verehrt hatten.

Den Winter 1546/47 über ging alles gut, und Tullias Akademie florierte. Tullia selbst war in Florenz eine stadtbekannte Persönlichkeit geworden, und wenn auch nicht alle gut von ihr sprachen, so trug das nur dazu bei, daß sie noch mehr in aller Munde war. Tullias Dasein konnte niemand übersehen, und leider traf das auch auf die städtischen Richter zu, deren Aufgabe es war, auf die Einhaltung der vom Herzog im letzten Herbst verfügten Kleiderordnung zu achten. Im April schlugen sie zu, und wahrscheinlich war es der schlimmste Schlag in Tullias ganzer Laufbahn. Sie, die Dichterin und namhafte Schriftstellerin, mußte vor Gericht erscheinen, weil sie gegen das Gesetz verstoßen hatte. Das Gesetz besagte, daß es ihr als Prostituierter nicht erlaubt sei, Schmuck oder seidene Gewänder, welcher Art auch immer, zu tragen; aber am demütigendsten war, daß sie einen Schleier oder ein Tuch mit einem breiten gelben Rand auf dem Kopf tragen mußte, damit jedermann sie gleich als Prostituierte erkenne.

In ihrer Verzweiflung bat sie Don Pedro de Toledo, den jungen Verwandten der Herzogin, um Rat, und er erwies sich als guter und treuer Freund. Don Pedro empfahl ihr, sich persönlich um Hilfe an die Herzogin zu wenden und ihrem Gesuch eine Auswahl der ihr von berühmten Männern gewidmeten Gedichte beizulegen. Es war gewiß ein vortrefflicher Rat, zumal er von einem nahen Verwandten der Herzogin erteilt worden war. Aber Tullia sank der Mut, als sie ihre Petition aufsetzen sollte, und wie immer wandte sie sich um Beistand an Varchi, und obwohl sie sich ziemlich lange nicht gesehen hatten und nicht mehr so vertraut miteinander waren wie früher, entsprach Varchi auch diesmal ihrem Wunsch. Varchi hätte schon sehr viel hartherziger sein müssen, als er war, um sich einer Tullia zu versagen, die ihn angefleht hatte: »Wenn Du Dich je großzügig für mich bemüht hast, wenn Du je den Wunsch hattest, mich zu erfreuen und mir zu nützen, dann hilf mir jetzt bei diesem Gesuch und rette mich mit Deiner Weisheit.« Und sie schloß ihren Brief mit der demütigen Grußformel: »Ich verbleibe Deine Dienerin und küsse Deine Hände.«

Mit viel Verstand und richtiger Beurteilung der Situation und der Frau, an die die Petition gerichtet war, setzte Varchi ein schlichtes und würdiges Gesuch auf. Es ist noch im Florentiner Staatsarchiv vorhanden, von Tullia abgeschrieben, wahrscheinlich mit zitternder Hand, denn die Schrift ist nicht sehr gut. Es heißt darin, Tullia habe nach der Rebellion in Siena in Florenz Zuflucht gesucht. Und in Anbetracht ihrer jetzigen Umstände verlasse sie kaum je ihr

Zimmer, geschweige denn ihr Haus. Daher bitte sie die Herzogin, sich bei ihrem hochmögenden und erlauchten Gemahl, dem Herzog, ins Mittel zu legen, er möge ihr erlauben, die wenigen Kleider zu tragen, die sie noch besitze, damit Tullia nicht gezwungen sei, Florenz zu verlassen. Vor allem aber solle Tullia nicht verpflichtet sein, »das Gesetz über den gelben Schleier einzuhalten«. Der Brief wurde Eleonora de Toledo vermutlich durch ihren Neffen Pedro überreicht, und es ist sehr wahrscheinlich, daß sie selbst ihn Cosimo übergab mit einer Fürsprache für Tullia. Denn Cosimo kritzelte eigenhändig – und wahrscheinlich lächelnd – an den Rand: »*Fasseli gratia per poetessa*« (Ja, laßt sie laufen, als Dichterin). Denn es ist so gut wie sicher, daß weder der sittenstrenge Cosimo noch seine vortreffliche und gescheite Eleonora im Zweifel darüber sein konnten, *was* Tullia war, aber zu Tullias Gunsten muß auch gesagt werden, daß sie ebenso genau wußten, wer sie war. Und das nicht nur, weil Florenz schließlich eine recht kleine Stadt war, sondern auch, weil man Tullias Namen und den anderer Kurtisanen gleichen Ranges an allen italienischen Höfen kannte.

Tullia hatte also ihre Begnadigung bekommen und bemühte sich nun nach Kräften, sich ihrer würdig zu erweisen. Natürlich hatte sie keine Ahnung von Cosimos sarkastischem Kommentar, aber sie konnte nur stolz – und dankbar – sein, daß Ihre Talente, die ihr das Tragen des gelben Schleiers ersparten, amtlich bestätigt waren. Denn der Minister des Herzogs, der die Begnadigungsverfügung in feierlich bürokratischer Sprache ausfertigte, erklärte, man habe bei Tullia eine Ausnahme gemacht und »in Anbetracht der wenigen Begabungen für Poesie und Philosophie mit Freude die hochgeschätzten Talente der gelehrten Tullia d'Aragona anerkannt«. Tullia machte sich also jetzt ans Werk, ihre

Dankbarkeit zu zeigen und ihre Talente, die auf so willkommene Weise amtlich bestätigt worden waren, unter Beweis zu stellen (und überdies auch ihren sittenstrengen Lebenswandel).

Die erste Frucht dieser Bemühungen war 1547 die Veröffentlichung von Tullias *Rime*, einer Sammlung selbstverfaßter sowie von hervorragenden Männern an sie gerichteter Gedichte. Das Werk wurde der Herzogin zugeeignet, das erste Gedicht war an den Herzog gerichtet, und andere waren Lobpreisungen des Herzogs, der Herzogin und der Familie Medici. Und obwohl der Zweck des Buches als eines Sühneopfers leicht zu durchschauen war, brauchte sich das herzogliche Paar dessen nicht zu schämen. Denn zu den berühmten Männern, die Gedichte an Tullia gerichtet hatten, gehörten Kardinal Ippolito de' Medici, Claudio Tolomei, Latino Giovenale, Ercole Bentivoglio, Bernardo Molza und natürlich Varchi und Muzio. Und wenn es auch zutrifft, daß der Erfolg des Buches zumindest teilweise darauf zurückzuführen war, daß die elegante Widmung an die Herzogin wahrscheinlich von Varchi stammte und Muzio die ganze Sammlung ediert hatte, so ist die Tatsache, daß das Buch derartig Furore machte – allein im 16. Jahrhundert erlebten die *Rime* vier Auflagen –, gewiß ein Hinweis darauf, daß auch Tullias eigene Verse Anerkennung fanden.

Nachdem der erste Schritt bei der Umschulung von Tullia, der Kurtisane, zu Tullia, der Dichterin – und Muse der Dichter – erfolgreich getan war, entschloß sich die Schriftstellerin zu einem weiteren Wagnis. Sie wollte einen eigenen Dialog schreiben. Nichts hätte dem Zeitgeist besser entsprechen können, zumal das Thema die Liebe war und natürlich niemand sachverständiger darüber hätte reden können als Tullia. Selbstverständlich sollte im Dialog die Liebe auf sehr hoher Ebene behandelt werden, ging es doch um die

Unendlichkeit der Liebe, und das war nicht allein auf Tullias neue Ethik zurückzuführen. Mit am erstaunlichsten an ihrer Generation ist, daß sie sich derartig für nicht enden wollende, rein theoretische Diskussionen über die Liebe begeistern konnte, während doch dem hemmungslosen Liebesgenuß in seiner realistischsten, körperlichen Form so viel Zeit gewidmet wurde.

In Wirklichkeit wurde Tullias *Dialogo dell'Infinita di Amore* seinem hochtrabenden Titel nicht gerecht, denn er war nicht sowenig vielversprechend, wie er in modernen Ohren klingt. In seinem Vorwort zu der 1864 in Mailand erschienenen Ausgabe des Dialogs bezeichnet E. Camerini ihn sogar als »einen der lebendigsten Dialoge, die aus dieser primitivsten Gattung der literarischen Schriften des 16. Jahrhunderts erhalten sind«, und nach einigen der anderen erhaltenen Dialoge zu urteilen, mag das zutreffend sein. Obwohl sich Tullia unter den zu dieser Zeit gegebenen Umständen nicht der »Unzüchtigkeit« hingeben konnte, die Aretino in dem Speroni-Dialog so entzückt hatte, so legte sie dennoch eine Definition der Liebe vor, die zumindest nicht duckmäuserisch war. Denn sie sagte: »Nach dem, was ich von anderen gehört habe und was ich selbst darüber weiß, ist Liebe nichts anderes als der Wunsch, sich gemeinsam an dem zu erfreuen, was entweder wirklich schön ist oder was dem Liebenden schön zu sein scheint.«

Schönheit als Haupttriebfeder der Liebe war in der Tat Tullias Thema in dem ganzen Dialog, bei dem die anderen Gesprächspartner Varchi und Lattanzio Benucci waren. Tullias und Varchis Wechselreden waren die geistreichsten, und Benucci wirkte eher wie »ferner liefen«. An einer Stelle sagte Tullia zum Beispiel: »Ich für mein Teil glaube, daß Schönheit die Mutter der Liebe ist«, woraufhin Varchi fragte: »Wer ist denn der Vater?« und Tullia antwortete:

»Das Wissen von dieser Schönheit.« Aber der Dialog beschränkt sich nicht nur auf abstruse Theorien. Als Benucci an einem Punkt etwas verschlüsselt darauf anspielte, daß alle sienesischen Adligen in Tullia verliebt gewesen seien und sie »einigen von ihnen eine außergewöhnliche Zuneigung entgegengebracht« habe, da unterbrach ihn Varchi und sagte: »Nenn das Kind beim Namen, was meinst du eigentlich?« Und Benucci mußte zugeben, daß sich zwar viele Sienesen damit gebrüstet hatten, Tullia sei in sie verliebt, er aber doch glaube, daß Tullia sie hinters Licht geführt habe – ein Trick, der natürlich die Florentiner belustigen mußte. Wahrscheinlich war es als Kompliment für ihn gedacht, daß Tullia die Zusammenfassung der ganzen These Varchi in den Mund legte: »Ihr seid also zu dem Schluß gekommen, daß die Liebe unendlich ist, daher kann man wohl nicht in vernünftigen Grenzen lieben: denn in Wirklichkeit haben Liebende immer neue Wünsche und werden nie mit dem einen zufrieden sein, sondern immer etwas anderes begehren.«

Doch obwohl der Dialog die Unendlichkeit der Liebe – oder ihre Unbeständigkeit – bewiesen hatte, war es Muzio und nicht einer der Gesprächspartner, der zeigte, daß er Tullia am meisten liebte. Als er im Herbst 1547 nach Venedig abreiste, nahm er das Manuskript des Dialogs mit. Und als er Tullia dann das veröffentlichte Werk schickte, stellte sie fest, daß er eine ergreifende Huldigung an sie hinzugefügt hatte. Das konnte jetzt nur noch der aufrichtigen Zuneigung eines alten Freundes zugeschrieben werden, der den Wunsch hatte, Tullias Dialog zum größtmöglichen Erfolg zu verhelfen zu einer Zeit, da sie es brauchte, denn ihre Tage als bezaubernde Kurtisane waren vorbei. Aber Muzio schilderte Tullias Schönheit, wie er sie einst gekannt haben mußte, und sagte, manche Leute würden sich wohl wundern, daß er in seinem Alter (er war jetzt einundfünfzig) sie mehr liebe als vor Jahren, da er sie kennenlernte. Und der Grund dafür sei, daß Tullias Schönheit, in die er sich verliebt hatte, nur zugenommen habe, und das zeige sich in ihrem Dialog über die »Unendlichkeit der Liebe«.

Der Dialog war dem Herzog von Florenz gewidmet, und wenn Cosimo ihn je gelesen hat, dann wäre es interessant, seine Reaktion zu kennen, denn seine Liebe scheint sehr eng umrissene Grenzen gehabt zu haben. Nachdem Tullias Bedeutung als Dichterin nun bewiesen war und, wie sie zweifellos glaubte, dank ihrem Dialog auch ihr Anspruch, Philosophin zu sein, sah es so aus, als könne sie sich für den Rest ihres Lebens in Florenz niederlassen. Mit vierzig oder auch schon früher hatten sich viele erfolgreiche Kurtisanen ins Privatleben zurückgezogen und, wie Fiammetta sechsunddreißig Jahre zuvor, ihren Frieden mit der Kirche gemacht. Es gibt Hinweise dafür, daß Tullia eben das im Sinn gehabt haben mag. In einem Sonett an Bembo spielte Tullia darauf an, daß ihr die Augen geöffnet seien und sie »den Pfad der verlorenen Tugend« sehe. Als Kardinal und siebenundsiebzig Jahre alt, fand Bembo diese Einstellung sicher lobenswert, aber als Stilist war er nicht so nachsichtig – der berühmte Mann antwortete nicht, und vermutlich war das Sonett nicht eines von Tullias besten.

Tullia setzte indes ihre jetzt etwas fieberhafte literarische Produktion unverdrossen fort. Der stets geduldige Varchi erhielt unaufhörlich Briefe, wie den mit der »Rohfassung« eines Sonetts, in dem die Autorin erklärte, sie sei »unfähig«, es auf die erforderlichen vierzehn Zeilen zu kürzen. Und diese poetischen Ergüsse waren nun fast immer – wie das an Bembo gerichtete Sonett – ein leicht durchschaubarer Vorwand, um die Aufmerksamkeit irgendeines berühmten Mannes auf sich zu lenken. Die Geschichte mit dem gelben Schleier war zweifellos durchgesickert und hatte Auswirkungen auf Tullias Akademie, die der Erfolg der *Rime* und des Dialogs nicht völlig wettmachen konnten. Tullia war in einer tragischen und bemitleidenswerten Lage, aber sie kämpfte weiter. Wahrscheinlich begann sie zu dieser Zeit mit der Niederschrift des Versepos *Guerrin Meschino*, das wie Bernardo Tassos (ihres früheren Liebhabers) *L'Amadigi* auf einem alten spanischen Amadisroman beruhte. Vermutlich wählte Tullia das Thema, das sich so sehr von ihrem sonstigen Werk unterscheidet, weil sie annahm, es werde Eleonora de Toledo zusagen. Und wenn Tullia sich die Gönnerschaft der Herzogin sichern konnte, dann wäre ihre Stellung gefestigt, gewiß unter dem Gesichtspunkt des Prestiges und wahrscheinlich auch finanziell. Denn solche Geschichten las der Adel gern, weil sie Belehrung über Tugend, Anstand und Großzügigkeit boten, und das Thema sollte Tullias Bekehrung unterstreichen.

Der *Guerrin Meschino* wurde allerdings erst nach Tullias Tod veröffentlicht, als ihr Manuskript durch Zufall einem venezianischen Verleger in die Hände fiel. Es war offenbar eine durchgesehene, druckreife Kopie mit einem Vorwort, in dem die Autorin erklärt, warum sie das Werk geschrieben habe. Einige Rezensenten haben behauptet, das Vorwort stamme nicht von Tullia, aber die Mehrzahl der Gelehrten ist anderer Ansicht. Tullias Verfasserschaft läßt sich auch daraus folgern, daß es einige bissige Seitenhiebe auf ihre Feinde enthält, besonders auf Aretino und seine Freunde und auf Antonio Vignali, der Tullias Erscheinung in seinem Theaterstück *Floria* nicht sehr schmeichelhaft geschildert hatte. In dem Vorwort heißt es, viel Schaden sei in Italien angerichtet worden, weil das *Decameron,* das »so unanständig und irreligiös« sei, von mehr Menschen gelesen werde als jedes andere Buch. Deswegen macht sie Boccaccio

Vorwürfe und weist verblümt auf Aretinos schädlichen Einfluß »mit seinen Nannas und Pippas« hin. »Ich«, sagt sie, »die ich in jungen Jahren mehr von der Welt wußte, als mir heute für ein junges Mädchen wünschenswert erscheint, bin mir darüber klar, welchen schlechten Einfluß derlei Dinge auf mich hatten und auf die Jugend im allgemeinen ... besonders wenn sie unanständige und lüsterne Bücher liest. Solche Lektüre ist nicht nur ungeeignet für Nonnen, junge Mädchen, Witwen und verheiratete Frauen, sondern auch für Prostituierte, denn es ist nichts Neues, daß eine Frau aus Not oder durch irgendein Mißgeschick einem Irrtum über ihren Körper verfällt.« Darum habe sie dieses Gedicht geschrieben, das »zum Vergnügen gelesen werden« solle und eine Bearbeitung eines spanischen Originals sei, »das durchaus keusch, rein, christlich und eine geeignete Lektüre für jede Frau ist«. Tullia schließt das Vorwort ab, indem sie der Hoffnung Ausdruck gibt, ihre Leser mögen sich an ihrem Werk erfreuen und Gott preisen, »von dem alles Gute kommt und dem allein ich die Gnade verdanke, daß mir in einem Alter, in dem ich noch nicht zu alt, sondern noch jung und frisch bin, die innere Erleuchtung zuteil wurde, um zu Gott zurückzukehren«.

Dieser fromme Wunsch wurde der armen Tullia nicht erfüllt. Nicht lange nachdem sie diese Worte geschrieben hatte, kehrte sie vielmehr zu dem Leben zurück, von dem sie wohl geglaubt hatte, sie sei ihm für immer entronnen. Den Entschluß scheint sie, durch die Umstände genötigt, sehr plötzlich gefaßt zu haben, und sicherlich war es »aus Not oder durch irgendein Mißgeschick«, denn wie Tullia selbst gesagt hatte, war es ja »nichts Neues«, daß eine Frau diesen Weg einschlagen mußte. Vielleicht war es ihr nicht gelungen, einen reichen Mäzen für die Veröffentlichung des *Guerrin Meschino* zu finden, oder, was noch wahrscheinlicher ist, die Episode mit dem gelben Schleier hat ihrer Akademie Abbruch getan. Auch mag es sein, daß Tullia in Rom Vermögensverluste erlitten hatte. Ob es nun auf einen dieser Gründe oder alle drei zurückzuführen war, jedenfalls wurde sich Tullia im Herbst 1548 darüber klar, daß sie nach Rom zurückkehren müsse. Und nach jahrelanger Abwesenheit mußte sie nun als Frau mittleren Alters das Leben wiederaufnehmen, das sie dort auf der Höhe ihres Charmes und ihrer Schönheit geführt hatte.

Ehe sie Florenz verließ, verabschiedete sich Tullia von Piero Mannelli und Varchi. Für Piero Mannelli schrieb sie ein Gedicht; die folgenden Verse daraus berichten ihre eigene Geschichte:

> vago augellino, e meco il mio martire
> ch' in pena volge ogni passato gioco,
> piangi cantando in suon dolente e roco.
> Veggendomi del duol quasi perire; ...
> e cantando gli di' che cangi voglia,
> volgendo a Roma 'l viso, e a lei le spalle.

(O umherziehendes Vögelein und mit mir mein Martyrium, das in Schmerz wandelt jedes vergangene Spiel, du weinst singend in klagendem und rauhem Ton, da du mich vor Schmerz fast vergehen siehst; ... Lobpreisend die Tage, an denen du deine Meinung änderst, Rom das Gesicht und ihr den Rücken zuwendest.)

Mannelli zu verlassen war sehr schmerzlich. Tullia sagte damit der Liebe Lebewohl, wahrscheinlich der einzigen, die sie je empfunden hatte –, aber sie wußte, daß es eine Liebe ohne Hoffnung war. Und aus ihrem Brief an Varchi scheint hervorzugehen, daß sie den Abschied von ihm als den größeren Verlust empfand. Die Tage von Damon und

Filli waren lange vorbei, doch drei Jahre lang war Varchi Tullias Hafen bei jedem Sturm gewesen, und nie hatte er ihr seine Hilfe versagt. Sie verdankte der würdevollen Petition an die Herzogin viel, die er für sie geschrieben hatte, und noch mehr seinem Beitrag zu den *Rime* und dem Dialog über die Unendlichkeit der Liebe. Ohne Varchis und Muzios Hilfe hätte Tullia nach dem Vorfall mit dem gelben Schleier nicht wieder Fuß fassen können. Und obwohl sie zweifellos finanzielle Einbußen dadurch erlitten hatte, war es in Wirklichkeit auf diesen Schlag – diese Kränkung – und die ihr dann von den beiden Freunden gewährte Unterstützung zurückzuführen, daß Tullia eine Gestalt der Literaturge- schichte wurde und als Dichterin, wenn auch nicht als sehr bedeutende, noch heute bekannt ist. Denn wären die *Rime* nicht 1547 als Dankopfer für Eleonora de Toledo und um Tullias Rang als Dichterin zu untermauern, veröffentlicht worden, wären sie wahrscheinlich nicht erhalten. Natürlich hätten sie vielleicht später durch Zufall veröffentlicht werden können wie *Guerrin Meschino* im Jahre 1560, doch ist es zweifelhaft, ob dieses Werk überhaupt gedruckt wor- den wäre, wenn Tullia sich nicht durch ihre beiden früheren Bücher und besonders durch die *Rime,* deren vierte Auf- lage ebenfalls 1560 erschien, bereits einen Namen gemacht hätte.

Tullias Abschied von Varchi war also der schmerzlichere, und als sie ihren Abschiedsbrief schrieb und ihn vielleicht zum letztenmal als »Mein lieber Gönner« anredete, da schickte sie ihm und nicht Mannelli die traditionellen Ge- schenke, die die Freundschaft erhalten: die Tauben, die *fiaschi* mit Wasser und Wein und ein alabasternes Salz- fäßchen. Sie schickte Varchi auch ihren Himmelsglobus und schrieb, sie hoffe, wenn Varchi ihn betrachte, werde er dessen eingedenk sein, wie ewig das Himmelreich sei, und

»wenn es stimmt, daß nach dem Tode die Seelen dort oben sich an Dinge hienieden erinnern, dann wirst Du wissen, daß meine Seele die unendliche Liebenswürdigkeit und Freundlichkeit, die ich durch Deine Güte erfahren habe, nicht vergessen wird«. Es war ein charmantes Kompliment und eine charmante und ergreifende Art der Danksagung für alles, was Varchi für sie getan hatte. Und es ist auch unschwer einzusehen, warum Varchi, selbst nachdem der erste Sturm und Drang der Liebe und der körperlichen Anziehungskraft vorbei war, weiterhin die Frau unterstützte und beschützte, die einer solchen Geste fähig war und sie mit solchen Worten begleitete. Tullia wollte natürlich noch etwas — sonst wäre sie nicht Tullia gewesen. Nachdem sie Varchi gebeten hatte, sie nicht ganz zu vergessen, machte sie deutlich, daß sie nicht beabsichtige, es so weit kommen zu lassen. Denn es folgte die Bitte: »Und wenn ich Dir etwas von mir schicke, geruhe mit Deiner gewohnten Güte als mein *maestro,* es zu korrigieren und zu verschönen.«

Tullia kehrte nach Rom und zu dem Leben zurück, das »nichts Neues war für eine Frau aus Not oder durch irgendein Mißgeschick«, aber die Poesie blieb ihr. Ihr Rang als Dichterin war natürlich ein wesentlicher Bestandteil des modischen Arsenals für ihr Gewerbe. Aber für Tullia bedeutete das jetzt und in diesem Augenblick, nachdem sie sich wirklich bewährt hatte, wahrscheinlich sehr viel mehr. Ihre Zeitgenossen sind sich alle darüber einig, daß sie eine stolze Frau war — stolz, weil sie mit Recht oder Unrecht glaubte, sie entstamme dem königlichen Haus Aragon. Das konnte nie eindeutig nachgewiesen werden, aber jetzt war Tullia sich gewiß bewußt, daß das Sonett an Mannelli und ihre anderen Gedichte von einem Talent zeugten, das ebenso echt war wie die Liebe — ihre letzte und einzige Liebe —, die sie zum Ausdruck brachten.

Es ist allzu einfach, über Tullia mit ihren künstlerischen Ambitionen und über die Welt, in der sie lebte, zu spotten. Aber diese Welt und sie sind von keinem Geringeren als Benedetto Croce folgendermaßen beurteilt worden: »Die Idealisierung der Kurtisane ist gewiß nicht etwas Einmaliges und nur für die Renaissance charakteristisch, sondern eine normale und allgemein verbreitete Erscheinung, bei der sich lediglich je nach der Zeit, dem Ort und den Beteiligten die Möglichkeiten und Methoden ändern. Während der Renaissance wurden ihnen die Möglichkeiten durch Kunst, Poesie, Musik und Intellektualismus geboten; und mit deren Hilfe spielte Tullia d'Aragona ihre Rolle und zwang ihre Verehrer, sich damit abzufinden. Sie war auf ihre Weise eine Persönlichkeit, und eine ungewöhnliche dazu, die ihre Rolle lange Zeit bemerkenswert gut spielte. Sie wurde von der besten Gesellschaft ihrer Zeit akzeptiert, so wie heutzutage eine große Sängerin oder Schauspielerin akzeptiert wird, wie ausschweifend ihr Privatleben auch sein mag.«[1]

Tullia verließ Florenz am 15. Oktober 1548. Wahrscheinlich ging sie, wie sie in ihrem Abschiedsgedicht für Mannelli gesagt hatte, direkt nach Rom, aber manche Autoren meinen, daß ihr kurzer Aufenthalt in Lunigiana in diese Zeit fiel. Jedenfalls hatten sich Tullia und ihre Familie Anfang 1549 in einem angesehenen Stadtteil niedergelassen, denn sie wohnten in der Via dei Prefetti, gegenüber vom Palazzo des Kardinals Pio di Carpi und bezahlten eine Jahresmiete von vierzig *scudi*. Diese Summe ist ein Hinweis darauf, daß Tullia nicht mehr zur Crème der Kurtisanen gehörte, denn einige zahlten fünfzig und drei sogar über achtzig *scudi*. Und wenn man Tullias Alter bedenkt und die Tatsache, daß sie eben erst nach Rom zurückgekehrt war und sich noch

---

[1] B. Croce, *Poeti e scrittori del pieno e del tardo rinascimento*. Bari 1958, Bd. I, S. 198–99

keinen Kundenstamm geschaffen haben konnte, läßt ihre Unterbringung auf einige Wohlhabenheit schließen. Ob ihre Lage finanziell gesichert war, läßt sich schwer sagen, denn abgesehen davon, daß es für Tullia wichtig war, möglichst viel von sich herzumachen, wenn ihre Rückkehr nach Rom ein beruflicher Erfolg werden sollte, mußte sie ja auch an Penelope denken.

Im Januar 1549 war Penelope fast vierzehn, und nach Muzios Aussage, der sie im vergangenen Jahr häufig gesehen hatte, war sie ein überaus hübsches Mädchen, sehr reizvoll und durchaus imstande, Eroberungen zu machen, und das habe sie auch schon getan. Diese Meinung wurde von Francesco Franchini bestätigt, einem weiteren hervorragenden Dichter und Humanisten. Franchini, der vierzig Jahre alt und weitgereist war, gehörte zu dem Kreis von kultivierten Männern um die Kardinäle Farnese. Er stand auch mit Tullia und ihrer Familie auf vertrautem Fuße und war Penelope sehr zugetan. Doch obwohl er ein Mann von Welt war, scheint er entsetzt gewesen zu sein über das Leben, das ihre Mutter und Schwester für sie vorgesehen hatten, wenn Penelope es nicht sogar schon begonnen hatte. Denn als sie plötzlich am 1. Februar 1549 starb, richtete Franchini ein Gedicht an Penelope, »das kleine Kurtisanenmädchen«, in dem es hieß, Amors Bogen sei an ihrem Grab zersplittert und Venus und die Grazien trauerten um sie. Dennoch läßt Franchini durchblicken, dies sei das bessere Schicksal.

Penelope d'Aragona wurde in der Kirche San Agostino beigesetzt. Die Inschrift auf ihrem Grab besagte, sie habe dreizehn Jahre, zehn Monate und zwanzig Tage gelebt, und ihre Mutter, Giulia Campana, und ihre Schwester, Tullia d'Aragona, seien überwältigt von Schmerz und Kummer. Penelopes Vater wurde nicht erwähnt, und Costanzo Palmieri d'Aragona konnte es natürlich nicht sein, sonst hätte sie seinen Namen geführt. Wer ihr Vater eigentlich war und auch, wer überhaupt ihre Mutter war, denn wäre sie Tullias Kind gewesen, hätte sie eher Anspruch gehabt auf den Namen d'Aragona, waren Geheimnisse, die binnen kurzem im selben Grab beerdigt werden sollten. Denn Giulia Campana folgte ihr bald im Tode nach, und nach weiteren sieben Jahren auch Tullia.

Es gibt keinerlei Aufzeichnungen darüber, wie es Tullia in der Zwischenzeit erging. Die einzigen spärlichen Hinweise sind in ihrem Testament enthalten, das sie am 2. März 1556 machte. Damals lebte Tullia in einem Gasthaus an der Piazza S. Lorenzo in Piscinula in Trastevere; es gehörte Matteo Maretti aus Parma, der eins von Tullias Mädchen mit Namen Lucrezia geheiratet hatte. Es war eine Unterkunft, die sich sehr von dem Haus in der Via dei Prefetti unterschied, aber Tullia hatte einige ihrer Möbel und Besitztümer mitgebracht. Und die erste Verfügung in ihrem Testament betraf Lucrezia und Matteo, denen sie ihre Schlafzimmereinrichtung vermachte mit dem Bett, auf dem sie lag, den grünen Vorhängen, zwei Laken und einer Decke. Lucrezia vermachte sie auch noch ein schwarzes Kleid, vermutlich für die Trauer, ebenso bekam ihre junge Bedienerin, Christofara, ein schwarzes Kleid und zehn *scudi*. Lucrezia erbte, was von ihren Prachtgewändern noch da war; es ist eine rührende Liste: ein neuer roter Unterrock, ein weißes Kleid, mit roten Tressen besetzt, ein goldfarbenes Kleid, ein Umhang im römischen Stil mit Goldtressen und zehn *scudi* für den Wein, den Lucrezia ihr gegeben hatte. Doch ebenso rührend ist, wie sorgsam Tullia ihre wenige Habe unter Matteo, Lucrezia und der kleinen Christofara aufteilte, und das zeigt, daß sie in dieser armseligen Taverne in Trastevere von Menschen umgeben war, die die Kranke und Sterbende versorgten und denen sie zugetan war.

Offenbar war Tullia auch ihrem Arzt, Maestro Panuntio, zugetan, denn sie gab Anweisungen, daß für ihn ein neuer Anzug aus schwarzem Tuch gemacht werden sollte. Ein Vermächtnis für einen Arzt war in Testamenten jener Zeit ungewöhnlich, aber Tullia erklärte im ersten Absatz, sie sei »geistig gesund, wenn auch körperlich geschwächt«. Und da sie auch erwähnt, sie sei nicht fähig, mehr als ihren Namen zu schreiben, ist anzunehmen, daß sie lange Zeit schwer krank gewesen war und dankbar für die gute Pflege, die Dr. Panuntio ihr hatte angedeihen lassen. Indes war Tullia nicht vergessen von den Freunden aus ihren glanzvolleren Tagen, denn sie ernannte zu Testamentsvollstreckern zwei Männer aus bekannten italienischen Familien: Monsignore Antonio Trivulzio, Bischof von Toulon, und Messer Mario Frangipane.

Daß Tullia so hervorragende Männer als Testamentsvollstrecker ausgewählt hatte, war gewiß nicht durch den Wert ihres Vermögens bedingt, sondern durch ihren Wunsch, die Rechte ihres Universalerben möglichst zu sichern, dem sie alle ihre Besitztümer hinterließ, abgesehen von einigen kleinen wohltätigen Vermächtnissen und »jenem gesetzlich vorgeschriebenen Teil für die Nonnen der Konvertiten« (dem von Leo X. im Jahre 1520 gegründeten Kloster für bußfertige Prostituierte, dem alle Kurtisanen und Prostituierten ein Fünftel ihres Vermögens hinterlassen mußten). Tullias Universalerbe wird in ihrem Testament lediglich »Celio, der in der Obhut von Messer Pietro Ciocca ist, dem Haushofmeister von Kardinal Cornaro« genannt, doch als nach Tullias Tod am 14. März ihr Testament eröffnet und die Vermächtnisse verteilt wurden, wird Celio in den Erbschaftsurkunden nicht nur als Tullias Erbe, sondern auch als ihr Sohn bezeichnet.

Es gibt keinen Hinweis auf Celios Alter, außer daß er

minderjährig war und erst mit fünfundzwanzig Jahren die Verfügungsgewalt über sein Erbe bekommen sollte. Tullia gab Anweisungen, ihre sämtlichen anderen Besitztümer sollten verkauft und die Erlöse so angelegt werden, daß Celios Unterhalt und seine »wissenschaftliche und sonstige« Ausbildung davon bestritten werden könnten. Offenbar hoffte Tullia, daß dieser Knabe, der anscheinend nie bei ihr gelebt hatte – und von dem sie nicht einmal in ihrem Testament zugab, er sei ihr Sohn –, ein Gelehrter werden würde. Wer Celios Vater war, ist unbekannt. Tullias Ehemann kann es nicht gewesen sein, denn sein Name taucht im Testament nicht auf. Auch scheinen keine verwandtschaftlichen Beziehungen zwischen Celio und Pietro Ciocca bestanden zu haben, denn gleich nach Tullias Tod bat Ciocca im Namen der beiden Testamentsvollstrecker die Camera Apostolica, einen Vormund für den Knaben zu bestellen, und Celio kam dann in die Obhut von Don Orazio Marcioni, einem Priester aus Pistoia.

Don Orazio ließ ein Verzeichnis von Tullias Besitztümern aufstellen und sorgte dafür, daß sie verkauft wurden. Die einzigen Wertstücke in ihrer Wohnung waren ihre Schmucksachen. Doch davon gehörte ein mit Achaten besetztes Diadem im Wert von fünfundvierzig *scudi* in Wirklichkeit Monsignore Trivulzio, der Tullia Geld darauf geliehen hatte. Und alles übrige, die Perlen, die goldenen Ketten, die Ohrringe, die falschen Diamanten und die kleine mit Perlen besetzte Turteltaube – gewiß das Geschenk eines romantischen Liebhabers –, erbrachte nicht mehr als hunderteinundvierzig *scudi*, obwohl drei Juweliere kamen, um sie in Augenschein zu nehmen, und darum feilschten. Tullias ganze übrige Habe zur Zeit ihres Todes, eine rührende Sammlung einzelner Möbelstücke, alter Kleider und Wäsche, ein Clavicembalo, eine Kiste mit fünfunddreißig italienischen und lateinischen Büchern aller Art und eine zerbrochene Laute, kaufte ein Trödler für zwölfeinhalb *scudi* in Bausch und Bogen.

Tullia wurde in der Kirche San Agostino begraben, die der Schauplatz so vieler ihrer frühen Triumphe gewesen war, wenn sie, umgeben von ihren »bartlosen Jünglingen«, wie Zoppino sagte, zur Kirche ging. In ihrem Testament verfügte Tullia, sie wolle im selben Grab liegen wie ihre Mutter und Schwester. Auch wünschte sie, bei der Beerdigung solle niemand anwesend sein außer den Augustinermönchen und Mitgliedern der »Gesellschaft vom Kruzifix, der ich angehöre«. Also hatte auch Tullia zu guter Letzt ihren Frieden mit Gott und der Kirche gemacht. Im Gegensatz zu Fiammetta, die nahebei in ihrer eigenen Kapelle ruhte, hatte Tullia kein Vermögen, das sie der Kirche vermachen konnte. Aber wie aus ihrer Mitgliedschaft in der Gesellschaft vom Kruzifix hervorgeht, hat sie ihre letzten Jahre zweifellos bußfertig und mit guten Werken verbracht, und ihr wurde auch ein ehrenvolles Begräbnis nicht verweigert, wie es bald darauf ihresgleichen widerfuhr. Denn ein Jahr zuvor war der gefürchtete Kardinal Caraffa zum Papst gewählt worden, der den Namen Paul IV. annahm und die Inquisition in Italien einführte; und das Rom, das Tullia gekannt hatte, war zum Untergang verurteilt. Und damit und mit der anschließenden Gegenreformation verschwanden aus San Agostino, S. Maria della Pace und anderen römischen Kirchen alle sichtbaren Anzeichen, daß Tullia, Fiammetta, Beatrice Pareggi und andere Kurtisanen dort ihre letzte Ruhestätte gefunden hatten. Doch in San Agostino hat sich noch etwas von der heidnisch-christlichen Welt, die die körperliche Schönheit als etwas Heiliges idealisierte, erhalten. In der Kirche hängt die berühmte Madonna von Iacopo Sansovino, die ein vollendetes Beispiel dafür ist, wie in der Renaissance der klassische Stil dem christlichen Kult angepaßt wurde; und wie die heidnischen Göttinnen in den alten römischen Tempeln funkelt diese schöne, junonische Madonna von Edelsteinen – den Opfergaben, zumeist von Frauen, denn sie gilt als die Madonna del Parto, die Madonna der Geburt.

Alles, was von Tullia geblieben ist, sind also einige ihrer Verse, die von Zeit zu Zeit in Anthologien italienischer Poesie erscheinen, alte Ausgaben ihrer Werke, die auf Bibliotheksregalen verstauben, und der Mythos von einer schönen Frau, mit den Augen von Dichtern und vielleicht eines Künstlers gesehen: Alessandro Bonvicini, genannt il Moretto da Brescia. In der Galerie Tosio im Palazzo Martinengo in Brescia hängt ein kleines Bild von ihm, *Salome*. Es hat nicht die geringste Ähnlichkeit mit den üblichen Darstellungen von der Tochter des Herodes, denn die dort abgebildete junge Frau ist mit einem hochgeschlossenen blauen Samtkleid, einem über eine Schulter geknoteten Tuch und einem übergehängten pelzgefütterten roten Samtmantel mehr als keusch gekleidet. Ihr Haar, mit Perlen und blauen Bändern durchflochten, ist zu einer Krone aufgesteckt, und in der linken Hand hält sie ein langes, schmales goldenes Szepter, verziert mit Akanthusblättern und einem Pinienzapfen. Mit dem linken Arm stützt sie sich auf einen Marmorblock, der folgende Inschrift trägt: *Quae Sacru ioannis caput saltando obtinvit*. Der dunkle Hintergrund des Bildes ist mit Lorbeerzweigen bedeckt, ein Hinweis, daß die dargestellte Person eine Dichterin ist.

Das Gemälde ist zweifellos ein Werk Bonvicinis, der von 1498 – 1555 lebte, und obwohl niemand weiß warum, wird nach einer alten Überlieferung angenommen, es sei ein Porträt von Tullia. Ein Stich nach dem Gemälde wurde 1823 in der Akademie der Künste in Mailand ausgestellt unter dem Titel *Tullia d'Aragona, Dichterin des 16. Jahrhunderts* und mit vier Verszeilen, die lauteten: »Das goldene Szepter zeigt, was meine Wiege war, die wachsenden Lorbeeren, was mein Talent ist.« Nichts anderes weiß man über das Gemälde, als daß Conte Tosio es 1829 von einem Nonnenkloster kaufte. Mit seinem biblischen Thema, das in so keuscher Weise dargestellt wird, war das Bild ein für ein Nonnenkloster durchaus geeigneter Schmuck, und niemand, der es betrachtete, wäre auf die Idee gekommen, daß es das Porträt einer Kurtisane sei. Diese junge Frau mit ihrer sehr zarten Schönheit hatte einen nachdenklichen Ausdruck und wunderschöne Augen, eine schmale, aber ziemlich lange Nase und ein sanft gerundetes Kinn. Es ist ein empfindsames Gesicht, ganz anders als die handfeste, üppige Schönheit von Tizians *Flora* oder Raffaels aufreizender *Fornarina* in der Galerie Barberini. Wenn es wirklich ein Porträt von Tullia ist, dann erklärt es den außerordentlichen Zauber, den sie auf intellektuelle Männer ausübte, und auch warum ihr Liebhaber, der geheimnisvolle Giovanni, der das Porträt wahrscheinlich in Auftrag gab, wie sein Schutzpatron, Johannes der Täufer, ihretwegen den Kopf verlor. Er war nur einer von vielen.

Das Ende des römischen
Goldenen Zeitalters

Ein Jahr vor Tullias Tod kam Brantôme, Condottiere
und Abenteurer, auf einem seiner vielen Kriegszüge
zum erstenmal nach Rom. Als er 1584 nach einem Sturz
vom Pferd den Degen mit der Feder vertauschte, weil er das
höfische und soldatische Leben aufgeben mußte, das er so
lange geführt hatte, schrieb er seine Erinnerungen nieder.
Und was ihm zuerst einfiel, waren Liebes- und Skandalge-
schichten, die den Stoff für *La vie des dames galantes* ab-
gaben. Die Lebensgeschichten berühmter Männer kamen
erst an zweiter Stelle.

Wie in den Tagen von Nanna machten Reisende, nachdem sie sich die Sehenswürdigkeiten der Stadt zu Gemüte
geführt hatten, auch nach der Jahrhundertmitte den Kurtisanen ihre Aufwartung. Brantôme war keine Ausnahme, und
die Kurtisanen, die ihn offenbar am meisten interessierten,
waren nicht die jungen Schönheiten, sondern zwei, die man
die Rangältesten ihres Gewerbes nennen könnte: Isabella de
Luna, eine Spanierin, die Brantôme als »alt und pfiffig«
bezeichnete und die vermutlich eine Vierzigerin war, und
La Grecque, die er in den *Dames galantes* als eine der berühmtesten erwähnt. Das mag gut und gerne Angela Greca
gewesen sein, die sich mittlerweile zur Ruhe gesetzt hatte,
an deren Glanzzeit man sich aber noch erinnerte. Angela

war die griechische Kurtisane, die sich in Rom einen Namen gemacht hatte, und obgleich sie ihre Laufbahn in den Tagen von Leo X. begonnen hatte, spielte sie noch eine große Rolle, als 1536 der zweite Teil von Aretinos *Ragionamenti* erschien. Im August desselben Jahres sorgte Angela überdies für die größte Sensation ihrer ganzen Laufbahn: sie tat Buße und wurde Nonne.

Ein Augenzeugenbericht von der Zeremonie in der Kirche Trinità de Monti, als sie den Schleier nahm, ist noch erhalten: ein Brief, den Carlo Gualteruzzi am 19. August an seinen Freund, den päpstlichen Pronotorio Carnesecchi schrieb. Es hieß darin, er habe die Kirche in seinem ganzen Leben nicht so voll gesehen, und es sei ein ergreifender Anblick gewesen, als *la bella Angioletta* mit Vittoria Colonna, die eine leidenschaftliche Bekehrerin verlorener Seelen war, dort auf den Altarstufen stand, aber er sei doch überzeugt, daß Angelas Übertritt ein großer Fehler sei. Andere Anwesende waren offenbar derselben Ansicht, denn Gualteruzzi sagte, viele hätten versucht, es Angela auszureden, und ihr Entschluß sei »von vernünftigen Leuten sehr betrübt« aufgenommen worden. Das Convertite – das Kloster für bußfertige Frauen, in das sie eintrat – war ganz besonders streng, und man kann sich schlecht vorstellen, wie Angela es fertigbrachte, später wieder in die Welt zurückzukehren. 1555 ist Angela wahrscheinlich über fünfzig gewesen, und sie war eine Frau von sehr starkem Charakter und hatte wohl viele einflußreiche Freunde; deshalb ist es möglich, daß man ihr entgegenkommend erlaubte, das Kloster zu verlassen und für sich zu leben, so daß sie Brantôme die Geschichte ihres abenteuerlichen Lebens erzählen konnte.

Um die Jahrhundertmitte war die Konvertitin Angela auch nicht mehr die *rara avis* von einst. 1556, als Fra Franceschino da Ferrara eine Fastenpredigt hielt, bereuten

nicht weniger als zweiundachtzig Kurtisanen ihren gott-
losen Lebenswandel, und Damen aus guten römischen Familien wetteiferten miteinander, die Bußfertigen zu unterstützen und ihnen zu helfen. Seit der Gründung des Jesuiten-
ordens durch Ignatius von Loyola wurde überhaupt Bußfertigen gegenüber eine menschlichere Haltung eingenommen. Das strenge Convertite war nicht mehr das einzige
Nonnenkloster, das ihnen offenstand. Der heilige Ignatius
selbst hatte das Heim Santa Marta gegründet, wo bußfertige und von ihren Ehemännern getrennt lebende Frauen
ohne die Beschränkungen, die ihnen in einem geschlossenen
Orden auferlegt worden wären, wohnen konnten. Und 1543
genehmigte Papst Paul III. die Gründung eines Heims für
arme junge Frauen, das der Kirche Santa Caterina de' Funari
angeschlossen und nicht von einem religiösen Orden, sondern einem Ausschuß römischer Damen und Herren ver-
waltet wurde.

Isabella de Luna, die andere Kurtisane, die Brantôme interessierte, hatte ein ebenso abenteuerliches Leben geführt
wie Angela Greca und einen ebenso beachtlichen Charakter.
Isabella war in Granada geboren, und vermutlich war ihre
Mutter Catalina Navarete ebenfalls Kurtisane gewesen,
denn Isabellas Vater wird nirgends erwähnt. Isabella begann
ihre Laufbahn schon in jungen Jahren als Gefährtin eines
Soldaten, der dem Heer des Kaisers Karl V. angehörte. Mit
ihm sah sie viel von der Welt, denn sie folgte dem kaiserlichen Heer auf den Feldzügen in den Niederlanden und in
Deutschland und machte sogar die Expedition nach Tunis
mit. Dann, wahrscheinlich 1536, kam sie nach Rom und
ließ sich dort für den Rest ihres Lebens nieder. Nach all
ihren Erfahrungen erklomm sie rasch die Leiter des Erfolgs,
und 1569 war sie eine der drei Kurtisanen, die am meisten
Miete zahlten – hundert *scudi,* woraufhin sie, ebenso wie

ihre Kolleginnen, eine zehnprozentige Steuer bezahlen mußte für den Wiederaufbau der Brücke Santa Maria, von der noch heute ein Überrest, der Ponte Rotto, zu sehen ist.

Alle Beschreibungen von Isabella und auch die beiden *novelle,* die Bandini über sie schrieb, lassen darauf schließen, daß sie ihren raschen Aufstieg zum Ruhm mehr ihrem Witz und Geist als großer Schönheit verdankte, und auch Brantôme sagte später in seinem Buch, sie sei eine sehr kluge Frau. Einige Jahre nach ihrer Ankunft in Rom fand sie einen Liebhaber, Uberto (oder Roberto) Strozzi vom mantuanischen Zweig der Familie, dessen Charakter dem ihren sehr ähnlich gewesen sein muß. Mittlerweile verdiente Isabella viel Geld und wollte es in Grundbesitz anlegen, aber der Eigentümer des Hauses, das sie im Auge hatte, wollte es ihr nicht verkaufen, vermutlich weil sie eine Kurtisane war. Sie brachte Strozzi dazu, es für sie auf seinen Namen zu kaufen, und zwei Jahre später übereignete er es Isabella. Die Mieter, die in dem Haus wohnten, das ziemlich groß gewesen sein muß, denn es hatte sechzehnhundert *scudi* gekostet, hatten offenbar nichts gegen eine Kurtisane als Hauswirtin, und als Isabella es übernahm, wurde sie von den Mietern feierlich begrüßt.

Uberto Strozzi lebte mit zwei Freunden, Landsleuten aus Mantua und Brüdern, zusammen: Lelio und Ippolito Capilupi. Abends pflegten sich viele ihrer anderen Freunde und auch Isabella unangemeldet zum Abendessen einzufinden – gewöhnlich brachten die Männer dann etwas mit, um zur Mahlzeit beizusteuern. Einer von ihnen, Rocco Biancalena, war sehr schlagfertig und hatte eine ebenso spitze Zunge wie Isabella, und bei ihren Bemühungen, sich gegenseitig auszustechen, entwickelte sich eine gewisse Feindschaft zwischen ihnen, besonders von Roccos Seite, der es nicht vertragen konnte, von einer Frau übertroffen zu werden, die nichts als

213

eine Dirne war. Auch hatte Rocco damals kein leichtes Leben, weil der Kardinal von Mantua, dessen Bevollmächtigter in Rom er war, für eine bestimmte Verhandlung noch einen zweiten Bevollmächtigten geschickt hatte. Dieser Mann, Antonio Romeo, behandelte Rocco fast wie einen Diener, aber was Rocco noch mehr ärgerte, war Romeos entsetzlicher Geiz. Und allabendlich ergötzte er Strozzi und die anderen mit irgendeiner neuen Geschichte über Romeos knickerige Gewohnheiten.

Eines Abends war Rocco noch gereizter und unglücklicher als gewöhnlich und geriet in einen heftigen Streit mit Isabella, so daß er schließlich erklärte, wenn Strozzi nicht dabei wäre, hätte er die volle Wahrheit über sie gesagt. »Was kannst du schon sagen?« erwiderte Isabella. »Ich bin eine Hure, das weiß jeder, und das ist nichts, was mich zum Erröten bringt.« Aber Rocco ließ sich dadurch nicht besänftigen und sagte, das sei beileibe nicht alles. Er schlug dann vor, er wolle die ganze Gesellschaft zu einem großartigen Abendessen einladen, wenn er dann alles sagen dürfe, was er über Isabella wisse. Die Aussicht auf ein kostenloses Abendessen und so erregende Enthüllungen wurde natürlich begeistert begrüßt, und man verabredete, daß das Mahl am nächsten Donnerstag stattfinden sollte. Antonio Romeo hörte davon läuten und bestand darauf, er wolle auch kommen.

Rocco traf genüßlich seine Vorbereitungen, denn er war sicher, daß er nun den Sieg über Isabella davontragen würde. Bei all seinen Freunden in Rom machte er die Runde, ließ sich die entsetzlichsten Geschichten über Isabella und ihre Abenteuer erzählen und schrieb dann alles fein säuberlich auf drei Bogen Papier nieder. Vor dem Essen wurde Isabella das Schriftstück feierlich überreicht, denn sie sollte den Bericht über ihre Schandtaten selbst vorlesen.

Sie las ein paar Zeilen von Roccos Elaborat, dann tat sie so, als ob sie immer noch das vorlese, was Rocco geschrieben hatte, aber sie hielt sich nicht an den Text, sondern erging sich in einer Schmährede, die nicht ihre eigenen Sünden anprangerte, sondern die von Roccos Vorgesetztem, Antonio Romeo, wie Rocco sie Abend für Abend in diesem Kreis berichtet hatte. Romeo erfuhr also, daß er nach Roccos Ansicht der knauserigste Mann sei, der je auf Erden wandelte, daß das Essen in seinem Haus ungenießbar sei, das Brot so hart, daß man es weder schneiden noch kauen könne, der Wein mit Wasser verdünnt, das Fleisch nur Knochen und der Käse voller Maden. Und als Isabella geendet hatte, fragte sie in dem betretenen Schweigen, das der Lesung folgte: »Nun, meine Herren, was haltet ihr von diesem Halunken (womit sie Rocco meinte)? Verdient er nicht tausendmal, aufgehängt zu werden? Ich kenne diesen Romeo nicht, aber nach dem, was ich über ihn gehört habe, ist er sehr nett, und in seinem Haus geht es sehr zivilisiert zu. Und dieser Schuft schämt sich nicht, so schlecht von einem respektablen Mann zu sprechen, in dessen Haus er lebt. Wie erbärmlich ist das.«

Rocco war außer sich, aber so verblüfft, daß er nicht wußte, was er sagen sollte. Und Romeo, der wußte, daß es stimmte, was Isabella gesagt hatte, ging weg, ohne sich zu verabschieden, und Rocco folgte ihm kurz darauf. Die restliche Gesellschaft setzte sich dann zu Tisch und ließ sich das vorzügliche Mahl schmecken, das Rocco hatte zubereiten lassen, und lachte lauthals über dessen Niederlage und Isabellas klugen Einfall, den Spieß umzudrehen.

Einmal hatte sich Isabella allerdings ernstlich in die Nesseln gesetzt. Monatelang hatte sie es verabsäumt, eine fällige Rechnung zu bezahlen, und als der Kaufmann kam und sein Geld forderte, bot sie ihm einfach an, statt dessen mit ihm ins Bett zu gehen. Dieses Angebot lehnte der Kaufmann ab, und da er sich klarwurde, daß es keinen anderen Weg gab, um zu seinem Geld zu kommen, legte er seinen Fall dem Statthalter von Rom vor, der zu der Zeit Monsignore de Rossi, Bischof von Pavia, war. Der Statthalter schickte daraufhin einen Büttel zu Isabella mit einer Aufforderung, vor Gericht zu erscheinen. Der Büttel traf sie vor ihrem Haus auf der Straße im Gespräch mit Freunden an und überreichte ihr die Vorladung. Wütend und fluchend zerriß sie das Formular. Aber nicht zufrieden damit, tat sie so, als wollte sie sich mit den Papierfetzen den Allerwertesten abputzen, und gab sie dann dem Büttel zurück. Natürlich berichtete der erboste Mann all das seinem Vorgesetzten, der den Statthalter von Rom entsprechend unterrichtete.

Der weitere Verlauf der Angelegenheit wirft ein interessantes Licht auf die Einstellung der Behörden zu Kurtisanen. Denn Bandello, der die Geschichte (und auch die von Isabellas Sieg über Rocco) in seinen *novelle* erzählt, sagt: »Weil es sich um eine Frau und eine stadtbekannte Dirne handelte, wollte der Statthalter nicht die ganze Strenge des Gesetzes anwenden, wie es in einem solchen Fall gerechtfertigt gewesen wäre«, und diese Strenge hätte in jenem Zeitalter wahrlich eine harte Strafe bedeutet – für einen Mann möglicherweise die Galeerenstrafe. Eine solche Anmaßung konnte der Statthalter Isabella allerdings nicht durchgehen lassen, deshalb wurde sie in das Gefängnis in der Torre di Nona eingeliefert und mußte sich vor Gericht verantworten. Völlig uneingeschüchtert erschien sie vor dem Richter und antwortete auf seine Fragen so, als ob die ganze Geschichte ein Witz wäre und sie gar nichts anginge. Daß sie die Rechnung nicht bezahlt hatte, gab sie immerhin zu und bat für die Begleichung um einige Monate Aufschub. Da die Zahlung indes schon seit einem Jahr fällig war, wurde Isabella verurteilt, in Schuldhaft zu bleiben, bis sie bezahlt habe. Das bedeutete für sie natürlich einen beträchtlichen Verlust, da sie dann ihr Gewerbe nicht ausüben konnte. Daher gab Isabella nach und bezahlte die Schuld in der Hoffnung, daß die Sache damit erledigt sei. Im Gegensatz zum Statthalter wollte der Richter sie nicht so leichten Kaufs davonkommen lassen und verurteilte sie zu öffentlichem Auspeitschen – fünfzig feste Hiebe auf das nackte Hinterteil. Die Kunde davon verbreitete sich natürlich wie ein Lauffeuer, und nach Bandellos Worten »versammelte sich halb Rom auf der Straße, um ein so edles Schauspiel mitanzusehen«. Ein stämmiger Weibel hievte sich Isabella über die Schulter, dann kam der Scharfrichter, schob Isabella die Röcke über den Kopf und entblößte damit ihr Hinterteil. Also halb in der Luft schwebend und voll sichtbar für ein aufgeschlossenes Publikum, erhielt Isabella ihre Strafe, und wie Bandello berichtet, war »binnen kurzem ihr weißes Hinterteil blutig rot.« Aber kaum waren ihre Kleider geordnet und Isabella wieder auf den Beinen, da schüttelte sie sich bloß. Offenbar ohne irgendein Anzeichen von Scham erkennen oder sich den Schmerz anmerken zu lassen, den sie gewiß ausgestanden hatte, ging sie davon und sah aus, wie Bandello fand, »als sei sie gerade von einer Hochzeit gekommen«.

Anscheinend hat diese Episode Isabellas Popularität nur vermehrt und nicht geschmälert. Denn ihr Geschäft blühte weiterhin, und als sie am 27. Juli 1564 ihr Testament machte, da zeigte die Verteilung »der Güter, die Gott mir gab«, wie sie ihre Habe fromm bezeichnete, daß sie eine reiche Frau war. Klöstern und anderen religiösen Einrichtungen und besonders den Jesuiten vermachte sie zahlreiche Legate. Auch hinterließ sie Geld als Mitgift für arme Mädchen und für das Heim, in dem sie Zuflucht finden konnten, Santa Caterina de' Funari. Und wie gesetzlich vorgeschrieben, ging ein Fünftel des Vermögens an das Kloster der Konvertiten. Aber nach all diesen Verfügungen war immer noch etwas da, das Isabella ihren beiden Schwestern und ihrem Onkel vererben konnte, sowie einigen jungen Mädchen, an denen sie interessiert war. Sogar der Kupplerin Niccolosa, deren Dienste sie in der Vergangenheit zweifellos in Anspruch genommen hatte, hinterließ Isabella fünfzig *scudi* unter der Bedingung, daß sie innerhalb von zwei Jahren ihren Lebenswandel ändere und eine anständige Frau werde. Ihre sämtlichen sonstigen Vermögenswerte vermachte Isabella Kardinal Alessandro Farnese, den sie als ihren Universalerben einsetzte. Der Grund dafür mag gewesen sein, daß Isabella in einer eigenen Kapelle in der Kirche Trinità de' Monti begraben werden wollte. Wo sie wirklich begraben wurde, ist unbekannt, aber in ihrem Todesjahr 1565 waren die Zeiten der privaten Kapellen bestimmt vorbei, selbst für die reichsten Kurtisanen, die für eine Unzahl kirchlicher Institutionen Stiftungen machen konnten. 1562 war nämlich ein Gesetz erlassen worden, wonach Prostituierte und alle, die nicht bußfertig und eines kirchlichen Begräbnisses unwürdig waren, auf einem besonderen Friedhof außerhalb der Stadtmauern bestattet werden sollten in einem Bereich, der als Begräbnisstätte des Nero bekannt ist.

Die Schrift an der Wand war deutlich zu sehen, aber es hatte schon so viel Versuche gegeben, die allgemeine Moral zu heben, daß diejenigen, die in Rom, der *terra da donne*, lebten, wahrscheinlich nicht glaubten, daß sich die Zeiten für sie je ändern würden. Schon unter dem Farnese-Papst Paul III., der von 1534 bis 1549 regierte, war ein Kardinalsausschuß eingesetzt worden, um die Stadt von Dirnen zu säubern. Aber die Kardinäle beklagten sich, sie seien machtlos, weil die Kurtisanen so reich und so dreist seien: sie wohnten in den besten Vierteln von Rom, und wenn sie ausritten, würden sie von einem Schwarm von Verehrern begleitet, von denen viele Kleriker seien und zum Haushalt anderer, mächtiger Kardinäle gehörten.

Und 1539 war halb Rom auf den Straßen, um die Ankunft von Signora Saltarella mitzuerleben – einer berühmten Florentiner Kurtisane, der Mätresse von Hochwürden Ugo Grifoni, dem Sekretär von Herzog Cosimo I. Daß Marco Bracci, Sekretär des Florentiner Gesandten in Rom, privat an Grifoni schrieb, um ihn über das Tun und Lassen von Signora Saltarella zu unterrichten, war nicht weiter verwunderlich, aber daß der Gesandte selbst über sie berichtete, zeigt nur zu deutlich, wie mächtig eine bekannte Kurtisane noch sein konnte, wenn sie einflußreiche Liebhaber hatte. Und im Fall der Saltarella gehörten dazu bald der Kardinal von Ferrara und Don Luigi d'Avila, der kurz darauf zum Gesandten am kaiserlichen Hof ernannt wurde. Der Kardinal und einige seiner Freunde machten Signora Saltarella ein Geschenk von vierhundert *scudi*, die sie prompt für Kleider ausgab. Drei Kleider allein kosteten zweihundert *scudi*, und der Rest ging vermutlich für einen seidenen Mantel drauf, der mit seltenen weißen Fuchsfellen gefüttert war. Kein Wunder, daß Luigi d'Avila so fasziniert von ihr war, daß er die Saltarella nach einem üppigen Abendessen auf die Kruppe seines Pferdes setzte, sie mit nach Hause nahm und die Nacht mit ihr verbrachte. Oder daß die Dame selbst die Nase rümpfte über das Haus, das für sie gemietet worden war, und darauf bestand, ein größeres für eine Miete von achtzig *scudi* zu nehmen. Aber die erfolgreiche Karriere der armen Signora Saltarella war kurz; vermutlich war es auf Krankheit zurückzuführen, daß sie sich zehn Jahre später nur noch eine Miete von sechzehn *scudi* leisten konnte und in einer Hütte in einem schäbigen Viertel von Rom wohnen mußte.

So wie der Saltarella erging es vielen, aber auch wenn eine Kurtisane jung und schön und auf dem sicheren Weg zum Erfolg war, konnte es in ihrem Leben bittere Momente geben. Das läßt sich kaum besser veranschaulichen als durch den Brief, den Lelio Capilupi, einer von Isabella de Lunas Zechkumpanen, am 5. November 1546 an seinen Freund Pietro Pamfili schrieb, den Haushofmeister der Herzogin von Urbino. Der Brief bietet auch eine der besten und lebendigsten Schilderungen, die erhalten sind, wie es auf einem Junggesellen-Abendessen mit Kurtisanen zuging. Zu der Zeit, als er diesen Brief schrieb, war Lelio Capilupi offenbar ein noch recht unerfahrener und nicht sehr betuchter junger Mann, denn nach seinem eigenen Eingeständnis war es das erste Mal, daß er mit einer römischen Kurtisane geschlafen hatte oder »wachgeblieben« war, wie er sich ausdrückte, denn das sei ein Luxus, den er sich nicht oft leisten könne. Die fragliche Dame war Neapolitanerin, offenbar erst seit kurzem in Rom, doch galt sie als neuer Stern am Kurtisanenhimmel. Sie hatte sich bereits unter anderen den reichen Genueser Bankier Tobia Pallavicino als Liebhaber angeln können, der offenbar nichts dagegen hatte, sich mit seinen Freunden in ihre Gunst zu teilen, denn er nahm Capilupis Einladung zu einem Abendessen zu zehnt an, das er gab, um seine *nozze solenni* zu feiern, die erste Nacht, die er mit der bezaubernden Neapolitanerin verbringen wollte.

Allerdings bestand Pallavicino darauf, noch eine andere Kurtisane einzuladen, mit der er ein Verhältnis gehabt hatte, ehe er die Beziehungen zu der Neapolitanerin aufnahm. Er hatte sich über seine alte Liebste geärgert und insbesondere über ihre Mutter, die auch ihre Kupplerin war, denn obwohl er angeboten hatte, den Unterhalt des

Mädchens zu bezahlen und monatlich fünfzehn *scudi* zusätzlich, wenn sie dann und wann in sein Haus komme, hatte die Mutter dieses Angebot abgelehnt mit der Begründung, der Ruf des Mädchens leide, wenn bekannt werde, daß sie in Rom herumlaufe, und außerdem könnte sie entführt werden. Deshalb war Pallavicino entschlossen, es den beiden heimzuzahlen, und wenn Mutter und Tochter sich bereit erklärt hatten, zu diesem Essen zu kommen, dann darum, weil sie von Pallavicinos Affäre mit der Neapolitanerin gehört hatten und die Mutter fürchtete, einen guten Kunden zu verlieren.

Just als die Neapolitanerin und die Männer sich zu Tisch setzen wollten, kamen Mutter und Tochter, begleitet von einem Spanier, genannt der Baron. Er sei ein sehr reicher Mann, sagte Capilupi, mit einem Einkommen von fünftausend Dukaten, der sich den Spaß ansehen wolle. Kaum hatte die Neapolitanerin gehört, daß die zweite Kurtisane gekommen sei, da versteckte sie sich in einem anderen Zimmer und warf dem unschuldigen Capilupi vor, sie »betrogen« zu haben. Und es bedurfte der Versicherung aller anwesenden Herren, Capilupi habe nichts dergleichen getan und sie sei weit schöner als die andere (»was sie wirklich war«, bemerkte Capilupi in seinem Brief), damit sie aus ihrem Versteck herauskam. Sie begrüßte die Konkurrentin, dann setzten sie sich nebeneinander zu Tisch – die schöne Neapolitanerin auf den Ehrenplatz obenan. Beide Kurtisanen rührten während der Mahlzeit keinen Bissen an, und keine richtete das Wort an die andere. Sie saßen da und beäugten sich, als ob sie gleich übereinander herfallen wollten, aber statt dessen machten sie ihrer schlechten Laune Luft mit sarkastischen Bemerkungen an die Adresse von Pallavicino. Es gab eine ganze Menge grober Scherze, deren Zielscheibe die andere Kurtisane gewesen zu sein scheint, denn sie brach in Tränen aus. Und wie Capilupi meinte, wäre es zu einer Prügelei zwischen ihr und der Neapolitanerin gekommen, wenn ihre Mutter nicht aufgestanden und mit ihr nach Hause gegangen wäre.

Der Baron, der die Damen nach Hause begleitet hatte, kehrte dann zurück, und sie waren alle sehr vergnügt, bis Capilupi und die Neapolitanerin schließlich miteinander ins Bett gingen. »Ich fand sie einfach göttlich«, berichtete Capilupi später in seinem Brief, »und am nächsten Morgen schenkte ich ihr zwei schöne Hemden mit weißer Stickerei und zwei Paar seidene Strümpfe, die Messer Uberto (Strozzi, der Freund von Isabella de Luna) mir aus Mantua mitgebracht hatte. Wir blieben den ganzen nächsten Tag vergnügt allein zusammen, aßen in meinem Haus und sangen neapolitanische Lieder.« Er erwähnt keinerlei Zahlung an die Neapolitanerin. Wahrscheinlich war ihr Honorar vorher festgesetzt und beglichen worden, denn an einer späteren Stelle in seinem Brief betont Capilupi, daß er sich ein Vergnügen dieser Art nicht oft leisten könne und daher notgedrungen ein tugendhaftes Leben führen müsse. Die Seidenstrümpfe und Hemden waren also wahrscheinlich ein Höflichkeitsgeschenk oder ein zusätzliches Trinkgeld. Indes stellte sich die seltsame Tatsache heraus, daß es sich bei den Hemden um ein Geschenk der Herzogin von Urbino handelte, die sie eigenhändig für Capilupi gestickt hatte. Nach Porträts aus jener Zeit zu urteilen, ist es allerdings möglich, daß sie auch eine Frau tragen konnte.

Lelio Capilupi war offenbar noch sehr jung, denn in dem Brief, in dem er sein Abenteuer beschreibt, kommt eine Mischung von Stolz darüber, daß er sich als ein Mann von Welt bewährt hat, und von schlechtem Gewissen zum Ausdruck wegen »dieser Ausschweifungen, die meiner Seele, meinem Leben und meinen Finanzen schlecht bekommen«.

Er muß auch, wie das Geschenk der Hemden zeigt, ein Protegé der Herzogin von Urbino und ihr herzlich zugetan gewesen sein, denn er bittet Pietro Pamfili zwar in seinem Brief zweimal, der Herzogin nichts von seiner Eskapade zu erzählen, aber zu guter Letzt ist er doch damit einverstanden, denn er meint, die Herzogin werde ihn zwar für »verrückt und sinnlich« halten, aber die Geschichte wohl doch belustigend finden.

Doch weder dieser anziehende junge Mann noch Tobia Pallavicino, der jener anderen Kurtisane Liebhaber gewesen war, oder irgendein anderer der bei dem Abendessen anwesenden Männer verschwendeten auch nur einen Gedanken an die peinliche Lage, in der sie war, und der ihr zugefügte Schmerz wurde einfach als ein Witz angesehen, der das Abendessen amüsant machte. Kein Wunder, daß der ganze zweite Tag von Nannas Dialog, in dem sie Pippa unterwies, wie man eine Kurtisane wird, kaum ausreichte, um all die Geschichten von den »Lügen, der Niedertracht und Grausamkeit, mit der Männer die Frauen behandeln« zu erzählen. Und wenn sich auch von Zeit zu Zeit ein Mann unsterblich in eine Kurtisane verlieben mochte, so hatten doch die meisten dieselbe Einstellung wie Capilupi und seine Freunde, die alle Kurtisanen bis auf die berühmtesten gleichsam als ein hübsches Spielzeug betrachteten, das man wegwirft, wenn es zerbrochen ist.

Diese Einstellung und die Haßliebe, die das Verhältnis zwischen den Kurtisanen und ihren Kunden kennzeichnete, spiegeln sich in der Literatur jener Zeit wider, und das Kurtisanenthema wird keineswegs nur in Liebesgedichten behandelt. Tullia d'Aragonas Freund Antonio Francesco Grazzini, genannt *il Lasca,* schrieb ein berühmtes Gedicht unter dem Titel *Di giovani impoveriti per le meretrici* (Von den durch Huren arm gewordenen jungen Männern), das als ein soziales Dokument der Zeit gilt. Grazzini, der gewiß aus eigener Erfahrung wußte, wovon er sprach, kleidete seine traurigen Schlußfolgerungen in witzige Verse. In seinem Gedicht betonte er vor allem, daß die Opfer der Kurtisanen arm würden durch das unersättliche Verlangen der Damen nach »Ringen, Ketten und Kleidern« und gutem Essen und weil der Unterhalt für ihre sämtlichen Verwandten bestritten werden müsse. Aber nicht genug damit: offenbar wollten sie im Sommer in kostspieligen Villen mit eleganten Gärten voller kühler Grotten wohnen. Und um ihnen all diesen Luxus zu bieten, sind, wie Grazzini berichtet, »Prälaten, die einst reich waren und viel Einfluß besaßen, jetzt verwahrlost und arm...und die Männer, die Diener oder Ehemänner von Kurtisanen wurden, sind jetzt grauhaarig, alt und verbraucht«. Aber die prägnanteste Zusammenfassung der ganzen Situation findet sich in den ersten vier Zeilen eines Pasquills, das ebenso wie Grazzinis Gedicht etwa um die Mitte des 16. Jahrhunderts geschrieben wurde. Dieses Pasquill ist aufgezogen als »Höchst nützlicher Rat des vortrefflichen Doktors Maestro Pasquino an alle Edelleute, Beamte, Prokuratoren, Notare, Künstler und *bravacci,* die kürzlich nach Rom kamen; aus dem Griechischen ins Lateinische und aus dem Lateinischen ins Italienische übersetzt«. Die ersten vier Zeilen lauten:

> Lassa andar le cortesane
> se non voi disfarte del tutto,
> come l'altre son puttane
> ma piu caro vendon lor frutto.

(Laßt die Finger von den Kurtisanen, wenn ihr nicht alles verlieren wollt, wie die anderen sind die Huren, aber teurer verkaufen sie ihre Frucht.)

Pasquinos Rat war vernünftig, aber bald war er gegenstandslos geworden durch die Ereignisse, die Rom schließlich von den Kurtisanen befreiten, während es weiterhin von Huren wimmelte.

Schon unter dem Pontifikat Leos X., als das Nonnenkloster der Convertite gegründet wurde, waren Bestrebungen im Gange, dem Tun und Treiben der Kurtisanen Einhalt zu gebieten. In den folgenden Jahren wurden von Zeit zu Zeit Dekrete erlassen, die sie einer Kleiderordnung unterwerfen sollten, vor allem durch Paul IV., der ihnen auch den Gebrauch von Kutschen untersagte. Derartige Maßnahmen hätten die Anziehungskraft der Kurtisanen gewiß gemindert, wenn die Zurschaustellung von Prunk und Luxus, auf der ihre Faszination so weitgehend beruhte, eingeschränkt worden wäre. Aber die Befolgung keiner dieser Verordnungen wurde ernstlich erzwungen, ehe Pius V. im Jahre 1566 den päpstlichen Thron bestieg. Pius war der erste Papst, der nach dem Abschluß des 3. Tridentinischen Konzils im Jahre 1563 gewählt wurde, und schon als junger Mann hatte er als Inquisitor für Como reformistischen Eifer an den Tag gelegt. Das wurde noch deutlicher, als er, damals Kardinal Ghislieri, zum Großinquisitor ernannt wurde. Als Papst war es sein Hauptziel, die Beschlüsse des 3. Tridentinischen Konzils so anzuwenden, daß sie die Reformation der Kirche bewirkten. Aber nicht nur die Kirche, auch Rom als Sitz der Papstherrschaft sollte reformiert werden.

Nach seiner Wahl am 7. Januar 1566 machte sich Papst Pius unverzüglich daran, seine Absichten in die Tat umzusetzen. Auf seine Veranlassung erließ Kardinal Savelli im Juli ein Dekret, wonach alle Prostituierten innerhalb von sechs Tagen Rom verlassen mußten, und nach zwölf Tagen durften sie sich auch nicht mehr auf dem Gebiet des Kirchenstaats befinden. Die Folge war eine allgemeine Panik; vierundzwanzig der berühmtesten Kurtisanen verließen Rom sofort, und eine sehr viel größere Zahl folgte ihnen kurz darauf. Diese Unglücklichen gehörten offenbar zu den ärmeren, denn sie zogen allein und ohne männlichen Schutz los, und kaum waren sie außerhalb der Stadtmauern, da wurden sie überfallen, ihrer Wertsachen beraubt und einige dann in den Tiber geworfen, wo sie ertranken, während andere vor Hitze und Erschöpfung auf den Straßen umkamen.

In Rom schlugen die Wellen der Erregung hoch. Ebenso wie Isabella de Luna hatten viele Kurtisanen auf Kredit gelebt oder zumindest ihre Rechnungen nicht sehr prompt bezahlt, so daß die römischen Kaufleute und Händler mit schweren Verlusten rechnen mußten, wenn alle Kurtisanen plötzlich die Stadt verlassen müßten. Außerdem schätzten die Stadtväter, daß die Vertreibung der Kurtisanen und ihrer Familienangehörigen einen Exodus von etwa einem Drittel der Bevölkerung bedeuten würde. Zweifellos war diese Schätzung etwas übertrieben, aber die Unruhe griff jetzt auf die Steuerpächter über, die der Regierung im vorhinein eine nach den Steuereinnahmen des letzten Jahres festgesetzte Summe bezahlt und dafür das Recht erhalten hatten, die fälligen Steuern einzuziehen. Und sie behaupteten mit Fug und Recht, daß eine derartige Verminderung der römischen Bevölkerung eine beträchtliche Senkung der Steuereinkünfte nach sich zöge.

Von allen Seiten mit Beschwerden bestürmt, baten die Conservatori, die Ratsherren der Stadt, die den Papst schon vorher ersucht hatten, das Dekret zu widerrufen, ihn jetzt, zumindest einen Aufschub bei dessen Durchführung zu bewilligen, damit die Lage besprochen werden könne. Der Papst blieb eisern, was die Ausweisung der Kurtisanen betraf, aber er war einverstanden, den Termin zu verschieben, zuerst auf den 26. Juli und dann auf den 3. August. Eine Abordnung der römischen Bevölkerung wurde zusammengerufen, und alle waren einstimmig der Meinung, die Kurtisanen und Prostituierten sollten dableiben. Die Gesandten von Spanien, Portugal und Florenz wurden von den städtischen Behörden überredet, beim Papst zugunsten der römischen Bevölkerung zu intervenieren, aber nicht einmal die konzertierte Aktion der Diplomaten hatte Erfolg. Aus den Noten dieser Gesandten und auch des venezianischen Gesandten Paolo Tiepolo wissen wir von dem Auf und Ab in diesem tragikomischen Kapitel der römischen Geschichte.

Schließlich trugen vierzig Abgesandte der römischen Bevölkerung dem Papst ihr Anliegen vor. Pius war empört, erklärte ihr Vorgehen als aufrührerisch und verlangte, die Römer müßten zwischen ihm und den Kurtisanen wählen. Wenn sie wollten, daß ihre Stadt eine Stätte des Lasters sei, dann werde er Rom verlassen und den Heiligen Stuhl woandershin verlegen. Nach schwierigen Verhandlungen erklärte sich der Papst indes bereit, den Kurtisanen eine weitere Frist zu gewähren. Aber als er dann erfuhr, wie viele der unglücklichen Frauen, die Rom schon verlassen hatten, beraubt und ermordet worden waren, gab er dem Begehren des römischen Volks schließlich statt. Er war einverstanden, daß die Kurtisanen in der Stadt blieben unter der Bedingung, daß sie alle zusammen in einem ihnen zugewiesenen Stadtteil wohnten.

So endete die Auseinandersetzung mit einem Kompromiß, doch auf lange Sicht arbeitete die Zeit für das Volk und die Huren, denn Päpste waren im allgemeinen alte Männer, wenn sie gewählt wurden, und regierten nicht lange. Außerdem war ein reformistischer Papst nicht beliebt bei den Kardinälen, so daß es sein konnte, daß ein weniger strenger Pontifex zu seinem Nachfolger gewählt wurde. Während des Pontifikats von Pius V. wurde die starre Haltung gegenüber den Kurtisanen nicht aufgegeben, und ausnahmsweise gelang es dem Papst, eine strikte Kleiderordnung durchzusetzen. Kurtisanen und Prostituierte mußten ein besonders kennzeichnendes Gewand tragen und einen bauschigen Schleier – viel auffälliger als jener, der Tullia d'Aragona angedroht worden war. Diese Tracht ist in Cesare Vecellios Werk *Habiti antichi et moderni di tutto il mondo,* das 1598 in Venedig erschien, abgebildet. Sie hüllt die Frau vom Kopf fast bis zu den Füßen ein, aber wie die Bildunterschrift unter dem Stich besagt, »ruft die Tracht mit Goldstickerei eine sehr anmutige Wirkung hervor«. In demselben Buch findet sich eine Abbildung der Kleidung einer römischen Kurtisane während des Pontifikats des neuen Papstes Gregor XIII. Damals waren, wie der Verfasser betont, einige Kurtisanen prächtiger gekleidet als so manche adlige Römerin.

Zu eben dieser Zeit, im Jahre 1581, kam Montaigne nach Rom. Auch ihm machte es Eindruck, wie prächtig sich die Kurtisanen kleideten, wie kunstvoll sie sich zurechtmachten, vor allem aber, wie schön sie waren, und sein Vergleich mit den Römerinnen von hohem Stande fiel zugunsten der Kurtisanen aus. Von den vornehmen Damen sagte er, sie stünden zwar in dem Ruf, die schönsten Frauen der Welt zu sein, aber er finde ihr »Aussehen nicht bemerkenswert ... die wirklich einzigartige Schönheit sieht man bei den Frauen, die sie feilbieten«. Allerdings gab es damals gar keine Kurtisanen mehr in dem Sinne des Wortes, wie die Renaissance es gebraucht hatte. So schön und prächtig gekleidet sie auch sein mochten – weitgehend dank Pius V., aber auch dank der Gegenreformation und dem gewandelten Zeitgeist –, so wurden diese Frauen doch nicht mehr von der Gesellschaft akzeptiert und spielten beileibe keine

Rolle mehr im intellektuellen Leben der Stadt. Sie wohnten in einem Stadtteil, der mehr oder weniger ein Bordellviertel war – einige wenige Straßen, sagte Montaigne. Und obwohl sie sich genau wie die Matremas und Nannas der Vergangenheit am Fenster zeigten, um ihre Reize zur Schau zu stellen, so konnte jetzt niemand im Irrtum darüber sein, was sie waren. Montaigne bewunderte, wie sie sich darzubieten verstanden, fast wie lebende Bilder. Doch sagte er, auch Damen von Welt zeigten sich an den Fenstern, »aber auf andere Art, und sie haben ein anderes Gebaren, so daß man den Unterschied leicht erkennt«.

Junge und auch nicht so junge Lebemänner ritten oder fuhren des Abends immer noch vorbei, um die Schönheiten zu bewundern – einige hatten in den Dächern ihrer Kutschen sogar Fenster anbringen lassen, um es bequemer zu haben, aber jetzt war das Ziel solcher Ausflüge das Bordellviertel und nicht eine Geselligkeit in erlauchtem Kreise. Die vergnügten Zusammenkünfte mit Freunden, um gemeinsam zu Abend zu essen, Musik zu hören, sich geistvoller Unterhaltung und der Gesellschaft schöner Frauen zu erfreuen und vielleicht, wenn man Glück hatte (und obendrein noch reich war), auch der Liebe, gehörten endgültig der Vergangenheit an. Zur Zeit von Montaigne war der einzige gesellschaftliche Aspekt der mittlerweile finanziell billig gewordenen Angelegenheit nach seiner Beschreibung »das Vorrecht, nachdem man für ein oder vier *écus* (der *écu* entsprach etwa der Kaufkraft eines *scudo*) mit einer von ihnen die Nacht verbracht hatte, ihr öffentlich seine Aufwartung machen zu dürfen«. Man kann sich unschwer vorstellen, welchen Eindruck das Angebot von »ein oder vier *écus*« bei Imperia, Matrema oder Tullia in ihrer Glanzzeit hervorgerufen hätte – ganz Rom hatte seinerzeit davon gehört und darüber hohngelacht, daß der spanische Gesandte Imperia bloße fünfundzwanzig Dukaten gegeben hatte.

1581 hatte die *terra da donne* sich in der Tat gewandelt, die Kurtisanen und der Glanz waren verschwunden – nur Laster und Huren waren geblieben. Zweihundert Jahre später gab es sie immer noch. Als die Malerin Madame Vigée-Lebrun nach Rom kam, sah sie die Huren an ihren Fenstern, »das Haar mit Blumen und Federn geschmückt, die Gesichter angemalt, in fabelhaften Korsagen«. Aber ihr wurde berichtet, daß der nichtsahnende Kunde, der sie aufsuchte, feststellen mußte, daß das schiere Irreführung war – von der Taille abwärts hatten sie nichts an als einen schmuddeligen Unterrock. Der Renaissance-Traum von der körperlichen Schönheit als einer Manifestation göttlicher Vollkommenheit war verflogen, zurück blieben ein paar Blumen und Federn als Erinnerung daran, daß es ihn einmal gegeben hatte.

Veronica Franco
und die venezianischen Kurtisanen

Montaigne war in Venedig gewesen, ehe er nach Rom kam, und in seinem *Journal de voyage* vermerkt er, daß ihm am Montag, dem 6. November 1580, eine venezianische Dame mit Namen Veronica Franco eine kleine Sammlung von Briefen geschickt habe, die sie verfaßt hatte. Über die Briefe äußerte er sich nicht, sondern erwähnte nur, daß er dem Mann, der sie brachte, zwei *écus* gegeben habe. Veronicas Briefe wurden in eben diesem Jahr veröffentlicht, nachdem ihre *Terze Rime* schon 1575 erschienen waren, und sie war eine bekannte Persönlichkeit in Venedig. Montaigne wird daher gewiß von ihr gehört haben, aber wahrscheinlich wußte er auch, daß Veronica schon vierunddreißig Jahre alt war, und möglicherweise war das der Grund, warum er sich um eine persönliche Bekanntschaft nicht bemühte. Und außerdem hatte er vom Aussehen der venezianischen Kurtisanen eine ebenso schlechte Meinung wie später eine gute von dem der römischen Kurtisanen. Und das war kein oberflächliches Urteil, denn Montaigne bemerkte, er habe die angeblich schönsten von den etwa hundertfünfzig »führenden Kurtisanen in Venedig« gesehen.

Montaignes Reaktion ist verwunderlich, wenn man bedenkt, in welch hohem Ansehen die venezianischen Kurtisanen im 17. und 18. Jahrhundert standen. Doch scheint es ein Hinweis darauf zu sein, daß trotz der Maßnahmen, die in Rom gegen diese Damen ergriffen wurden, die Stadt bis zum Ende des 16. Jahrhunderts die schönsten Frauen aus ganz Italien und sogar aus dem Ausland an sich zog und sogar die venezianischen Kurtisanen, solange Rom die berühmte *terra da donne* war. Doch die Umstände, die den Aufstieg der Kurtisanen begünstigt hatten, waren nicht von Dauer, und unter dem Einfluß der Gegenreformation änderten sich die römischen Verhältnisse. In Venedig dagegen, einer freien Stadt mit einem Seehafen, die ein großes Touristenzentrum werden sollte, blieben die Kurtisanen dem Namen, wenn auch nicht dem Status nach bis zum Ende des 18. Jahrhunderts ein in die Augen springendes Merkmal des venezianischen Lebens. Und hauptsächlich aus diesem Grunde kam es, daß Venedig als die eigentliche Kurtisanen-Stadt Italiens angesehen wurde.

Aus einer von Pietro Fortinis *novelle,* die wahrscheinlich in den zwanziger Jahren des 16. Jahrhunderts geschrieben wurde, erfahren wir allerdings, daß der in Rom gängige Ausdruck Kurtisane damals erst kürzlich nach Venedig gelangt war. Der Held eben dieser Geschichte, ein junger Sienese mit Namen Antonio Angelini, traf in Venedig einen Freund aus Siena, der ihn »bei einem dieser Mädchen (einführte), die um ein Stück Geld einem ein Vergnügen machen und die man bei den Römern Kurtisanen nennt«. Die fragliche Dame, Madonna Giachena Fiamenga (die Flamländerin) war vielleicht nicht eine der »führenden Kurtisanen«, aber gewiß sehr wohlhabend. Denn Fortini sagt von ihrem Zimmer, es sei mit feinsten Teppichen ausgehängt und die Sessel mit grünem Samt und Gold bezogen. Hier bewirtete die Dame die jungen Männer mit eingemachten Früchten und köstlichen Weinen, und dann ließ der verständnisvolle Freund Antonio allein zurück. Für das dann folgende Schäferstündchen gab Antonio der

Giachena einen *scudo,* wozu der Autor bemerkt, daß es »eine für sie sehr anständige Belohnung« war.

Sechzig Jahre später bewunderte auch Montaigne die reich ausgestatteten Wohnungen und prächtige Kleidung der venezianischen Kurtisanen und staunte darüber, daß sie sich mit solchem Luxus umgeben konnten, wenn sie doch keine anderen Einkünfte hatten als die aus ihrem Gewerbe. Doch fügte er hinzu, daß viele von ihnen von venezianischen Adligen ausgehalten wurden. Bandello erklärt in einer seiner *novelle,* wie das System funktionierte, das offenbar auf absolut freundschaftlicher Basis zwischen den Kurtisanen und mehreren Liebhabern vereinbart wurde. Jedem der Herren – es mochten sechs oder sieben sein – war wöchentlich eine Nacht reserviert, und dafür bezahlte er der Kurtisane allmonatlich ein Honorar. Tagsüber stand es der Dame frei, andere Gäste zu empfangen, aber wenn einer von diesen eine Nacht mit ihr verbringen wollte, die von einem Dauerkunden gebucht war, dann mußte sie vorher dessen Erlaubnis einholen.

Daß sich La Zaffetta nicht an diese Regel gehalten hatte, war vermutlich der Anlaß für Lorenzo Venieros berüchtigtes Gedicht *Il trentuno di Zaffetta* und möglicherweise sogar für das *trentuno reale,* von dem es darin heißt, sie sei ihm tatsächlich unterworfen worden. Einige Gelehrte meinen, Veniero habe die Geschichte und das Gedicht nur geschrieben, um Zaffetta eins auszuwischen, weil sie ihn sitzengelassen habe, wie auch angenommen wird, daß er die unflätige *Puttana errante* (Die wandernde Hure) nur verfaßt habe, um die Heldin Elena Ballerina lächerlich zu machen. Veniero war es durchaus zuzutrauen, daß er die beiden Geschichten erfunden hatte, denn Aretino hatte immerhin gesagt, in bezug auf schiere Bosheit sei ihm Veniero »vier Tage voraus«, was einiges heißen wollte.

Zaffettas richtiger Name war Giulia del Moro, und sie war die Tochter eines Polizisten – *zaffo,* daher ihr Spitzname. Das *trentuno* soll am 6. April 1531 vor sich gegangen sein, als Angela, wie sie genannt wurde, sehr jung war (1548 sagte Aretino, sie sei noch sehr schön, obwohl schon über dreißig). Nach Venieros Gedicht soll Angela ihren Liebhaber mit einem *arlasse* abgespeist haben, das heißt, sie sperrte ihn aus und ging mit einem anderen ins Bett, während er vorgehabt hatte, die Nacht mit ihr zu verbringen, woraufhin der junge Mann sich rächen wollte. Dabei ging er sehr listig zu Werk, um keinen Verdacht bei Angela zu erwecken. Er erwähnte den Vorfall gar nicht und war noch aufmerksamer zu ihr als gewöhnlich. Dann lud er Angela eines Tages zu einem Ausflug nach Malamocco ein, einem Dorf auf einer Insel in der Lagune, und ließ ihr ein prachtvolles Essen vorsetzen; Angela verdrückte ein ganzes gebratenes Rebhuhn und trank ungeheure Mengen Malvasierwein. Vielleicht war es auf letzteres zurückzuführen, daß sie alle Vorsicht außer acht ließ und sich bereit erklärte, noch nach Chioggia zu fahren und dort die Nacht mit ihrem Liebhaber zu verbringen. Als sie in Chioggia ankamen, wurde Angela wiederum ein vorzügliches Mahl serviert, und dann gingen die beiden schlafen. Nachdem er sozusagen die erste Runde gedreht hatte, erschien ein Freund von ihm im Zimmer und verkündete Angela, jetzt komme ein *trentuno reale* – eine Vergewaltigung durch neunundsiebzig Männer. Wie es in dem Gedicht heißt, war die männliche Bevölkerung von Chioggia in nicht unbeträchtlichem Ausmaß an Angelas Bestrafung beteiligt, und als das unglückliche Mädchen völlig gebrochen in Venedig ankam, fand sie an allen Mauern die Aufschrift: »Am 6. April 1531 befriedigte Angela Zaffetta alle.« Und noch lange Zeit danach war keine Kurtisane in Venedig bereit, ihr sicheres Heim zu verlassen, nicht einmal für hundert Dukaten.

Angela soll zur Zeit des *trentuno* zur dritten oder niedrigsten Klasse der Kurtisanen gehört haben, doch ist es möglich, daß sie erst nach diesem Ereignis so tief sank, was häufig vorkam, denn abgesehen von allem anderen, war ein solches Mädchen eine Zielscheibe des Spotts. Aber wenn Angela wirklich dem *trentuno reale* unterworfen wurde, dann war sie aus so hartem Holz geschnitzt, wie eine Kurtisane es sein mußte. Denn statt zu einer bloßen Hure degradiert zu sein, wurde sie eine der berühmtesten Kurtisanen in Venedig und Rom und auserwählt, Ippolito de' Medici während seines Aufenthalts in Venedig als Gast des spanischen Gesandten zu unterhalten. Sie war auch sehr beliebt bei Aretino, der, als er einmal Tizian und Sansovino zum Abendessen einlud, in der Einladung erwähnte, er habe »zwei Fasanen und Signora Angela Zaffetta« zu bieten. Er schrieb eine Dithyrambe über sie und erkannte Angela die Siegespalme unter den Kurtisanen zu, weil sie, wie er sagte, »es besser als jede andere verstand, das Gesicht der Lüsternheit unter einer Maske der Schicklichkeit zu verbergen«. Und »durch Klugheit und Takt« habe sie sich »Lob errungen und Reichtümer erworben« und sei »sehr begehrt und bewundert von adligen Herren und Künstlern«.

In der Nationalgalerie in London hängt ein Porträt von Angela, gemalt von Tizians Schüler Paris Bardone. Im Gegensatz zur *Salome,* dem mutmaßlichen Porträt von Tullia in Brescia, würde Angela, wie sie hier dargestellt ist, heute gewiß nicht als eine Schönheit angesehen werden. Die Plumpheit von Gesicht, Armen und Händen steht in keinem Verhältnis zu ihren kleinen, mädchenhaften Brüsten, die unter dem Hemd zum Vorschein kommen, doch entsprach dieses Äußere dem venezianischen Schönheitsideal des 16. Jahrhunderts. Auch kann man Aretinos Behauptung, daß Angela es verstand, »das Gesicht der Lüsternheit unter der Maske der Schicklichkeit zu verbergen«, nach dem, wie sie hier dargestellt ist, nicht zustimmen. Aber wenn dieses Porträt wirklich ihr genaues Abbild ist, dann besteht kein Zweifel, daß Angela eine gescheite und entschlossene Frau war.

Gewiß war ihre Karriere sehr erfolgreich, denn als sie und ihre Freundin Flaminia nach Rom kamen, und zwar zu einer Zeit, da Tullia auf dem Höhepunkt ihrer Beliebtheit war, gehörten sie zu den führenden Kurtisanen und wurden von dem Verfasser des *Trionfo della lussuria* zusammen mit Tullia zur Crème de la Crème gerechnet. Und daß er sich nicht mehr der Gesellschaft der »grazilen Angela del Moro und Flaminia, die wie zwei Sterne sind«, erfreuen konnte, wurde in einem zeitgenössischen anonymen Gedicht von einem jungen Mann beklagt, der die Fleischtöpfe Roms verlassen und sich in die provinzielle Wüste begeben mußte. Flaminia wurde später die Geliebte von Isabella de Lunas Freund Uberto Strozzi, der, wenn er nicht in Rom war, sich ängstlich bei seinem Freund Mauro d'Arcona erkundigte, wie es ihr während seiner Abwesenheit ergehe. D'Arcano antwortete in Versen und machte ihm die wahrscheinlich nicht sehr willkommene Mitteilung, daß Flaminia wie eine Herzogin oder Königin lebe, jeden Abend von einem Gesandten oder Grafen besucht und von Monsignore Giovanni della Casa »nachts im Bett warm gehalten« werde.

So ist es nicht überraschend, daß Angela del Moro und Flaminia Venedig zu guter Letzt Valet sagten und sich endgültig in Rom niederließen.

Es liegt auf der Hand, daß wahre Liebe bei den Amouren von Angela und Flaminia ebensowenig eine Rolle spielte wie bei Uberto Strozzi und seinen Freunden. Aber die Geschichte einer anderen venezianischen Kurtisane, Marietta Mirtilla, läßt erkennen, daß Imperia, Caterina Padovana und Tullia nicht als einzige Ausnahmen die Regel bestätigten, Kurtisanen seien keines tieferen Gefühls fähig. Obwohl Tullia damals nicht verliebt war, als sie an dem Speroni-Dialog teilnahm, trog ihr Instinkt sie nicht, als sie sofort sagte, Antonio Brocardo, der Verfasser der von Niccolò Grazia zitierten Rede zur Verteidigung der Kurtisanen, müsse in eine von ihnen verliebt sein.

Brocardo liebte tatsächlich Marietta Mirtilla heiß und innig und sie ihn. Sie waren beide jung, Brocardo starb, ehe er dreißig war, und in der letzten Zeit waren sie getrennt, weil Brocardo die Universität Padua bezog, um die Rechte zu studieren. Nur drei seiner Briefe an Marietta sind erhalten, aber sie lassen eine Beziehung erkennen, die außerordentlich modern ist, denn es ist eine Mischung von Leidenschaft, Zärtlichkeit und Kameradschaft. Und die letztere ist überraschend. Obwohl sie teilweise darauf zurückzuführen sein mag, daß die beiden sich schon von Kindheit an kannten, so wäre Marietta unter normalen Umständen vom Beginn der Pubertät bis zur Heirat von ihrer Mutter nicht aus den Augen gelassen worden. Doch in ihrem Fall war die Mirtilla als Kurtisane eine freie Frau und ihre eigene Herrin, und das ermöglichte es ihr und ihrem Liebsten, einander von gleich zu gleich entgegenzutreten.

Brocardo war gewiß der Herzallerliebste der Mirtilla, und aus einem Brief, den er ihr vermutlich 1530 schrieb, als sie fiebernd zu Bett lag, geht deutlich hervor, wie zärtlich seine Gefühle für sie waren: »Wenn alle meine Wünsche erfüllt würden, mein schönes und sehr verehrtes Schwesterchen, dann würde ich jeden Tag nach Dir schauen und Dich trösten, wie ich es tat, als ich noch in Venedig war. Und ich wäre dann befreit von den unzähligen ärgerlichen und ernstlichen Sorgen, die mich ständig quälen: Ach, wie mag es meiner süßen, einzigen, unvergleichlichen, geliebten Schwester gehen? Ist sie den Klauen dieses verfluchten Fiebers schon entronnen oder leidet sie noch daran? Und wenn ja (was Gott verhüten möge), warum bin ich nicht da, um sie zu pflegen? Ich sollte der erste sein, der sie zudeckt, wenn ihr kalt ist, und sie tröstet, wenn sie unglücklich ist, und sollte ich es nicht sein, der ihr, wenn sie Essen oder etwas anderes braucht, es ihr eigenhändig bringt? Und obwohl ich sicher bin, daß viele andere, sehr viel Würdigere als ich da sind, die für meine Herrin sorgen, und daß sie es auf diese und bessere Weise tun und liebenswürdig und liebevoll für Dich sorgen, habe ich dennoch das Gefühl, daß ich versage, weil ich nicht auch da bin.«

In einem anderen Brief, den Brocardo an die Mirtilla schrieb, als es ihr schon wieder besser ging, und den ihr sein Freund Giacobo Pirovano überbrachte, bat er sein »süßes und liebes Schwesterlein«, Kardinal Contarini zu ersuchen, Pirovano zu empfangen. Contarini war zwar Kirchenfürst und Angehöriger einer alten venezianischen Patrizierfamilie, doch mußte er die Kurtisane Mirtilla recht gut kennen, wenn er auf ihre Bitte hin Pirovano empfangen sollte. Und die Tatsache, daß Brocardo, der den Kardinal auch persönlich kannte, es für zweckmäßig hielt, seine Mätresse als Vermittlerin einzuschalten, statt seinen Freund mit einem Empfehlungsbrief direkt zu Contarini zu schicken, wirft ein bezeichnendes Licht auf die Zeit, in der sie lebten.

Brocardos letzter Brief aus Padua vom Jahre 1531 läßt nicht den geringsten Zweifel darüber, welcher Art die Beziehung zwischen Marietta und ihm war. Diesmal ist er nicht mehr der zärtliche und fürsorgliche »Bruder«, der

schreibt, um sein »schönes und sehr verehrtes Schwesterchen« zu trösten, sondern der Liebhaber, der halb im Ernst,
halb in gespielter Entrüstung dem kleinen Frauenzimmer am
liebsten den bloßen Hintern versohlt hätte, weil sie vor
anderen Leuten behauptet hatte, er sei ihr untreu geworden.
Und all das, weil er ihr ein versprochenes Buch nicht geschickt hatte. Wenn Marietta ihm das selbst vorgeworfen
hätte, dann wäre es nicht weiter schlimm oder ungewöhnlich gewesen, aber daß sie es zu anderen gesagt hatte, ging
ihm gegen den Strich. »Es kommt mir sehr seltsam vor«,
schrieb er, »die Bindung der engen Beziehung, die zwischen
uns besteht, so zu vergessen, und mir scheint, ich werde
meine Ehre nicht wiedergewinnen, ehe ich nicht Hand an
Dich lege, und wenn ich es auch barfuß und im Hemd tun
muß...

Aber sei dem, wie ihm wolle, und wenn Fortuna es auch
schlecht mit mir meint, ich werde Dich aufs Bett werfen,
und mit jedem Glied sollst Du mir dafür büßen, und ich
werde nicht von Dir ablassen, ehe einer von uns sagt: ›Ich
kann nicht mehr‹.«

Wenige Monate nachdem er diesen Brief geschrieben
hatte, starb Brocardo, und die Tränen und der Schmerz der
armen Mirtilla erregten das Mitleid aller, die das junge
Paar gekannt hatten. Brocardo hatte viele Freunde gehabt,
er gehörte zu den Menschen, die überall beliebt sind, und
alle seine Freunde versuchten jetzt, Marietta in ihrem
Kummer zu trösten. Bernardo Tasso und sogar Aretino
schrieben Gedichte für sie, um ihr Mitgefühl zum Ausdruck
zu bringen, und Speroni, der seinen jungen Freund niemals
vergaß, obwohl er ihn um siebenundfünfzig Jahre überlebte,
hielt die Erinnerung an ihn wach, indem er ihn in all seinen
literarischen Werken und auch im Dialog über die Liebe erwähnte.

Daß die rührende Geschichte von Brocardo und der Mirtilla ihren Freunden unvergeßlich war, scheint indes ein Hinweis darauf zu sein, wie selten eine solche Liebesaffäre war. Ein Brief, der zwei Jahre nach Brocardos Tod in Padua geschrieben wurde – möglicherweise von einem seiner Kommilitonen –, gibt Aufschluß über eine andere Tragödie, die aber sehr viel alltäglicher war, nämlich den Haß eines jungen Mannes auf eine Kurtisane, die er einst geliebt hatte; die Dame aber hatte ihn sitzenlassen und war eine der erfolgreichsten Kurtisanen in Venedig geworden. Wenn man zwischen den Zeilen dieses gehässigen Briefes liest, wird nicht nur klar, daß der junge Mann die Frau, die er verunglimpfen wollte, immer noch liebte, sondern auch, wie sehr das Gebaren und die Lebensweise einer venezianischen Kurtisane, die es zu etwas gebracht hatte, ihren römischen Kolleginnen nachempfunden waren.

Als der anonyme Briefschreiber nach Rom reisen mußte, war die Dame ihm untreu geworden und hatte ihren meteorhaften Aufstieg in Venedig in die Wege geleitet. Und offenbar hat der Schreiber in Rom oder irgendwann während seiner Reisen Tullia d'Aragona kennengelernt und war von ihr fasziniert, denn er beschreibt sie als »wirklich göttlich und einzigartig und von engelgleichem Benehmen«. Nachdem er sich somit als Mann von Welt erwiesen hatte, der mit der berühmtesten Kurtisane Umgang gepflegt hatte, erklärt er dann, er könne seine ehemalige Liebste ebensowenig mit Tullia vergleichen, »wie man Gift mit himmlischem Manna« vergleichen könne. Dennoch scheint die Dame, die sich jetzt Honoranda nannte, sich Tullia im besonderen und die römischen Kurtisanen im allgemeinen zum Vorbild genommen zu haben, denn auch sie befleißigte sich des toskanischen Akzents und täuschte sogar manchmal einen ausländischen Akzent vor. Außerdem hatte sie begonnen, literarischen Ehrgeiz zu entwickeln. Aber die eleganten Briefe, die sie ihren Verehrern schickte, hatte sie nicht selbst verfaßt, ebensowenig wie das Gedicht, das sie Tizian widmete. Zweifellos hoffte Honoranda, es könne ihn dazu anregen, ein Bild von ihr zu malen, wie er es von so vielen Kurtisanen getan hatte. Aber das Protzen mit ihrem Reichtum und ihr arrogantes Gehabe brachten erst die Wut des abgewiesenen Liebhabers auf den Siedepunkt, die er jetzt an ihr ausließ. Offenbar schickte Honoranda, wenn sie ausging, einen Haushofmeister und einen in Seide gekleideten Pagen vor sich her, und hinter ihr kam eine ganze Prozession von Dienern und Mägden. Der Schreiber behauptet, alle hätten sie deswegen ausgelacht und für verrücjt erklärt, denn in Venedig »begnügen sich die größten Herren, die respektiert werden wegen ihres edlen Blutes und ihrer feinen Sitten, mit einem Jungen«.

Das macht deutlich, daß Signora Honoranda sich zweifellos die großen Kurtisanen in Rom zum Vorbild nahm, die lange vor 1533, als dieser Brief geschrieben wurde, durch ihre pompöse Begleitung die Aufmerksamkeit auf sich gelenkt hatten, was offenbar für Venedig neu war. Und ebenso Honorandas Arroganz: zum Beispiel, daß sie um Stunden zu spät zu einem Abendessen in Murano kam, zu dem einige Herren sie eingeladen hatten. Und ihr Mißgriff, daß sie ihren eigenen Diener mitbrachte, der ihr den Wein in einem silbernen Becher servierte, aus dem sie während der ganzen Mahlzeit trank. Obwohl Honoranda die erste gewesen zu sein scheint, die all diesen Luxus zur Schau trug, hat sie bald Nachfolgerinnen gehabt, so daß die venezianischen Behörden es 1543 für notwendig hielten, eine Kleiderordnung einzuführen. In der Präambel zu diesem Gesetz wurde ausdrücklich festgestellt, es sei ein öffentliches Ärgernis, daß man Prostituierte sieht »auf den Straßen und in den Kirchen und anderswo, so mit Schmuck behängt und gut angezogen, daß sehr oft vornehme Damen und Bürgerinnen, weil kein Unterschied in der Kleidung besteht, mit ihnen verwechselt werden, und zwar nicht nur von Fremden, sondern auch von Einheimischen, die Gut und Schlecht nicht auseinanderhalten können ... Daher wird kundgetan, daß keine Dirne Gold, Silber oder Seide tragen oder an irgendeinem Körperteil haben darf, weder Halsketten, Perlen oder Edelsteine noch glatte Ringe, weder in den Ohren noch an den Händen ... und das Anlegen von Schmuck ist ihnen verboten, sowohl außerhalb als innerhalb ihrer Häuser. «

In demselben Jahr wurde Lucieta Padovana angezeigt, weil sie in die Kirche gehe »an allen Festtagen (und ihren Platz einnehme) zwischen adligen Damen und Bürgerinnen, denn sie sieht sich nicht als Hure, sondern als Kurtisane an, und auch, weil sie einen Ehemann hat«. Doch wie Tullia d'Aragona ein Jahr später in Siena entging Lucieta Padovana der Bestrafung. Zweifellos war das hauptsächlich auf ihren Ehestand zurückzuführen, obwohl Lucieta selbst offenbar der Meinung war, ihr Status als Kurtisane sei ausreichend, um ihren Kirchgang unter ehrbaren Frauen zu rechtfertigen, wie es Kurtisanen in Rom schon seit Beginn des Jahrhunderts getan hatten.

Nachdem einmal anerkannt war, daß Kurtisanen etwas anderes seien als bloße Dirnen, kam es zumindest eine Zeitlang vor, daß Venezianerinnen aus gutbürgerlichen Familien den Beruf einer Kurtisane ergriffen, was anderswo in Italien nicht der Fall gewesen zu sein scheint. Aus einer solchen Familie und noch dazu einer, die ein Wappen führte, stammte Veronica Franco, die 1546 als einzige Tochter – sie hatte drei Brüder — geboren wurde. Nichts weiß man von Francesco, Veronicas Vater, aber er kann nicht sehr lebenstüchtig gewesen sein, denn seine Frau Paola wurde Kurtisane, vielleicht, um zum Haushaltsgeld für die große Familie beizutragen, und später war sie die Kupplerin ihrer Tochter. Veronica wurde sehr jung mit einem Arzt verheiratet, Paolo Paniza, aber das war auch kein Erfolg, denn mit achtzehn war Veronica lange genug Kurtisane gewesen, um ihr erstes Kind von ihrem Liebhaber Iacopo Babelli zu erwarten.

Kurz vor ihrer Niederkunft machte Veronica am 10. August 1564 ihr Testament, und selbst unter diesen Umständen ist trotz der trockenen juristischen Ausdrucksweise des Testaments schon etwas von Veronicas entschlossenem Charakter darin zu erkennen. Offenbar liebte sie Babelli und hatte wohl mehr Zutrauen zu ihm als zu ihrer Familie. Sie vermachte ihm einen Ring als Andenken und übertrug ihm die Erziehung ihres ungeborenen Kindes sowie die Verwaltung ihres ganzen Besitzes, den sie dem Kind hinterließ. Ihre eigene Familie wird kaum erwähnt, abgesehen von einer Empfehlung an ihre Mutter, sie solle tun, was sie könne, um Veronicas Mann zu bewegen, ihre Mitgift zurückzugeben. Babelli mag der erste Geliebte in Veronicas Leben gewesen sein, aber gewiß nicht der letzte, denn obschon sie eine Kurtisane war, konnte Veronica lieben und liebte mehr als einmal leidenschaftlich. Sie war auch immer eine hingebungsvolle Mutter und hatte im Gegensatz zu den meisten Kurtisanen eine zahlreiche Familie – sechs Kinder insgesamt, von denen einige allerdings nicht lange lebten. Veronicas Forderung, ihre Mitgift solle zurückgegeben werden, ist auch charakteristisch, nicht, weil sie geizig war, in der Tat scheint sie gutherzig und großzügig gewesen zu sein, sondern weil sie ebensogut hassen wie lieben konnte, und ihr Mann scheint sie schlecht behandelt zu haben.

Etwa zu der Zeit, als Veronica ihr erstes Kind bekam, erschien in Venedig eine gedruckte Liste »aller wichtigen und höchst ehrbaren Kurtisanen von Venedig mit Namen und denen ihrer Kupplerinnen (in einigen Fällen ihre Mütter), ihrem Wohnsitz, dem Stadtteil, in dem er sich befindet, unter Angabe des Geldbetrages, den Herren bezahlen müssen, die ihre Gunst zu erlangen wünschen«. Die Liste, von der ihr Verfasser – vermutlich Andrea Calmo, der aber nur mit den Initialen A. C. zeichnete – behauptete, sie sei vollständig, war Livia Azalina gewidmet, »der Fürstin unter allen Kurtisanen Venedigs«, deren Honorar fünfundzwanzig *scudi* betrug und nur von den dreißig *scudi* der Paulina Filla übertroffen wurde. Sehr wenige Kurtisanen verlangten zehn *scudi* oder mehr, doch der Verfasser dieses informativen Werks hat errechnet, daß ein Herr, der sich der Gunst aller aufgeführten zweihundertfünfzehn Kurtisanen erfreuen wollte, die Kleinigkeit von zwölfhundert *scudi* dafür aufwenden müßte.

Veronica und ihre Mutter Paola waren in der Liste als in der Nähe der Kirche Santa Maria Formosa wohnhaft aufgeführt. Das Honorar, das sie beide berechneten, betrug nur zwei *scudi* – das niedrigste war ein *scudo* –, und Paola war ihre eigene und Veronicas Kupplerin. Daraus mag vielleicht der Schluß gezogen werden, daß Paola das Ende ihrer Laufbahn erreicht hatte, während Veronica noch am Anfang stand und sich noch keinen Namen gemacht hatte. Denn später zitierte Andrea Calmo in einem seiner Briefe einen Verehrer Veronicas, der gesagt hatte, er traue sich nicht an sie heran, denn sie sei »ein teurer Brocken« und wolle nicht für weniger als fünf oder sechs *scudi* einen Kuß geben und verlange für das, was Montaigne taktvoll *la négociation entière* (das ganze Geschäft) nannte, fünfzig *scudi*.

Zwischen 1564 und 1570 bekam Veronica noch drei weitere Kinder, das erste von Andrea Tron, dem Sohn einer reichen Patrizierfamilie, das zweite von Guido Antonio Pizzomano, einem verheirateten Mann und Wüstling. Als Pizzomano 1572 von der Inquisition verhört wurde, gab er zu, daß er von Veronica ein Kind hatte, aber er gestand auch das sehr schwere Verbrechen, daß er Camilla Rota, eine entlaufene Nonne, als seine Mätresse in seinem Haus aufgenommen habe. Er behauptete, das mit Einwilligung seiner Frau getan zu haben, aber dennoch wurde ihm der Prozeß gemacht.

Der Vater von Veronicas viertem Kind war zwar etwas zügellos, aber doch von sympathischerem Charakter; noch 1575 war er sehr verliebt in sie und scheint ihr ganzes Leben lang sehr befreundet mit ihr gewesen zu sein. Er hieß Lodovico Ramberti und war der Sohn von Stefano Ramberti, dem die Apotheke am Rialto gehörte und der aus einer der angesehensten Kaufmannsfamilien Venedigs stammte. Doch war die Familie wohl etwas gewalttätig veranlagt, denn Lodovicos Bruder Pietro wurde zum Tode verurteilt, weil er die Schwester ihrer Mutter umgebracht hatte. Und Lodovico wurde in ganz Venedig bekannt, weil er seinem Bruder einen schmachvollen Tod ersparte; als er Pietro einen Abschiedskuß gab, gelang es ihm, seinem Bruder eine kleine Nuß in den Mund zu schieben, die ein tödliches Gift enthielt; Pietro schluckte sie und war auf der Stelle tot.

Als Lodovico Ramberti am 19. April 1570 sein Testament machte, war der Grund dafür vermutlich, daß Achiletto, sein und Veronicas Sohn, kürzlich zur Welt gekommen war. Zu der Zeit war Lodovico ein lebenslustiger junger Mann, und der ganze Zweck des Testaments war, das Erbrecht des Jungen gegen etwaige Ansprüche zu sichern, die Lodo-

vicos Neffe erheben könnte. Lodovico bestimmte zu Testamentsvollstreckern Lorenzo Morosini, Giambattista Bernardo und seinen Neffen Giangiacomo Ramberti. Achiletto
wird in dem Testament als »der Sohn von Madonna Veronica Franca« bezeichnet (der Name wird oft so geschrieben).
Und Lodovico vermachte Achiletto »meine ganze Insel und
alles, was es in Ca' Manzo gibt« (die in der Nähe von
Chioggia lag). Achiletto sollte gemeinsam mit seiner Mutter
Nutznießung und Einkünfte aus diesem Besitz haben, bis er
fünfundzwanzig Jahre alt sei, und erst dann der alleinige
Eigentümer werden. Sein übriges Vermögen vermachte Lodovico seinem Neffen Giangiacomo unter der Bedingung,
daß er mit der obigen Bestimmung im Testament seines
Onkels einverstanden sei. Andernfalls vermachte Lodovico
auch sein übriges Vermögen gemeinsam Veronica und ihrem
Sohn.

Fünf Jahre später setzte Lodovico anläßlich einer vergnügten, um nicht zu sagen zügellosen Gesellschaft auf
seiner Insel zur Belustigung seiner anwesenden Freunde
noch einmal ein scherzhaftes Testament auf. Er erklärte, er
sei geistig gesund, wenn auch nicht körperlich in Anbetracht
seines Alters und »der vielen Ausschweifungen, denen ich
mich mit meiner höchst ergötzlichen Madonna Veronica
Franco und meinem höchst liebenswürdigen Messer Zuane
Bragadin hingegeben habe, für welche Vergnügungen ich
auf meiner Insel Ca' Manzo bei trockenem Brot und in
großer Unbequemlichkeit gelebt habe«. Nach seinem Tode,
erklärte Lodovico, solle seine Leiche geviertelt und auf
Dreizacken dem Meer überantwortet werden. Die Eigen-
tumsurkunden der Insel vermachte er dem hochmögenden
Messer Sebastiano Dolfin zum Zeichen der Versöhnung und
unter der Bedingung, daß er sie nicht an Signora Veronica
weitergebe ... Seine Kleider vermachte er Alvise Gradenigo,

alle Bücher in seinem Geschäft dem Großkanzler, mit Ausnahme seiner Geheimrezepte, die Zuane Bragadin erhalten sollte. Sein schönes Federbett in Ca' Manzo wurde Madonna Veronica vermacht, »weil sie es zu brauchen scheint«, und unter anderem vermachte er seiner »ergötzlichen Gefährtin Madonna Veronica Franco, ob ich sie nun heirate oder nicht, mein Einkommen aus vier Stück Preßkaviar und vier Würsten«. In einem Kodizill erklärte Lodovico, daß »der Rest meines Vermögens ... für eine Schicht Dörrbirnen verwendet werden soll, auf die ein großer Stein gelegt wird ... mit meinem Namen und den Initialen V. F., um der Nachwelt die Tatsache zu überliefern, daß sie von der begabten Madonna Veronica Franco zubereitet worden waren«.

Veronica hatte es weit gebracht in den letzten zehn Jahren, wie die Namen der jungen Männer erkennen lassen, die an dieser ausgelassenen Geselligkeit teilnahmen: Bragadin, Dolfin und Gradenigo entstammten alten Patrizierfamilien und gehörten gewiß zu den Lebenslustigsten unter der vergnügungssüchtigen Jugend Venedigs. Außerdem hatte ein Ereignis des Vorjahres Veronicas Ruf als berühmteste und begabteste Kurtisane Venedigs endgültig besiegelt. Der zweiundzwanzigjährige Henri de Valois war, nachdem er drei Monate als König in Polen geherrscht hatte, auf dem Rückweg in die Heimat, wo er nach dem plötzlichen Tod seines Bruders Karls IX. zum König von Frankreich gekrönt werden sollte, am 18. Juli in Venedig eingetroffen. Die ihm zu Ehren gegebenen Feste waren sogar noch glanzvoller als die für Königin Caterina Cornaro bei ihrer Rückkehr aus Zypern. Der König logierte im Palazzo Foscari, einem der großartigsten Paläste am Canale Grande, und zu den für ihn veranstalteten Unterhaltungen gehörten eine Regatta, ein *Te Deum* in der Markuskirche, ein Feuerwerk und ein Bankett für dreitausend Gäste im Palazzo Ducale. An einem anderen Tag wurde dem König ein Imbiß mit Konfekt und kandierten Früchten vorgesetzt, bei dem sogar das Tischtuch, die Teller, Messer und Gabeln aus Zucker bestanden – »etwas noch nie Dagewesenes«, wie ein zeitgenössischer Chronist bemerkte. Aber die glanzvollste Lustbarkeit von allen und geeignet, einem zweiundzwanzigjährigen jungen Mann zu gefallen, war der im Dogenpalast gegebene Ball, zu dem zweihundert der schönsten jungen Damen aus Venedig erschienen, alle weiß gekleidet und mit Perlen und Juwelen reich geschmückt.

Doch bei all diesen Festlichkeiten fand Heinrich III. noch Zeit, Veronica Franco einen Besuch abzustatten. Natürlich war der Besuch inkognito und sollte gewiß geheimgehalten werden, aber ganz Venedig wußte davon. Und verständlicherweise war er ein großer Erfolg, denn Veronica war wirklich sehr schön. Sie hatte blonde Haare, blaue Augen und ein herzförmiges Gesicht mit breiter Stirn und kleinem, spitz zulaufendem Kinn. Tintoretto, der mit ihr befreundet war, malte ein Porträt von Veronica, das nicht erhalten ist, aber es gibt noch einen Stich von ihr, der graviert wurde, als sie dreiundzwanzig war. Und danach kann man unschwer erkennen, daß Veronicas Reiz nicht nur auf ihrem körperlichen Charme beruhte, sondern auch auf ihrer Fröhlichkeit und ihrem Verstand. Und es scheint, daß Heinrich III. diese ihre Eigenschaften ebenso bewunderte wie ihre Schönheit, denn trotz seiner Indolenz und Überspanntheit war er ein intelligenter Mann, der sein aufrührerisches polnisches Königreich mit beträchtlichem Erfolg regiert hatte. Er war auch ein kultivierter Mann, und es ist möglich, daß er auf einer der ihm zu Ehren gegebenen Festlichkeiten Marco Veniero kennengelernt hatte, der damals ein berühmter Dichter und Freund und Liebhaber von Veronica war und dem König vielleicht von der schönen, dichtenden Kurtisane erzählt hatte.

Als Heinrich Veronica besuchte (die jetzt in der Gegend von S. Giovanni Crisostomo in der Nähe des Rialto wohnte), sprachen sie jedenfalls über ihr literarisches Werk – wahrscheinlich über Veronicas Gedichtband, die *Terze Rime,* der im nächsten Jahr veröffentlicht wurde, aber gewiß auch über ihre Sammlung von Briefen (von der sie später Montaigne ein Exemplar sandte). Denn die Briefsammlung beginnt mit einem Brief an den König, in dem Veronica schreibt, kein Dank von ihr könne »jemals, auch nicht teilweise, die unendliche Freundlichkeit Eurer wohlwollenden und gnädigen Äußerungen über das Buch aufwiegen, das ich Euch zu widmen gedenke«. Zusammen mit ihrem Brief schickte Veronica dem König zwei Gedichte, von denen sie bescheiden sagte, sie seien zwar »kurz und ungeschliffen«, doch sollen sie ihre Dankbarkeit zum Ausdruck bringen und ihren »grenzenlosen und brennenden Wunsch, die unzähligen und übermenschlichen Talente (des Königs) zu verherrlichen«. Eine derartig dick aufgetragene Schmeichelei war unter den damals herrschenden Verhältnissen natürlich unvermeidlich. Aber sowohl in dem Brief als auch in einem der Gedichte spricht Veronica auch ganz ungekünstelt von der Freude und dem Vergnügen, die Heinrich ihr mit seinem Besuch »unter ihrem bescheidenen Dach« bereitet habe. Offenbar hatte auch Heinrich den Besuch genossen, sonst hätte er sich wohl kaum das Emailporträt von Veronica schenken lassen und es mitgenommen. Es war in erhabener Arbeit ausgeführt und mag den kleinen farbigen Porträts von Kurtisanen ähnlich gewesen sein, die, in Wachs modelliert und in dekorative Medaillons gefaßt, in Italien damals die große Mode waren.

Doch ist es unwahrscheinlich, daß Heinrichs Besuch bei

Veronica rein platonisch war, wie man nach ihrem schmeichlerischen Brief annehmen könnte. Wenn der König den ersten von Veronicas *Terze Rime* gelesen hatte, eine Antwort auf ein ihr von Marco Veniero gewidmetes Gedicht, dann konnte er keinen Zweifel darüber hegen, daß Veronica ihr Gewerbe gern ausübte und stolz war auf ihre Sachkenntnis in der Kunst der Liebe. Denn in diesem Gedicht bekennt sich Veronica dazu mit einer Aufrichtigkeit, die selbst Muzios poetische Rhapsodien über seine amourösen Erlebnisse mit Tullia übertraf.

Veronica erklärte Marco Veniero darin unverblümt, daß sie seine Liebe »in Taten wie in Worten« erleben möchte, und fuhr dann fort:

Cosi dolce e gustevole divento,
quando mi trovo in letto,
da cui amata e gradita mi sento,
che quel mio piacer vince ogni diletto …
Febo che serve a l'amorosa dea,
e in dolce guiderdon da lei ottiene
quel che vale piu, che l'esser dio, il bea,
a rivelar nel mio pensier ne viene
quei modi, che con lui Venere adopra,
mentre in soavi abbracciamenti il tiene;
ond'io instrutta a questi so dar opra
si ben nel letto, che d'Apollo a arte
questa ne va d'assai spazio sopra,
e'l mio cantar e'l mio scrivar in carte
s'oblia da che mi prova in quella guisa
ch'a'suoi seguacci Venere comparte.

(So süß und begehrenswert werde ich, wenn ich mit dem im Bett bin, der mich liebt und ersehnt, daß meine Lust alle Wonnen übersteigt ... Phöbus, der der Liebesgöttin dient und von ihr zum süßen Lohn dafür das erhält, was ihm mehr wert ist als ein Gott zu sein, die Seligkeit, kommt und lehrt mich die Künste, derer sich Venus bedient, wenn sie ihn zärtlich umschlungen hält; darin unterwiesen, verstehe ich sie so gut im Bett anzuwenden, daß ich Apollos Meisterschaft in den Künsten bei weitem übertreffe. Und was ich singe und schreibe, wird von denen vergessen, die mich in dieser Verkleidung erprobt haben, der Verkleidung, die Venus und ihren Anhängerinnen gemein ist.)

Das Leben einer Kurtisane war indes ebensowenig wie das jedes anderen Menschen eine nicht enden wollende Kette von Erfolg, Eroberungen und Liebesfreuden. Wenn Veronica in ihren Gedichten frei und offen zugibt, daß sie körperliche Lust zu gewähren und zu erfahren vermag, so beschreibt sie auch ehrlich den Schmerz, den sie empfand, oder den Zorn, den sie verspürte, wenn sie sich mit einem Liebhaber gezankt oder einer sie verlassen hatte. Im dreizehnten der *Terze Rime* schmäht sie einen Liebhaber, mit dem sie sich gestritten hatte und von dem sie glaubte, daß er ihr untreu sei:

> Tosto son certa che 'accorgerai
> quanto ingrato e di fede mancatore
> fosti e quanto tradito a torto m'hai.
> E, se non cede l'ira al troppo amore,
> con queste proprie mani, arditamente
> ti trarro fuor del petto il vivo core ...

Doch ihr Zorn verflog, als sie allein in ihrem Schlafzimmer war und sich ihrer früheren Liebe und der gemeinsam verbrachten Nächte erinnert:

Or mi si para il mio letto devante,
ov'in grembo t'accolsi, e ch'ancor l'orme
serba dei corpi in sen l'un l'altro stante.
Per me in lui non si gode e non si dorme,
ma'l lagrimar de la notte e del giorno
vien che in fiume di pianto me transforme.

(Bald wirst Du gewiß erkennen, wie undankbar und treu-
los Du warst und welch Unrecht Du mir angetan hast mit
Deinem Verrat. Und wenn mein Zorn nicht allzuviel Liebe
weicht, werde ich Dir mit diesen meinen Händen das lebende Herz aus der Brust reißen ... Jetzt sehe ich mein Bett
vor mir, auf dem ich Dich in meinem Leib empfing, und das
noch die Spuren unserer Körper, Brust an Brust liegend,
trägt. Ohne Dich macht es mir keine Freude, dort zu schlafen, Tag und Nacht vergieße ich Tränen, so daß ich durch
mein Weinen in einen Strom verwandelt worden bin.)
Das Gedicht schließt mit Veronicas Bitte an ihren Geliebten, sie sollten sich allein treffen, »wie es die gute Sitte
kühner Ritter ist«, um ihren Streit sozusagen in einem Zwei-
kampf beizulegen – in einem wollüstigen Liebeskampf.

Aber bei Veronicas Streitereien ging es nicht immer um
die Liebe. Einmal wurde sie mit satirischen Versen angegriffen, beleidigt und, wie es nicht anders sein konnte, eine
gemeine Hure genannt, höchstwahrscheinlich von einem
Mann, dessen Annäherungsversuche sie zurückgewiesen
hatte. In einem langen und wütenden Gedicht fordert sie
ihn heraus:

Apparecchiate pur l'inchiostro e'l foglio
e fatemi saper senz'altro indugio
quali armi per combatter in man toglio.
Voi non avrete incontro a me refugio,
Ch'a tutte prove sono apparecchiata,

e impazientemente a l'opra indugio:
o la favella giornalmente usata,
o qual vi piace idioma prendete,
ch'n tutti quanti sono esercitata.

(Richtet nur Tinte und Blatt her und laßt mich unverzüglich wissen, welche Waffen ich zum Kampf ergreifen soll. Ihr werdet vor mir keinen Schlupfwinkel finden, denn ich bin auf jeden Wettkampf vorbereitet, und ungeduldig zögere ich mit dem Werk. Denn ob Ihr die täglich gebrauchte Sprache oder irgendein anderes Euch genehmes Idiom wählt, ich bin in allen geübt.)

Indes hatte Veronica bei all ihren literarischen und amourösen Schwierigkeiten einen verläßlichen und vertrauenswürdigen Freund, Domenico Veniero, den verkrüppelten Bruder des obszönen und unverschämten Lorenzo, des Zechkumpans von Aretino. Domenico war von ganz anderer Art. Ein Musikliebhaber und Literaturkenner, wurde er sogar von Torquato Tasso um Rat gefragt, als dieser *La Gerusalemme liberata* schrieb. Da Domenico Veniero nicht gehen konnte, kamen alle seine Freunde zu ihm, und sein Haus wurde zum Treffpunkt aller literarisch und musikalisch Interessierten in Venedig, zu denen auch Veronica gehörte, die von den anderen als Kollegin behandelt wurde. Domenico Veniero wurde auch Veronicas literarischer Berater und Kritiker, und sie schickte ihm ihre Gedichte und Briefe, damit er sie lese und korrigiere. Im achtzehnten ihrer *Terze Rime* gab Veronica das mit ihrer üblichen ungekünstelten Aufrichtigkeit zu und auch, daß sie Domenico Veniero die Geheimnisse ihrer Liebesaffären anvertraute. In dem Gedicht bat sie ihn, die Verse umzuschreiben, die sie in Form eines Briefes an einen Liebhaber richtete, der sie verlassen hatte, und sie gestand Veniero, daß sie »vor Lei-

253

denschaft sterben« werde, wenn ihr Liebster nicht zu ihr zurückkomme. Veronica überließ ihm noch einige andere Gedichte, von denen sie sagte: »Behalte sie und tu damit, was Du willst; wenn nur mein Liebster zu mir zurückkommt, alles andere ist mir gleichgültig.«

Man kann sich schlecht vorstellen, daß Tullia etwas Derartiges zu Varchi gesagt hätte, und in der Tat bestand ein gewaltiger Unterschied in der Einstellung der beiden Frauen zu ihrer Poesie und in ihrer Lebensweise. Für Tullia war die Poesie fast immer ein Statussymbol, und niemals bekannte sie sich in einem Gedicht zu einer Liebe, die nicht ideal war – in der besten Petrarkischen Tradition. Unter diesen Umständen und in Anbetracht von Muzios Enthüllungen über die sexuelle Leidenschaft ihrer Beziehung und von Tullias Gewerbe ist es vielleicht verzeihlich, daß Aretino Tullias Einstellung als »Petrarkischen Unsinn« bezeichnete, ein Urteil, das Veronica wahrscheinlich unterschrieben hätte. In ihrer eigenen Poesie war Veronica ebenso aufrichtig in bezug auf ihr Leben und ihre Liebesgeschichten, wie sie ehrlich zugab, daß Veniero ihr beim Schreiben half. Und überdies tat Veronica aller Welt kund und zu wissen, daß für sie Liebe wichtiger sei als Poesie – und das mag der Grund gewesen sein, warum sie die bessere Dichterin war.

Obwohl Veronicas Gedichte in der Mehrzahl Liebesgedichte und zudem weitgehend autobiographisch sind, läßt sie darin doch eine bemerkenswerte Begabung erkennen, Szenen und Gefühle wachzurufen, und in einem, leider vereinzelten, Fall gelingt ihr eine lyrische Naturbeschreibung. Venedig bei Nacht schildert sie in einem langen, poetischen Brief an einen Mann, der sie verlassen hat, den sie aber noch leidenschaftlich liebt – so leidenschaftlich, daß sie mitten in der Nacht und im Regen allein die ganze Stadt durchqueren würde, nur um sein Haus zu sehen. Es mag sein, daß es eben dieser Brief war, den umzuschreiben Veronica Veniero gebeten hatte, und wenn dem so war, dann wirft es ein interessantes Licht darauf, wie offen und ehrlich sie zueinander standen. Nach Veronicas Beschreibung des Hauses ihres Liebsten in dem Gedicht besteht kein Zweifel, daß er ein bekannter Mann war, vermutlich ein venezianischer Patrizier und möglicherweise ein Freund oder Verwandter von Veniero, und es schien Veronica nichts auszumachen, daß Veniero es erfuhr:

Senza temer pericolo od offesa,
a la pioggia, al sereno, a l'aria oscura
vengo, da alma Citeria difesa,
per veder e toccar almen le mura...

(Ohne Furcht vor Gefahr oder Beleidigung komme ich bei Regen, bei schönem Wetter und in der Dunkelheit im Schutz der gütigen Liebesgöttin, um wenigstens die Mauern zu sehen und zu berühren...)

Und sie schaute hinauf zu dem Balkon seines Zimmers, und einmal klopfte sie sogar an der Tür und erfuhr vom Hausmeister, daß »der Signore nachts nicht hier schläft«, und nun wußte die arme Veronica ganz genau, »daß er mit seiner Liebe eine andere Frau glücklich macht«.

Wenn sie Liebeskummer hatte oder auch um sich zu erholen, pflegte Veronica ihre Freunde auf ihren Landgütern zu besuchen — den berühmten venezianischen Villen der *terra ferma*. Ein solcher Aufenthalt in der Villa des Grafen Marcantonio della Torre in Fumane bei Verona regte Veronica zu einem der besten ihrer *Terze Rime* an. Marcantonio della Torre war vermutlich Veronicas Liebhaber, denn man weiß von ihm, daß er eine Vorliebe für schöne und intelligente Frauen hatte. Er war auch eine prominente Persönlichkeit in Verona. Als Erzherzog Ferdinand von Österreich für seine Bildergalerie in Tirol Porträts bekannter Männer sammelte, wurde della Torre als einer der beiden dort vertretenen Veronesen ausgewählt. Er war sehr reich, und die Villa in Fumane, die Nachbildung einer klassischen Villa in Rom, war wirklich fürstlich (wie man heute noch sehen kann). Veronica hat also nicht sehr übertrieben, als sie im letzten ihrer *Terze Rime* sagte, an Luxus und Pracht übertreffe dieses Landhaus die Villen der Antike in Pozzuoli und Baiae. Sie beschrieb die »hervorragenden Statuen aus Marmor und schimmerndem Porphyr, Gesimse, Gewölbe, Säulen und Schnitzereien« und schilderte die Zimmer, die »mit Gold und Silber, Figuren und Landschaften bemalt« seien. Die Themen dieser Wandgemälde waren den wollüstigsten Sagen der klassischen Mythologie entnommen: Danae und der goldene Regen, Europa und der Stier und Ios Verwandlung in eine Kuh. All das und Veronicas ausführliche Beschreibung der luxuriösen Betten scheint della Torres Ruf als Galan zu bestätigen und ein Hinweis darauf zu sein, daß Veronica und der Gastgeber ihren Aufenthalt dort nach Kräften genossen.

Doch verbrachte Veronica nicht ihre ganze Zeit mit Liebesspielen mit della Torre. Sie ging im Garten spazieren und bewunderte die Standbilder, die Springbrunnen und Teiche, in denen silberne Fische schwammen, und auch die Blumen, die dort jeden Tag neu erblühten. Und erstaunlich für die damalige Zeit ist, daß Veronica offenbar am meisten angetan war vom Landleben und von der wildromantischen Landschaft, in der die Villa lag. In ihrem Gedicht rühmt sie die Aussicht vom Haus, die ein ganzes Tal von der Ebene bis zu den im Winter schneebedeckten Berggipfeln erfaßte. Sie beschreibt poetisch, aber sehr genau die Schafherden und die im Schatten sitzenden, Flöte spielenden und singenden

Schäfer. Und die Ziegenhirten, die ihre Schützlinge heranpfeifen, den Klang der Jagdhörner, die Hunde, die der Spur folgen, und einen Hasen, der aus seinem Lager aufspringt. So taucht eine ganze Serie von ländlichen Szenen vor dem Auge des Lesers auf; sie ähneln denen auf den pompejanischen Wandgemälden, die Veronica nie gesehen haben konnte. Aber auch die klassische Poesie ist reich an derartigen Beschreibungen des italienischen Landlebens, besonders die Gedichte von Catull, der in Verona geboren war und das Tal kannte, das Veronica so entzückte. Vor allem aber findet man derartige Szenen in Vergils *Bucolica*. Vergil stammte aus der Gegend von Mantua, und dessen Herrscher im 16. Jahrhundert, dem Herzog Guglielmo Gonzaga, widmete Veronica 1575 die *Terze Rime*. So mag es sein, daß ihre Landschaftsschilderungen in diesem Gedicht den *Bucolica* nachempfunden und als eine feinfühlige Huldigung für den Herzog gedacht waren, der jetzt der Herr des durch Vergils unsterbliche Verse berühmt gewordenen Landes war. Jedenfalls war Veronicas Gedicht ein ebenso bewußter Versuch, die klassische Landschaft heraufzubeschwören, wie della Torres im römischen Stil erbaute Villa an jene von Pozzuoli und Baiae erinnern sollte, wo Catulls treulose Clodia, wie er meinte, »tändelte und scherzte«.

Man könnte daraus schließen, daß Veronica die klassischen Dichter selbst gelesen habe, obwohl sie nicht mit Gelehrsamkeit protzte wie Tullia, Matrema und die unglückliche Camilla Pisana. Tatsächlich hatte Veronica das auch nicht nötig, denn als kultivierte und sehr intelligente Frau wurde sie von Domenico Veniero und seinen literarischen Freunden — Männern wie Sperone Speroni, Bernardo Tasso und Girolamo Muzio — als Kollegin akzeptiert. Und in einem ihrer Briefe schreibt Veronica, sie hätte ihre Zeit gern in Akademien mit gelehrten Männern verbracht, wenn das Schicksal es erlaubt hätte. Sie schrieb mit eleganter und leichter Hand und ungekünstelt – ein sicherer Hinweis, daß sie Selbstvertrauen und eine Bildung besaß, die den anderen Kurtisanen abging. Ihre Briefe lassen auch erkennen, daß sie mit einigen der intelligentesten Männer Venedigs wirklich befreundet – und nicht unbedingt ihre Mätresse – war, und zu ihrem Freundeskreis gehörten auch die vornehmen Familien der *terra ferma* wie die Martinengos in Bergamo. Als das Haupt der Familie, Estor Martinengo, Graf von Malpaga, starb, wurde Veronica von seinen Verwandten gebeten, einen Gedichtband zusammenzustellen und herauszugeben, der zum Andenken an ihn gedruckt werden sollte. Solche Huldigungen waren damals sehr im Schwange, und wie in einer heutigen »Festschrift« wurden die einzelnen Beiträge oft von sehr berühmten Leuten geschrieben. Zu einer ähnlichen Sammlung zum Andenken an Irene da Spilimbergo schickten Bernardo und Torquato Tasso, Tizian und Marco Veniero Beiträge, und die Autoren des von Veronica zur Erinnerung an Estor Martinengo zusammengestellten Gedichtbandes waren kaum weniger prominent.

Als Veronicas Briefe 1580 veröffentlicht wurden, war sie vierunddreißig Jahre alt. Im Vorwort erklärte sie, daß sie die Briefe in ihrer Jugend geschrieben habe. Aber schließlich war sie mit vierunddreißig noch nicht alt, und der gereifte gesunde Menschenverstand, der in verschiedenen der Briefe zum Ausdruck kommt, läßt darauf schließen, daß zumindest einige erst kurz vor der Veröffentlichung geschrieben wurden. Das Buch wurde im übrigen Kardinal Luigi d'Este gewidmet und nicht Heinrich III. von Frankreich. Möglicherweise hatten politische oder protokollarische Gründe die Widmung an den König verhindert, aber dadurch, daß der Brief an den König das Buch einleitete, erzielte Veronica fast dieselbe Wirkung. Und schließlich hatte Kardinal Luigi, dessen Mutter Renée von Frankreich gewesen war, auch königliches Blut. Indem der Kardinal, der obendrein ein Mann der Kirche war, die Widmung annahm, ließ er zu, daß sein Name mit einem literarischen Werk in Verbindung gebracht wurde, das sehr viel freimütiger war als jenes, das Tullia d'Aragona der Eleonora de Toledo gewidmet hatte. Denn Veronicas Briefe waren fast ebenso unverblümt wie ihre Verse, und in vielen Fällen waren die Empfänger dieselben. Sie vermitteln mit ihrer ganz persönlichen Darstellung ein einzigartiges Bild vom Leben einer venezianischen Kurtisane, in der Tat der letzten großen Kurtisane der italienischen Renaissance, in all seiner Komik und Tragik. Leider ist keiner der Briefe datiert, und auch die Namen der Empfänger sind in dem Buch nicht angegeben.

Aus einem der ersten Briefe erfahren wir die überraschende Tatsache, daß eine Tante von Veronica Nonne war, zu der sie ein sehr zärtliches Verhältnis hatte. Das Kloster ihrer Tante lag auf dem Festland, nicht weit vom Haus eines Freundes von Veronica, der ebenfalls Dichter war. In einem Brief an diesen Mann beglückwünscht Veronica ihn zu seinen Versen und bedauert, daß die Umstände sie daran hindern, ihn zu besuchen, wie sie geplant hatte, denn sie hatte ihn in Verbindung mit einem Besuch bei ihrer Tante sehen wollen. Bei ziemlich vielen Briefen dreht es sich um Geselligkeiten. In einem bat Veronica einen Freund, ihr sein Clavicembalo für ein paar Tage zu leihen und es ihr, wenn möglich, morgen zu schicken, weil sie abends »Musik machen« wolle, wozu sie diesen Freund und Messer Vincenzo einlade. Veronica selbst spielte vortrefflich, doch das Entleihen eines zusätzlichen Instruments scheint darauf hinzuweisen, daß es sich um ein Konzert handelte, denn Veronica lud ihre Freunde häufig zu Hauskonzerten ein. Dabei wird wohl nicht immer ernste Musik gemacht worden sein; nach dem Vortrag von Madrigalen und neapolitanischen und sizilianischen Melodien wurden oft Volkslieder gesungen, die damals wie heute die große Mode waren. Der Historiker Scipione Ammirato berichtet, daß ein von Gherometti geschriebenes Lied so beliebt war, daß die ganze Stadt davon widerhallte, denn es wurde von jedermann auf den Straßen und Plätzen und in Venedig natürlich auch auf dem Wasser gesungen. Eine der beliebtesten Unterhaltungen an Sommerabenden war das Musizieren in den Gondeln, wozu sogar Clavicembalos mitgenommen wurden, und man speiste auch abends auf den Kanälen, oft in Gesellschaft von Kurtisanen.

Eine andere Einladung verschickte Veronica an einem kalten Regentag an einen Freund. »Ich würde mich sehr freuen«, schrieb sie, »wenn Du heute kommen und mich mit fröhlicher Unterhaltung aufmuntern wolltest, Du und Dein Freund, nur wir drei... Bei diesem Wetter muß man drinnen bleiben, jemanden zur Gesellschaft haben und bis zum Abend am Feuer sitzen. Wenn Du also zu kommen geruhst, können wir gemütlich zusammen essen, ohne Pomp und Zeremonie, was es gerade gibt. Wenn Du ein *fiasco* von Deinem guten Malvasierwein mitbringen willst, wäre ich entzückt, und wenn Du mehr als ein *fiasco* mitbringst, werde ich mich nicht beklagen! Und heute abend werde ich nur zu gern Deinem Befehl folgen und zum Haus Deines Freundes kommen.«

Bei solchen Geselligkeiten belustigte man sich mit Spielen aller Art: Wort- und Ratespiele, es wurden Geschichten erzählt, vor allem schlüpfrige, und im Sommer und Herbst waren Kurtisanen auch willkommene Gäste bei Angel- und Jagdpartien auf der Lagune.

Diese Briefe, die, wie zu bemerken ist, zu den frühen in

ihrem Buch gehören, veranschaulichen also das fröhliche, sorgenfreie Leben, das Veronica als junge Kurtisane führte. Aber mit der Zeit ergaben sich auch für sie Schwierigkeiten. Wie es nicht anders sein konnte, wurden einige durch Verehrer verursacht, die Veronica abgewiesen hatte, denn wie jede große Kurtisane hätte sie keinen Liebhaber akzeptiert, und wäre er auch reich und adlig gewesen, der ihr nicht gefiel. Veronica war wohl dazu auch noch weniger geneigt als viele andere, denn ihre Briefe zeigen, einen wie starken Charakter sie hatte und wie selbständig sie geworden war. Vor allem geht das aus einem Brief hervor, in dem sie einem Mann, von dem sie zugab, daß er von adliger Geburt sei, vorwarf, er benehme sich nicht wie ein Herr und habe boshafte Lügen über sie verbreitet. Doch werde er selbst in die Grube fallen, die er ihr gegraben habe, und für das büßen, was er ihr angetan habe. Aber ihre größte Bissigkeit hob sie sich für den Schluß ihres Briefes auf, indem sie sagte: »Ihr tut mir leid, aber ich verzeihe Euch nicht.« Ihren unfreundlichsten Seitenhieb teilte sie in einem Brief an einen Mann aus, der ein satirisches Gedicht über sie geschrieben hatte.

Darüber sagte sie: »Ich konnte gar nicht glauben, daß es von Euch stammte, denn es war ein so unzulängliches Werk und voller Fehler.«

Veronica konnte auch barschen, aber klugen Rat erteilen, zum Beispiel in einem Brief an einen jungen Mann – sehr jung mußte er gewesen sein –, der sie bedrängte, um ihre Gunst zu erlangen. »Das sage ich Euch«, schrieb sie, »bei all Eurer Albernheit und Eurem Herumrennen Tag und Nacht und Eurer Aufdringlichkeit scheint Ihr mir ein sehr fauler und nichtsnutziger junger Mann zu sein.« Und Veronica gab ihm den Rat, ernstlich zu studieren und zu arbeiten. Wenn er ihr beweisen wolle, daß er sie liebe, dann solle er ihr zeigen, daß er ehrliche Arbeit leiste. Aber noch sehr viel energischer schrieb sie an eine Freundin, als ihr klar wurde, daß diese Frau ihre Tochter Kurtisane werden lassen wollte. Veronica sagte, sie wolle die Frau nicht wiedersehen und die Freundschaft mit ihr aufkündigen, wenn sie auf ihrem Vorsatz beharre; sie habe es gleich gemerkt, als sie die Tochter mit gebleichtem und über der Stirn aufgetürmten Haar, tief dekolletiert und die Brüste kaum vom Kleid bedeckt, gesehen habe. »Ich versichere Dir«, fuhr Veronica fort, »daß ich sie, als Du sie das erstemal in dieser Aufmachung zu mir brachtest, nicht erkannt habe.« Und sie warnte die Mutter, sie werde »auf einen Schlag nicht nur eine Seele zerstören, sondern auch Deine Ehre und die Deiner Tochter vernichten. Und im übrigen«, fügte sie recht grausam hinzu, »vom materiellen Standpunkt aus betrachtet: sie ist nicht hübsch.« Doch nicht genug damit, beschrieb Veronica das Leben einer Kurtisane, und schließlich sprach sie aus Erfahrung: »Es gibt nichts Schlimmeres im Leben… als den Körper in solche Knechtschaft zu zwingen, und schon der Gedanke daran ist erschreckend, daß man sich so vielen ausliefert und Gefahr läuft, ausgeplündert, beraubt oder umgebracht zu werden. Alles, was man im Laufe der Jahre erworben hat, kann man an einem Tag verlieren, und man ist ständig in Gefahr, sich mit Krankheiten anzustecken. Mit dem Mund eines anderen essen, unter den Augen von anderen schlafen, tun, was ein anderer wünscht, und es darauf ankommen lassen, daß die eigenen Fähigkeiten verkümmern und das eigene Leben zerstört wird – welches Schicksal könnte schlimmer sein?«

Diese leidenschaftliche Verdammung des Kurtisanenlebens hat viele Autoren annehmen lassen, Veronica habe die Absicht gehabt, dieses Leben aufzugeben. 1580, in dem Jahr, in dem die Briefe veröffentlicht wurden, war es in der Tat ein schwerer Schlag für sie, als sie vor die Inquisition zitiert wurde. Indes sollte sie sich nur rechtfertigen wegen einer falschen Beschuldigung, die der Erzieher ihres Sohnes Achiletto und einige der Diener in ihrem Haus sich ausgedacht hatten, weil Veronica sich bei ihnen über das Verschwinden oder gar den Diebstahl einer Schere in einem silbernen Etui beschwert hatte. Sie behaupteten den Inquisitoren gegenüber, Veronica habe sich der Zauberei und Schwarzen Magie bedient, um ihr verlorenes Eigentum wiederzuerlangen, bringe auch durch Zauberei die Männer dazu, sie zu lieben, halte die Fastentage nicht ein und gehe nicht zur Messe. Gegen diese letzteren, ernsteren Beschuldigungen verteidigte sich Veronica mit der Begründung, sie sei unpäßlich. Sie sei häufig krank und in letzter Zeit vier ganze Monate ans Bett gefesselt gewesen. Zu guter Letzt wurde sie nicht vor Gericht gestellt.

Einige von Veronicas Briefen werden auch als ein Hinweis darauf angesehen, daß sie ihren Lebenswandel bessern wollte, vor allem ein Brief, den sie an einen Priester schrieb und in dem sie davon sprach, sie sei »voller Fehler und besudelt mit weltlichem Schmutz«. In demselben Brief dankte Veronica dem Schicksal, daß es ihr Gelegenheit gebe, mit dem Priester zu reden. Sie sagte auch, die Unterhaltung mit ihm sei ihr ein großer Trost und eine Quelle der Erbauung gewesen und habe ihr den Gedanken eingegeben, daß sie vielleicht seine Lebensweise und die christliche Lehre übernehmen könne. Doch gibt es abgesehen von diesem Brief kein unumstößliches Zeugnis, das die Annahme untermauert, Veronica habe ihr Leben ändern wollen.

Gewöhnlich werden noch zwei Quellen zitiert, um diese Annahme zu stützen. Aber das im 18. Jahrhundert im Kloster Servite in Venedig aufgefundene Sonett war (nach Ansicht von Benedetto Croce) nicht von Veronica Franco, sondern von Veronica Gambara geschrieben worden. Und die von E.A. Cicogna 1853 in seinen *Iscrizioni veneziane* veröffentlichten Schriftstücke über einen Plan für ein Heim für gefallene Frauen sind anonym und undatiert. Dennoch war Cicogna überzeugt, daß Veronica die Verfasserin war, und es muß zugegeben werden, daß der darin bekundete gesunde Menschenverstand dem von Veronica sehr ähnlich war. In dem ersten der beiden Schriftstücke wird darauf hingewiesen, daß viele Frauen infolge von Armut, Sinnlichkeit oder aus einem anderen Grunde ein unmoralisches Leben führten, daß einige von ihnen es gern aufgeben würden, aber nicht könnten, weil sie nicht wüßten, wo sie unterkommen sollten, vor allem, wenn sie Kinder oder Eltern unterstützen müßten. Sie könnten nicht in das Heim für unverheiratete Mädchen oder das Kloster der Convertite eintreten, zumal das letztere nach einem ausschweifenden Leben eine zu plötzliche und schwierige Veränderung wäre. Die Verfasserin erklärte dann, sie habe einen Plan ausgearbeitet, wonach eine geeignete Unterkunft für solche Frauen geschaffen werden könne, die den Staat nichts koste, und sie sei bereit, den Plan bekanntzugeben, wenn der Staat ihr und im Fall ihres Todes ihren Kindern eine Rente von fünfhundert Dukaten aussetze. Sie sei genötigt, das zu verlangen, da sie 1575 und 1576 durch die Pest große Verluste erlitten habe, an der auch ihr Bruder gestorben sei, so daß sie für seine Kinder ebenso wie für ihre eigenen zu sorgen habe. Dieses vernünftige Gesuch wurde den staatlichen Behörden niemals unterbreitet, und ebensowenig das zweite Schriftstück, in dem dargelegt wurde, wie ein derart lobenswertes Projekt ohne staatliche Subvention durchgeführt werden könnte, nämlich nach dem Vorbild des Gesetzes von Papst Pius V., das erlassen wurde, um ein ebensolches Heim für reuige Prostituierte in Bologna zu schaffen. Das Geld sollte aufgebracht werden durch Einziehung des Vermögens aller venezianischen Kurtisanen, die starben, ohne ein Testament aufgesetzt zu haben, und die weder eheliche noch uneheliche Kinder hatten. In der Tat wurde ein Heim dieser Art unter dem Namen Casa del soccorso 1580 in der Nähe der Kirche S. Niccolò da Tolentino von einer Gruppe venezianischer Damen gegründet. Im folgenden Jahr wurden in vielen venezianischen Kirchen Opferbüchsen aufgestellt, und 1591 konnte die Casa del soccorso auf dem Fondamento Carmini ihr eigenes Hospiz bauen, das am 16. März jenes Jahres eröffnet wurde.

Wenig über vier Monate später, am 22. Juli 1591, starb Veronica, nachdem sie vier Wochen gefiebert hatte. Sie war erst dreiundvierzig, und ihre letzten Lebensjahre scheinen recht hart gewesen zu sein. Im Steuerregister von 1582 war verzeichnet, daß sie in der Nähe der alten romanischen Kirche S. Samuele, die man vom Canale Grande aus neben dem Palazzo Malipiero sehen kann, wohnte. Veronicas Einkommen zu dieser Zeit war mit nur jährlich sechsundzwanzig Dukaten angegeben, die ihr Antonio Luisetto aus Treviso bezahlte, und mit zehn Maß Weizen, die sie von Andrea Fasiol erhielt – beides vermutlich für von ihr gepachtetes Land. Wie Veronica dieses magere Einkommen ergänzte, ist unbekannt, aber da sie ihre eigenen und die Kinder ihres verstorbenen Bruders zu versorgen hatte und ein anderer Bruder Gefangener der Türken war, muß jemand sie unterstützt haben. Möglicherweise war es ihr alter Geliebter Lodovico Ramberti, der Vater von Achiletto.

1591 waren einundzwanzig Jahre vergangen, seit Lodovico ein Testament aufgesetzt und seine Insel Ca' Manzo und alles auf ihr Achiletto vermacht hatte mit der Maßgabe, daß Veronica an der Nutznießung beteiligt sei, bis sein Sohn fünfundzwanzig wäre. Da Achiletto beim Tode seiner Mutter so alt noch nicht sein konnte und in Veronicas Steuerakten von 1582 keinerlei Einkommen von Ca' Manzo erwähnt ist, muß angenommen werden, daß Ramberti noch am Leben war. Aus Veronicas Testament hinwiederum geht hervor, daß sie nicht alle Beziehungen zu Ramberti oder zumindest zu seinen Freunden abgebrochen hatte, denn sie ernannte dieselben Männer, Lorenzo Morosini und Giambattista Bernardo, zu Testamentsvollstreckern, die auch Ramberti in seinem Testament dazu bestimmt hatte. Außerdem übertrug sie Giambattista Bernardo das Sorgerecht für ihre Kinder, ein Hinweis darauf, daß sie ihm vertraute und ihre Freundschaft im Laufe der Jahre nur zugenommen hatte. Ramberti selbst ist in Veronicas Testament nicht erwähnt, aber die Verhältnisse hatten sich seit 1570 in Venedig wie auch in Rom geändert. 1591 machten sich die Auswirkungen der Gegenreformation bemerkbar, und daß Veronica den Vater ihres Sohnes im Testament nicht nennt, braucht nicht unbedingt ein Zeichen dafür zu sein, daß die Freundschaft oder gar Liebe zwischen ihnen völlig erkaltet war.

Das Zeitalter der Renaissance, das die Kurtisanen hervorgebracht hatte, lag 1591 in den letzten Zügen, und die neue Zeit, in der kein Raum war für die Imperias, Tullias und auch Veronica, war bereits angebrochen. Nach Veronicas Tod gab es, zumindest dem Namen nach, zwar immer noch Kurtisanen in Venedig, aber in Wirklichkeit waren sie, ebenso wie in Rom, bloße Huren, und nur aus Gewohnheit wurden sie noch so bezeichnet. Mit Veronica verschwand also die letzte Vertreterin dieser in der Neuzeit einzigartigen Welt, in der Schönheit nicht nur als das einzig Wahre angesehen, sondern körperliche Schönheit auch als eine Offenbarung des Göttlichen verherrlicht wurde. Unter diesen Umständen ist es nicht verwunderlich, daß die Frauen, die während einer kurzen Zeit ihres Lebens derartig vergöttert wurden, extravagant in allen Bedeutungen des Wortes waren, eitel, verwöhnt und oft unaufrichtig. Aber seltsamerweise waren sie auch die Vorläuferinnen der modernen Frauen: sie waren unabhängig, verdienten sich mit ihrer Schönheit und ihrem Geist ihren Lebensunterhalt, und sie selbst waren ihres Glückes Schmied. Und bei keiner von ihnen tritt das so deutlich zutage wie bei Veronica Franco, deren Briefe und Gedichte eine geistige Unabhängigkeit erkennen ließen, die vor keinem Mann katzbuckelte, und wie Veronica selbst sagte, konnte sie es mit jedem von ihnen mit der Feder aufnehmen und sie mit ihren eigenen Waffen schlagen:

> La spada, che in man vostra rade e fora,
> de la lingua volgar veneziana,
> se a voi piace d'usar, piace a me ancora;
> e se volete entrar ne la toscana,
> scegliate voi la seria o la burlesca,
> che l'una e l'altra e a me facile e piana...

(Ihr gebraucht die venezianische Sprache wie ein Schwert zum Hauen und Stechen, wenn es Euch gefällt, gefällt es mir auch. Doch wenn Ihr es mit dem Toskanischen versuchen wollt, ist es mir recht, denn das eine wie das andere ist für mich gleichermaßen einfach und leicht.)

Veronica konnte keinen besseren Epitaph haben als diesen, und auch die großen Kurtisanen der italienischen Renaissance konnten keine talentiertere und geistreichere Repräsentantin haben als sie, die letzte von ihnen allen.

Literaturverzeichnis

G. Ademollo, *Alessandro VI, Giulio II e Leo X nel Carnevale di Roma.* Florenz, 1866

P. Adinolfi, *La Torre dei Sanguni e Sant' Apollinare.* Rom, 1863

G. Ammannati, *Commentarii.* Frankfurt, 1614

Anonym, *Il Trionfo della Lussuria de Mastro Pasquino.* Florenz, 1888

P. Aretino, *Ragionamenti.* Bari, 1969

– *Le Lettere.* Paris, 1609

Bandello, *Novelle*

F. Bentivoglio, *Fantasmi.* Venedig, 1544

G. Biagi, *Un Etera Romana, Tullia d' Aragona.* Florenz, 1897

S. Bongi, *Annali di Gabriel Giolitio di Ferrari*

M. Buonarotti, *Le Rime.* Florenz, 1865

J. Burchard, *Liber Notarum.* Città di Castello, 1906

P. Burke, *Culture and Society in Renaissance Italy 1420–1540.* London, 1972

G. Calamana, *Il Confidente di Pio II Iacope Ammannati.* Rom, 1932

N. Campana, *Comedia di Magrine.* Siena, 1524

– *Comedia Rusticale.* Siena, 1546

– *Lamento.* Venedig, 1521

– *Terze Rime.* Venedig, 1627

A. Chacon, *Vitae et res gestae Pontificum Romanorum et Cardinalium.* Rom, 1677

V. Cian, *Galanterie Italiane del Secolo XVI.* Turin, 1887

E. A. Cicogna, *Inscrizioni Veneziane.* Venedig, 1824–1853

F. Copetta, *Rime Piacevole.* Venedig, 1627

T. F. Crane, *Italian Social Customs in the Sixteenth Century.* Yale, 1920

B. Croce, *Poeti e Scrittori del Pieno e Tardo Rinascimento.* Bari, 1970

G. Cugnoni, *Agostino Chigi il Magnifico.* Rom, 1878

T. d'Aragona, *Le Rime.* Bologna, 1891

– *Dialogo della Infinità d'Amore.* Bari, 1912

– *Guerrin Meschino.* Bari, 1912

P. de Brantôme, *Les Vies des Dames Galantes.* Paris, 1876

Padre G. degli Agostini, *Vita di Veronica Franco.* Venedig, 1853

A. del Calmo, *Lettere.* Turin, 1888

F. Delicado, *Dialogo dello Zoppino.* Mailand, 1920

- *Retrato de la Lozana Andaluza.* Madrid, 1871
- A. del Vita, *Galanteria e Lussuria nel Rinascimento,* Arezzo, 1958
- *Figure del Cinquecento.* Florenz, 1944
- M. de Montaigne, *Journal de Voyage en Italie.* Città di Castello, 1895
- *Essais.* Bruges, 1961
- L. A. Ferrai, *Lorenzo Dei Medici e la Società Cortigiana del Cinquecento.* Mailand, 1891
- *Lettere di Cortigiane del Secolo XVI.* Florenz, 1884
- P. Fortini, *Novelle*
- F. Franchini, *Poemata.* Rom, 1554
- V. Franco, *Terze Rime.* Venedig, 1575
- *Lettere Femiliare.* Neapel, 1949
- *Rime.* Bari, 1913
- T. Garzoni, *La Piazza Universale.* Venedig, 1589
- I. Germini, *Sopra Quaranta Meretrice della Città di Firenze.* Florenz, 1553
- P. Giovio, *Historiae sui Temporis*
- G. Giraldi, *Ecatomiti.* Turin, 1853
- D. Gnoli, *La Roma di Leone X.* Mailand, 1938
- U. Gnoli, *Cortigiane Romane.* Arezzo, 1941
- A. Graf, *Attraverso il Cinquecento.* Turin, 1888
- A. F. Grazzini, *Rime Burlesche.* Florenz, 1882
- F. Gregorovius, *Lucrezia Borgia.* London, 1948
- G. Lancellotti, *Poesie Italiane e Latine di Mons. Angelo Collocci* Jesi 1772
- N. Martelli, *Lettere.* Florenz, 1863
- C. Mazzi, *La Congrega dei Rozzi di Siena nel Secolo XVI.* Florenz, 1882
- F. M. Molza, *Poesie.* Bergamo, 1747
- G. Muzio, *Egloge.* Venedig, 1550
- *Rime Diverse e Canzoni della Bella Donna.* Venedig, 1551
- S. Paoli, *Desquizione Istorica…di Giacomo Ammannati Piccolomini.* Lucca, 1712
- P. Pecchiai, *Roma nel Rinascimento.* Bologna, 1948
- J. H. Plumb, *The Horizon Book of the Renaissance.* London, 1961
- A. Proia, *Roma nel Rinascimento.* Rom, 1934
- *Il Quartiere del Rinascimento.* Rom, 1938
- E. Rodacanacchi, *Courtesanes et Bouffons,* Paris, 1894
- *Histoire de Rome, Le Pontificat de Jules II.* Paris, 1920
- *Histoire de Rome, Le Pontificat de Jules II.* Paris, 1931
- *Le Carnival à Rome au XV et au XVI Siècle.* Amiens, 1890
- *La Femme Italienne à l'Epoque de la Renaissance.* Paris, 1907
- S. Rosati, *Tullia d'Aragona.* Mailand, 1936
- W. Roscoe, *The Life and Pontificate of Leo X.*
- S. Speroni, *Dialoghi.* Venedig, 1596
- G. Tassini, *V. Franco, Celebre Letterata e Meretrice Veneziana al Secolo XVI.* Venedig, 1874
- F. Ubaldini, *Vita Angelo Colocci Episcipi Nucerini.* Rom, 1673
- A. C. P. Valery, *Curiositès et Anecdotes Italiennes.* Brüssel, 1843
- O. Varaldi, *Sulla Famiglia Della Rovere.* Savona, 1888
- L. Veniero, *Le Zaffetta.* Paris, 1861

Namenregister

274